岩 波 文 庫

38-607-4

開かれた社会とその敵

第2巻 にせ予言者

—ヘーゲル，マルクスそして追随者—

（下）

カール・ポパー著

岩 波 書 店

DIE OFFENE GESELLSCHAFT UND IHRE FEINDE
Bd. 2: Falsche Propheten: Hegel, Marx und die Folgen
THE OPEN SOCIETY AND ITS ENEMIES
Vol. II: The High Tide of Prophecy: Hegel, Marx, and the Aftermath

by Karl R. Popper

Based on the 8th edition published in German
by Mohr Siebeck GmbH & Co. KG, Tübingen in 2003,
edited by Hubert Kiesewetter.
This Japanese edition published 2023
by Iwanami Shoten, Publishers, Tokyo
by arrangement with the University of Klagenfurt.

凡　例

一、底本について

本訳書の底本は、Karl Popper, *Die offene Gesellschaft und ihre Feinde, Band I: Der Zauber Platons; Band II: Falsche Propheten: Hegel, Marx und die Folgen*, 8. Auflage, herausgegeben von Hubert Kiesewetter, Mohr Siebeck, 2003(以下、ドイツ語版と略記)である。これを第一巻(上・下)、第二巻(上・下)の四分冊にて訳出、刊行する。

本書の初版は、編者の手になる「本書が日の目を見るまで」(第一巻(下)に収録)に詳細に描かれているように、幾多の紆余曲折を経て、イギリスのラウトリッジ・キーガン・ポール社から一九四五年に英語の二冊本として刊行された(*The Open Society and Its Enemies: "The Spell of Plato" and "The High Tide of Prophecy: Hegel, Marx, and the Aftermath"* 以下、英語版と略記)。これは第五版(一九六六年)をもってテキストが確定し、最終確定版として今日におよんでいる。そのため、一般にはこの英語版が『開かれた社会とその敵』の底本とされることが多い。

一方、本訳書が底本としたドイツ語版は、ポパー自身が監修したドイツ語訳に、かれがみずから加えた変更(これは、一九九二年までおよんだ)を反映させ、さらに各種の引用文献についてドイツ語版の編者キーゼヴェッターが再調査し、誤りなどを訂正し、文献的に遺漏がなく正確であることを期して修正した版である(詳しくは、第一巻(上)に収録した「編者の注記」を参照)。このドイツ語版が事実上の最終確定版であると考えられる。

したがって、本訳書には、ドイツ語版には収録されているが英語版にはない「ドイツ語版第七版への序」(一九九二年執筆)およびBBCでのラジオ講演「イマヌエル・カント 啓蒙の哲学者」を訳出している。また、注におけるいくつかの追加(重要なものが多い)や、断りなくなされた言い回しなどの変更を含んでいる。

なお、翻訳にあたっては、あきらかに英語版がただしい箇所(ドイツ語への翻訳においてミスが生じたと断定せざるをえない箇所が、ごくわずかだが存在する)、あるいは英語版の表現がより明晰である箇所については、断ることなく英語版の表現を採用した。

二、各種記号について

原文のイタリック体による強調の箇所には傍点を付した。

引用符には、カギかっこを用い、「　　」とした。
原文の（　　）は、基本的にそのままとした。
ドイツ語版の編者による注や補足は、［　　］で示した。

三、原注について

本書には、本文を分量的にうわまわり、読み応えのある膨大な注が巻末についている。本訳書においては、（1）（2）……の注番号をつけ、各分冊に分割して収録した。注番号に＋が付されたものは、読者の関心をひくと思われる幅広い素材や論争的問題への言及を含んでいることを示しており、原書に類似の表示がなされている。＋のない注番号は、出典、あるいは本書におけるテキスト箇所を示すものである。

ポパーが本書第一版の原稿執筆時に使用できなかった資料を利用していたり、一九四三年以降に加筆したりしている箇所は、《　　》で示している。しかし、この記号は注冒頭部の「注一般について」で述べられているように、すべての加筆箇所について表示されているわけではない。

ドイツ語版（フランケ版）の訳者パウル・K・ファイヤーアーベントによる注は、【　　】で示した。

「本書が日の目を見るまで」（第一巻（下））につけられた原注は、（1）（2）……の注番号をつけ、文章末においた。

四、訳注について

訳注は、本文中に〔　　〕で示した。分量の多い訳注については、〔1〕〔2〕……の注番号をつけ、各章末にまとめた。

なお、ポパーの著作で邦訳書のあるものについては、それを併記するように努め、初出を中心に主な箇所に掲載した。また、プラトン、アリストテレス、ヘーゲル、マルクスなどの邦訳書については、「編者の注記」内で言及した。ただし、必ずしも邦訳書の訳文にはしたがっておらず、適宜変更を加えている。

五、索引について

人名索引と事項索引を、第二巻（下）の巻末に付した。人名索引は、訳者の判断で、重要でないと思われる人物は割愛した。事項索引については、同一の原語を文脈に応じて訳し分けたり、また砕いて訳出したりした箇所もあるので、その語の概念を示すことばを載せておいた。したがって、本文中の訳語とぴったり対応していないものもある。

目　次

〔第一分冊〕

第一巻　プラトンの呪縛(上)

〔第二分冊〕

第一巻　プラトンの呪縛(下)

〔第三分冊〕

開かれた社会とその敵

第八版
フーベルト・キーゼヴェッター編集

〔第四分冊〕

第二巻

にせ予言者（下）

——ヘーゲル、マルクスそして追随者

マルクスの予言（承前）

第二〇章　資本主義とその運命

マルクス主義の教説によれば、資本主義は、その崩壊をもたらす恐れのある内部矛盾のもとで苦しんでいる。この矛盾と、それが社会に強いる歴史の動きを詳細に分析することが、マルクスの予言論証の第一段階である。この段階は、理論全体のなかでもっとも重要であるばかりでなく、マルクスがその労力の大部分を捧げた段階でもある。というのも、実質的に『資本論』三巻（原書では二二〇〇ページ以上）[1]のすべてはその精緻化に費やされているからである。また、その時代の経済システムである拘束なき資本主義についての記述的で統計に裏づけられた分析にもとづいているため、論証のなかではもっとも抽象的でない段階である[2]。レーニンが述べているように、「マルクスはあきらかに資本主義社会から社会主義社会への移行の不可避性を、もっぱら現代社会の経済的運動法則からのみ導出している」。

マルクスの予言論証の第一段階を少しくわしく説明する前に、かれの基本的な考え方をごく短い素描のかたちで説明しておこう。

マルクスは、資本主義の競争は資本家の手を縛ると信じている。競争は資本家に資本の蓄積を強いる。それによって、資本家は自身の長期的な経済的利益に逆行する(なぜなら、資本の蓄積は資本家の利潤を低下させる傾向をもつからである)。しかし、資本家は自分自身の個人的な利益に反して働いているとはいえ、歴史の発展には資するように働いている。資本家は、それと知らずして、経済の進歩と社会主義のために働いている。というのも、資本の蓄積とはつぎのようなことを意味するからである。(a)生産力の向上、富の増加、富の少数者への集中。(b)貧乏や貧困の増大。つまり、労働者は、最低賃金か飢餓賃金で生活しなければならない。というのも、なかんずく、いわゆる〈産業予備軍〉と呼ばれている過剰な労働者が、賃金を可能なかぎり低く抑えるからである。景気循環は、ある見通しのつかない期間ではあれ、成長産業による余剰労働者の吸収を妨げる。これは資本家が望んだところで変えることはできない。なぜなら、利潤率の低下はかれら自身の経済状況をあまりにも不確実にし、効果的な行動を難しくするからである。したがって、資本主義的蓄積は、社会主義に向けた技術的、経済的、歴史的進歩に貢献するとはいえ、自殺的で自己矛盾的な過程である。

第一節

第一段階の前提は、資本主義的競争の法則と生産手段の蓄積の法則である。そこからの帰結は、富と貧困との増大法則である。これらの前提や結論を説明することから議論を始めたい。

資本主義下では、資本家同士の競争が重要な役割を果たす。「競争」は、マルクスが『資本論』のなかで分析しているように、生産された消費財を、可能なかぎり、競争相手よりも安い価格で販売することでなされる。マルクスは「商品は、その他の条件がひとしければ、労働の生産性に依存して低価格化する。そしてこれはまた、生産の規模に依存する(3)」と説明している。なぜなら、大規模生産は、一般に、特定用途向けの機械を大量に使用できるようにするからである。それによって、労働生産性は向上し、資本家は低価格で生産し販売できるようになる。「ゆえに、大資本が小資本にうち勝つ……。競争は……いつでもその資本が一部には勝者の手に移り、一部には破滅していく多数の小資本家の没落をもって終わる」(この発展は、マルクスが示唆しているように、基本的に信用制度によって加速される)。

マルクスの分析によれば、ここに記述した過程、すなわち競争による蓄積には、二つの異なった側面がある。第一の側面は、資本家は生き残るためには、資本をどんどん蓄積し集積させせなければならないということである。実際面で、これが意味しているのは、これまで以上に優れた、より新しい機械にますます多くの資本を投下し、労働者たちの生産性を持続的に向上させるということである。資本蓄積の他方の側面は、ますます多くの富が、さまざまな資本家の手に、また資本家階級の内部に集積(Konzentration)し、それにともなって資本家の数が減少するということである。これはマルクスが(たんなる蓄積や集積とは区別して)資本の集中(Zentralisation)[4]と名づけた運動である。

さて、マルクスによれば、これら三つの概念、すなわち、競争、蓄積、生産性増大は、資本主義的生産の基本的な傾向を語るものである。これらは、第一段階の前提を〈資本主義的競争と蓄積の法則〉と呼んだときに示唆しておいた傾向でもある。しかし、第四と第五の概念、つまり集積と集中は、第一段階からの帰結の一部分としての傾向を指している。それらは、富の絶え間のない増加傾向と、ますます少数者の手への集中傾向を記述しているからである。しかし、結論のもうひとつの部分である貧困増大の法則は、もっと複雑な議論によってのみ到達される。しかし、その議論の説明を開始する前に、この第二の帰結そのものを説明しておかねばならない。

マルクスが用いた、〈貧困の増大〉という表現は、二つの異なる意味をもちうる。それは、貧困が拡大し、人間のますます大多数に広がっていくことを示唆するために使用される。他方では、個々人における苦しみの強度の増大を表現するためにも使用される。マルクスは疑いもなく、貧困は拡大度においても強度においても増大すると信じていた。しかし、これはかれがその目標を達成するために必要とするもの以上である。予言論証のためには、〈貧困増大〉の概念は（よりよいとは言えないにしても）狭義の解釈で十分であろう。つまり、貧困の強度が増大するにせよしないにせよ、貧困はいずれにしても顕著な縮小を示さずに拡大すると解釈すればよいであろう。

しかし、もうひとつ、きわめて重要な注釈をくわえておく必要がある。マルクスによれば、貧困の増大は、その性質上、被雇用労働者からの搾取の増大をともない、搾取される労働者の数だけでなく、個々の労働者が搾取される強度も増大させる。このほかに、マルクスが〈相対的〉「過剰人口」あるいは「産業予備軍」[6]と呼んだ失業者の数だけでなく、苦痛の増大も存在することが認められなければならない。しかし、この過程における失業者は、被雇用労働者に圧力をかけ、それによって資本家が被雇用労働者から利益をえて、搾取に〔結果的に〕手を貸す。マルクスはつぎのように書く。「それ〔過剰人口のこと、編者〕は、あたかも資本が自費で育てたかのように、全面的かつ絶対的に資本に属する使い捨ての産業予備軍を形成する。資本はその変転する価値増殖欲望のために、いつでも用意のできている搾取可能な人間素材を作り出すのだ。……産業予備軍は、停滞期と中位の好況期には、就業労働者軍に圧力をかけ、過剰生産と突発的好況期〔刺激期、編者〕には、かれらの諸欲求を抑制する。(7)」マルクスによれば、貧困の増大は、根本においては労働力からの搾取の増大とおなじである。そして、失業者の労働力は搾取されないから、かれらはこの過程で無給の補助者の役割を果たすにすぎないのであり、資本家が被雇用労働者から搾取するのを手助けするのみなのである。この点は重要である。なぜなら、のちになってマルクス主義者はしばしば、貧困増大の傾向という予言を検証する経験的事実のひとつとして失業を挙げるからである。しかし、失業をマルクスの理論を確証するものとして引き合いに出せるのは、それが被雇用労働者からの搾取の増大、すなわち長時間労働と安い実質賃金とともに発生したばあいのみであろう。

以上で、〈貧困の増大〉という概念についての説明は十分であろう。しかし、マルクスが発見したと称する貧困増大の法則については、なお説明が必要である。それは、予言論証全体の中心となっている説であり、資本主義はいかなる状況下でも労働者の貧困を縮小できないというマルクスの教説である。というのは、資本主義的蓄積のメカニズムは、資本家を、押しつぶされたくないならば、労働者に転嫁しなければならない強度の経済的圧力下におくからである。これが、資本家が妥協できない理由、妥協したくても労働者の重要な要求に応じられない理由である。したがって「資本主義は改革されえず、破壊されるしかない(8)」。この法則は、あきらかに第一段階の決定的な帰結である。もうひとつの帰結である富の増大法則は、富が労働者の利益になるのであれば無害であろう。しかし、それはまさにマルクスが不可能と考えたことなのだ。だから、この主張がわれわれの批判的分析の主要な攻撃対象となるだろう。しかし、この主張を支持するためにマルクスが導入した論証を提示し批判する前に、帰結の最初の部分である富の増大論についていくつかの注釈をくわえておきたい。

マルクスが観察した富の蓄積と集積の傾向は、ほとんど疑うことができない。生産性の増大にかんするかれの理論も主要な点では受け入れられる。企業の成長が生産性に与える有益な効果には限界があるかもしれないが、機械の改良や蓄積による有益な効果にはほとんど限界はない。しかし、ますます少数者の手に資本が集中するという傾向については、問題はそれほど単純ではない。そうした傾向が存在することに疑いはないし、拘束なき資本主義システムでは、それに対抗する力がほとんどないことは容易に認められる。したがって、マルクスの分析のこの部分は、それが拘束なき資本主義の記述にすぎないと考えられるかぎり、いかなる本質的異議も唱えられない。だが、予言とみるならば、それはほとんど支持できない。なぜなら、いまでは立法によって多様なかたちで介入する可能性が知られているからである。集中に対抗するためには、所得税や相続税を操作することがきわめて有効であろうし、またそう操作されてきた。おなじことは、あまり成功を収めてこなかったとはいえ、反トラスト法についてもいえるだろう。マルクスの予言論証の衝撃力を評価するには、この方向での重要な改善の可能性が考慮に入れられなければならない。そして、さきに述べたように、ここでも、マルクスが集中や資本家数の減少を予言したとき基礎にした論証は、決定的ではないと言わざるをえないのである。

第一段階の主要前提と帰結を説明し、第一段階の帰結も片づけたので、第二の帰結、すなわち、貧困の増大という予言者的な法則の導出に全面的に注意を向けることにしよう。この予言を立証しようとするマルクスの試みのうちには、三つの異なった思考の歩みを区別することができる。それらについては、本章の以下の四節で、つぎのような見出しのもとで論じることにしよう。第二節　価値論、第三節　過剰人口が賃金に与える影響、第四節　景気循環、第五節　利潤率低下の影響。

第二節

マルクスの価値論は、マルクス主義者や反マルクス主義者によって、マルクス主義という建築物の礎石と見なされている。だが、わたくしはそれはあまり重要ではない要素であると考える。したがって、ここでそれを扱うのは、それが一般には重要であるとされているからにすぎない。またわたくしがマルクスの価値論とは異なる理論を採用する理由を示すために、重要でないと考える理由を説明しなければならないからである。しかし、ただちに明言しておかねばならないのだが、価値論をマルクス主義の余計な部分と呼ぶとき、わたくしはマルクスを擁護しているのであって、攻撃しているのではない。というのも、ほとんど疑う余地はないのだが、多くの批判者が価値論には大きな内的弱点があると示したのであり、それはおおすじにおいてただしいからである。だが、それが間違っていたとしたところで、マルクス主義の決定的な歴史的政治的教説が、このような論争的な理論をまったく離れて、展開できることを示せるのであれば、マルクス主義の立場は改善されるだけである。

マルクスが、先行者たち(とくにアダム・スミスとデイヴィッド・リカードが言及されている)の示したある種の示唆から、自分の目的のために採用したいわゆる労働価値説(9)の考えは非常に単純である。大工は時給制で給料を支払われるだろう。大工は、なぜある仕事はべつの仕事よりも高いのかと聞かれたら、それにはおおくの労働がそそがれているからだと指摘するだろう。労働から目を転じても、もちろん木材にも支払いはなされねばならないだろう。しかし、くわしく調べてみると、このばあい、植林、伐採、運搬、製材などの労働にも間接的に払っていることがわかるだろう。この考察は、仕事や商品の価格は、おおよそそこに含まれる労働量に比例する、すなわち、その生産に必要な労働時間数にだいたい比例するという一般的な理論を示唆している。

〈だいたい〉と言うのは、実際の価格は変動するからである。しかし、これらの価格の背後には、つねに、固定したもの、あるいは少なくとも、実際の価格がそのまわりを揺れ動くところ(10)+の平均価格があるように見える。それは〈交換価値〉または略して〈価値〉と呼ばれる。こうした一般的な考え方を用いて、マルクスは、商品の価値を、それを生産する(または復元する)ために必要な労働の平均時間数と定義した。

つぎの剰余価値論という考えも、ほぼおなじように単純である。マルクスはこの理論を先人から受け継ぎ、手を加えた。(エンゲルスは——おそらく誤りであろうが、わたくしはかれの説明にしたがうことにする(11)——リカードがマルクスのもっとも重要な情報源であったと主張している。）剰余価値論は、労働価値説の枠組みのなかで、資本家はどうやって利益を得るのか、という疑問に答えようとする試みである。もし、かれの工場で生産された商品が、その真の価値にしたがって、すなわち、その生産に必要な労働時間数に合致して市場で販売されるならば、資本家は労働者にその商品の価値をすべては支払わないことによってしか利益を得られない。したがって、労働者が受け取る賃金は、労働時間数にひとしい価値には対応しないことになる。したがって、労働日は二つの部分に、つまり、賃金にひとしい価値を生み出すために必要な時間と、資本家のための価値を生み出すために必要な時間とに分けられるだろう[12]。まったくおなじように、労働者が生産した総価値は二つの部分に、つまり賃金に相当する価値と剰余価値と呼ばれる残りの部分に分けられるだろう。この剰余価値をわがものとするのが資本家なのである。これがかれの利潤の唯一の基礎である。

ここまでのところ、話はかなり単純である。だが、ここで理論上の難点が浮かび上がってくる。価値論全体は、あらゆる商品交換の根底にある現実の価格を説明するために導入されたのであった。そして依然として、資本家はいつにせよ市場で自分の生産物の価値のすべて、つまりそれに費やされた総労働時間数にひとしい価格を受け取るのに対し、労働者は労働市場で資本家に販売する商品に対して、価格の全体を受け取っていないと見なされているのだ。かれは欺かれ、かすめ取られているように見える。労働者は、価値理論が想定している一般的な法則、すなわち、じっさいに支払われるすべての価格は、少なくとも第一次接近的には、商品の価値によって決定されるという法則にしたがって、支払われているようには見えないのである。（エンゲルスによれば、この問題はリカード派の経済学者にも知られていた。そしてかれは、この学派はこの問題を解決できなかったために崩壊したと主張している。[13]）この難問には、明白な解決策があるように見えた。すなわち、資本家は生産手段を独占しており、その優越した経済力によって価値法則に反する契約を労働者に強要するというものである。だが、この解決策（わたくしは状況についてのかなり的確な記述と考えているのだが）は、労働価値説を完全に破壊してしまう。なぜなら、ある種の価格、すなわち賃金は、第一次接近においてさえその価値に合致していないことが明白になるからである。そして、似たようなことは似たような理由からして、他の価格にもあてはまる可能性を開くであろう。

これが、マルクスが労働価値説を崩壊から救うために登場したときの状況であった。かれは、べつの単純だが優れたアイデアによって、剰余価値論は、労働価値説と両立するだけでなく、後者から引き出すこともできると示すことができた。その導出をおこなうためには、つぎのように問うだけでよい。正確に言って、労働者が資本家に売る商品とはなにか、と。マルクスの答えは、労働者の労働時間ではなく、労働者の労働力全体である、というものであった。資本家が労働市場で購入したり賃借りするものは、労働者の労働力なのである。さて、試みに、この商品がその真の価値で売られていると仮定してみよう。その価値とはなにか。価値の定義によれば、労働力の価値は、その生産または再生産に必要な平均の労働時間数である。しかし、これはあきらかに労働者(とその家族)が生存を維持していくために必要な時間数以外のなにものでもない。

そこでマルクスは、つぎのような結論に達した。労働者の総労働力の真の価値は、生存のための手段を生産するのに必要な労働時間数にひとしい、と。労働力はこの価格で資本家に売られる。労働者がそれより長く働くことができるのであれば、かれの過剰な労働は、かれの労働力の買い手または賃借りした者に帰属する。労働の生産性が高いほど、つまり労働者が時間あたりより生産できるのであれば、生存を維持するための生産に必要な時間は少なくなり、搾取される時間が多くなる。これは、資本主義的搾取の基礎は高い労働生産性であることを示している。もし労働者が一日あたり日々に必要とする以上のものは生産できないとしたら、搾取は価値法則を破壊せずには不可能であり、詐欺や強盗、殺人などのかたちでしかできないであろう。しかし、機械の導入によって労働生産性があがり、人間が自分の必要とする以上のものを生産できるようになるやその途端に、資本主義的搾取が可能になる。そのうえこのような搾取は、労働をふくめてすべての商品がその真の価値で売買される〈理想的〉な資本主義社会でも可能である。このような社会では、搾取という不正は、労働者が労働力に対する〈公正な価格〉を支払われていないという点にあるのではなく、むしろ、資本家は労働力を大量に購入してそこから利益をえられるほど裕福であるのに対し、労働者は貧困のゆえに労働力を売らざるをえないという点にある。

マルクスはこのように剰余価値論を導出する[14]ことによって、労働価値説をしばらくのあいだ破滅から救った。わたくしは、(「価格がそのまわりを揺れ動く〈客観的に〉真なる価値という意味での)〈価値問題〉の全体を無意義なものと考えるが、これが第一級の理論的成果であったことはよろこんで承認する。しかし、マルクスは、もともとブルジョア経済学者によって提唱された理論を救っただけではなかった。同時に、搾取の理論と、労働者の賃金が生存(あるいは飢餓)水準のまわりを揺れ動く傾向をもつ理由を説明する理論を提示したのである。しかし、最大の成功は、いまやかれは――法のシステムについての自分の経済理論にそって――資本主義的生産様式がリベラリズムという法的外套をまとう傾向がある理由を説明できるようになったことである。なぜなら、かれは、この新しい理論によって、新しい機械の導入と、それに伴う労働生産性の何倍もの拡大をつうじて、粗野な暴力の代わりに自由市場を使用し、正義、法のもとの平等、そして自由の形式的な遵守に基礎をおく新しい形態の搾取が可能であるという結論に達したからである。かれは、資本主義のシステムは、〈自由競争〉のシステムであるばかりでなく、「よそよそしいが、形式的には自由な労働の搾取」にもとづくシステムであると主張した(15)。

わたくしはここで、マルクスがみずからの価値論についておこなったじつに驚くべき数の適用例を列挙することはできない。だが、そうするまでもない。というのも、この理論に対するわたくしの批判は、そうした適用的研究のすべてからこの理論を除去できることを示すはずだからである。わたくしはそうした批判をつぎの三点から展開していきたいと思う。(a)マルクスの価値論は搾取を説明するのに十分ではない。(b)搾取を説明するために必要な追加の仮定はそれ自体で十分であるから、価値論は不要になる。(c)マルクスの価値論は、本質主義的または形而上学的な理論である。

(a)価値論の根本法則が語っているのは、賃金をふくめて実質的にすべての商品の価格は、その価値によって決定される、より正確に言えば、少なくとも第一次接近的には、それらの生産に必要な労働時間数に比例するということである。わたくしはこれを〈価値法則〉と呼ぶのだが、これはただちに問題をひき起こす。どうしてこの法則は成立するのだろうか。明白なことながら、商品の買い手も売り手も、その商品の生産に何時間必要だったのかを一目で見ることはできないし、たとえそうできたとしても、価値法則が説明されるわけではないだろう。なぜなら、買い手はできるだけ安く買いたいし、売り手はできるだけ高く売りたいと考えているのはあきらかだからである。これは、あらゆる市場価格論の基本的な前提のひとつであるにちがいない。したがって、価値法則の説明は、なぜ商品の「価値」よりも、買い手が安く購入することはほとんどなく、売り手がそれよりも高く販売することがないのかを示すものでなければならないだろう。この問題は、労働価値説の信奉者によって多かれ少なかれはっきりと見てとられたのであり、かれらは、つぎのような答えを与えていた。単純化のために、また、第一次接近をえるために、完全に自由な競争を仮定してみよう。またおなじ理由から、(労働力さえ意のままになれば)実質的に無制限に生産できる商品だけを考えてみよう。さて、このような商品の価格がその価値を超えていると仮定してみる。これは、この特定の生産部門で超過利潤がえられることを意味するだろう。そこからして、さまざまなメーカーがこの商品の生産へと急がされ、結果として生じる競争は価格を下げることになる。これと正反対の過程は、価値を下回って販売されている商品の価格を上げるであろう。したがって、価格の変動があり、それは商品の価値のまわりに集中する傾向をもつだろう。

ことばを換えれば、需要と供給のメカニズムこそが、自由競争がなされているという条件下で、価値法則を成立させることになるだろう(16)。

このような考察は、マルクスのなかにしばしば見られる。たとえば、『資本論』の第三巻(17)で、マルクスは、さまざまな経済領域においてあらゆる利潤が、ある平均的利潤に近づき、それに適合しようとする傾向があるのはなぜなのかを説明しようとしている。そうした考察はまた、第一巻で、とくに、賃金が低く抑えられて、生存ぎりぎりのところに、あるいはおなじことであるが、飢餓水準すれすれのところにある理由を示すために使用されている。あきらかに、それ以上の賃金低下は、労働者の餓死を意味し、労働市場における労働力の供給が途絶えることを意味するだろう。しかし、人間は生きているかぎり増殖する。そしてマルクスは、なぜ資本主義的蓄積のメカニズムが過剰人口、すなわち産業予備軍を生み出さざるをえないのかを(第四節で見るように)詳細に示そうとしている。したがって、賃金がまさに飢餓水準を超えているかぎり、労働市場にはいつでも十分なばかりでなく、過剰でさえある労働力が供給されるのであり、この過剰こそが、マルクスによれば、賃金の上昇を妨げるのである。「産業予備軍は……現役の就業労働者軍に圧力を加える……このように、相対的過剰人口は、労働の需要供給の法則が作用する背景となる。それは、この法則の作用領域を、資本の搾取欲と支配願望に絶対的に受け入れてもらえる範囲内に制限する。(18)」

(b)ところでこの一節が示しているのは、マルクス自身が、価値法則は具体的な理論によって支援される必要のあることを認識していたということである。それは、あらゆる個々のばあいにおいて需要供給の法則が、説明されるべき結果、たとえば飢餓賃金をどのようにして発生させるのかを提示する理論であろう。ところで、もし需要供給の法則がそうした結果を説明するに十分であるならば、労働価値説は、妥当な第一次接近であろうと——これはわたくしの信じるところではないが——そうでなかろうと、まったく不必要となる。さらに、マルクスが見たように、需要供給の法則は、自由競争がなく、したがって、かれの価値法則があきらかに妥当しないばあい、たとえば、価格をたえずその〈価値〉以上に維持するためになされている独占を説明するためにも必要である。マルクスは、そのようなばあいを例外と考えたが、それはただしくないだろう。ともあれ、独占の事例は、需要供給の法則が価値法則を補完するものとして必要であるばかりでなく、それ以上により一般的に適用できることを示している。

他方で、需要供給の法則は必要なばかりでなく、〈搾取〉の全現象を説明するのにも十分である。この法則は、より正確に言うならば、マルクスとおなじく、自由な労働市場と慢性的な労働力の供給過剰を前提したとき、かれが観察したように、なぜ労働者の貧困が企業家の富と密接に結びつくのかを説明するのにも十分である。(この供給過剰にかんするマルクスの理論については、のちに第四節でくわしく論じるつもりである。)マルクスが示したように、そのような状況下では、労働者は、当然のことながら、長時間低賃金での労働を強いられる、つまり、資本家に「労働の最良の成果をわがものにする」ことを許さざるをえなくなる。そして、この些末な議論は、マルクスの論証の一部であるわけだが、〈価値〉ということばに言及する必要さえないものなのである。

したがって、価値論は搾取論にとってまったく余分なものであることが判明する。しかも、それが真かどうかにかかわりなく、そうなのである。ところで、マルクス主義の搾取論のうち、価値論を取り除いたあとに残る部分は、過剰人口の説がただしいのであれば、疑いもなくただしい。なぜなら、国家による富の再分配がなければ、過剰人口は間違いなく飢餓賃金や生活水準における挑発的な格差をみちびかざるをえないからである。

(たいへんに理解しがたく、またマルクスによっても説明されていないことがらがある。それは、なぜ労働力の供給はつねに需要を上回るのかということである。なぜなら、労働力を〈搾取〉することがじっさいこれほど利益になるのなら、なぜ資本家は、競争してより多くの労働力を雇用し、利益を増やすように強いられないのか。言い換えれば、なぜかれらは労働市場で競い合って、もはや利潤をもたらさず、搾取を語ることができなくなる水準にまで賃金を上げないのか。マルクスならつぎのように答えていただろう——参照、以下の第五節——「競争は資本家に、ますます多くの資本を機械に投資するように強制するから、かれらの資本のうち賃金に費やす部分を増やすことはできない。」しかしながら、この答えは満足のいくものではない。なぜなら、資本家が機械のためにすべての資本を使ったとしても、機械を据え付けるためには労働力を買うか、あるいはべつな者にそのような労働力を買わせ、そうすることで労働力の需要を必然的に増大させるのみだからである。こうした理由から、マルクスが観察した〈搾取〉現象は、かれが考えたように、完全競争市場のメカニズムではなく、他の要因——とくに低生産性と不完全競争市場との混在——に起因しているように見える。しかし、これらの現象の詳細で納得のいく説明[19]+はまだ見つかっていないように思われる。）

(c) マルクスの分析において価値論とそれが果たした役割についての議論から離れる前に、この価値論のもうひとつの側面について簡単な論評を加えておこう。価格の背後にはなにかが潜んでいる、つまり、客観的な、または本当の、あるいは真の価値が存在しているのであって、価格はそれの〈現象形態〉[20]のようにふるまうにすぎないという考えの全体——これは、マルクスが発案したものではない——は、〔一方において〕隠された本質的または真の現実と(他方において)偶発的または欺瞞的な外観とを区別するというプラトン的イデア主義の影響を明確すぎるほど明確に示している。マルクスは、この客観的〈価値〉のもつこうした神秘的な性格を破壊するために多大な努力を払ったわけだが[21]、成功はしなかったと言わざるをえない。かれは現実にそくして考えようとし、観察可能で重要なもの、つまり、価格というかたちで現れる労働時間を実在として受け入れようとした。すなわち、商品生産に必要な労働時間数が、疑いもなくマルクスにとって重要な役割をもった〈価値〉であった。またある意味で、この労働時間を商品の〈価値〉と呼ぶべきかどうかは、言うまでもなく、純粋にことば遣いの問題である。しかし、このような用語は、とりわけマルクスとともに労働の生産性が高まっていくと仮定したばあいには、きわめて誤解を招きやすく、いちじるしく非現実的なものになりかねない。なぜなら、マルクス自身はつぎの点を指摘したからである[22]。すなわち、すべての商品の価値は、生産性の向上とともに沈下していくから、実質賃金や実質利潤の増加が可能になるのであって、その意味するところは、労働者と資本家のそれぞれが消費する商品は増加するが同時に、賃金と利益の〈価値〉は低下するということ、すなわち、それらに費やされる時間は減少するということである。したがって、労働時間の短縮とか(お金に換算して、より高い貨幣収入[23]がえられるといったことから目を転じて)労働者の生活水準の大幅な改善といった真の進歩が見られたしても、労働者は、それと同時に、マルクス主義の意味での〈価値〉、つまり収入の真の本質や実体は、その生産に必要な労働時間が短縮されていることからして、減少していると苦々しく苦情を言えよう。（資本家も似たような理由で苦情を言うことができるだろう。）こうした点はすべてマルクス自身によって認められている。そこには、価値という用語がいかに誤解を招きやすいものであらざるをえないか、また、それが労働者の実際の社会経験を表現することが、いかに少ないかが示されている。労働価値説においては、プラトン的〈本質〉は経験から完全に引き離されている……。(24)

第三節

マルクス的な労働価値説とその剰余価値論を取り除いたあとでも、もちろん、過剰人口が就業労働者の賃金に加える圧力についてのかれの分析は維持できる（参照、第二節、とくに(a)の末尾）。自由な労働市場と過剰人口、つまり広範囲で慢性的な失業が存在するかぎり、賃金が飢餓賃金を上回ることはできない。これは否定できない。（マルクスの時代にもそれ以降にも、失業が役割を果たしていたことは間違いない。）そして、おなじ前提にもとづいて、また、すでに述べておいた資本蓄積の教説と組み合わせて、マルクスはただしくも、高い利潤とか富の増加がある世界では、飢餓賃金と貧困の生活が労働者の持続的な運命であろうと主張できた。しかし、そこから貧困増大の法則を宣言することは正当化されない。

わたくしは、マルクスの分析には欠陥があるとはいえ、搾取現象を説明しようとした努力は、最大級の尊敬をうけるにあたいすると思う。（前節(b)の末尾で述べておいたように、真に納得のいく理論はまだないと思われる。）もちろん、忘れられてはならないのだが、マルクスは、自分の観察した諸条件は革命によってしか変革されえないと予言したときに誤りを犯したし、さらにはそれは悪化せざるをえないというより大きな誤りも犯した。事実はこれらの予言を反駁した。さらに、かれの予言論証は、拘束なき非干渉主義的なシステムに対する分析の妥当性を認めたところで、説得力に欠けたものだろう。なぜなら、マルクス自身の分析からして、貧困の増大傾向が妥当するのは、自由な労働市場をもったシステム、つまり完全に拘束なき資本主義のなかにおいてのみであるからである。だが、労働組合や労働協約またストライキの可能性を承認するや、分析の前提はもはや通用しなくなり、予言論証全体が崩壊する。マルクス自身がおこなった分析にしたがえば、そのような発展は抑圧されるか、あるいは社会革命にひとしいものになると予期されるべきものであろう。なぜなら、労働協約は、一種の労働独占を確立することで、資本に対抗でき、資本家による産業予備軍を利用しての賃金抑制の試みを防止できるからである。それはまた、資本家に少ない利潤で満足するように強制することもできる。ここに、「労働者よ、団結せよ！」という呼びかけが、マルクス主義の観点から見て、拘束なき資本主義に対する事実上唯一可能な答えであった理由を見ることができよう。

だが、この呼びかけからは、なぜ国家による介入という問題全体が提起されざるをえないのか、そして、拘束なきシステムを終焉させ、じつにさまざまな方向に発展しうる介入主義[25]という新しいシステムが生まれやすくなるのかも理解できるだろう。なぜなら、資本家が、労働者の団結権を否定するのはほぼ避けがたいからである。かれらは、労働組合は労働市場における競争の自由を脅かすにちがいないと主張する。したがって干渉を忌避する立場は、（自由のパラドックスの一部としての）[26]+つぎのような問題に直面しよう。すなわち、国家はどちらの自由を守るべきか。労働市場の自由か、貧しい者の団結する自由か。どちらの決定がなされたとしても、それは国家の介入、つまり、ある経済環境下での、国家が政治権力を用いて関与することをみちびくだろうし、おなじように、組合による、そうした権力の関与をみちびくだろう。それは、あらゆる状況下で、意図的に受け入れられるか否かを問わず、国家の経済に対する責任の拡大につながる。つまり、マルクスが分析の基礎としていた前提は消滅せざるをえない。

したがって、貧困増大という歴史法則を引き出すことに妥当性はない。残るのは、一〇〇年前の労働者の状況についての警世的な描写と、レーニンが述べたように「現在の社会秩序」(つまり、一〇〇年前の拘束なき資本主義)の「経済的運動法則」(27)の助けを借りて、この状況を説明しようとする大胆な試みである。しかし、その法則なるものを予言として解釈し、一定の歴史発展の不可避性を証明するために使用することには妥当性はないであろう。

第四節

マルクスのおこなった分析の重要性は、おおはばに、かれの時代に過剰人口がじっさいに存在したという事実、ならびに、それがこんにちでも依然として存在するという事実(すでに示唆しておいたが、これまでのところ、満足のいく説明がほとんど見出されていない事実)のうちにある。だがマルクスは、過剰人口を恒常的に生み出しているのは資本主義的生産のメカニズムそのものであって、このメカニズムは就業労働者の賃金を低く維持するために過剰人口を必要とするのだと主張していた。だがそれが依拠している論証についてはまだ論じていなかった。この理論は、それ自体で才気に富み興味深いだけでなく、景気循環と一般的な経済危機にかんするマルクスの理論を含んでいる。それはまた、資本主義システムが不可避的にひき起こす容認し難い貧困をつうじてこのシステムは自壊するという予言と密接に関連した理論でもある。かれの理論を可能なかぎり説得力をもつように提示するために、わたくしはそれを少しばかり変更した（つまり、二種類の機械の区別を導入した。一方はたんなる生産の拡大に役立つ種類の機械であり、他方は生産を強化する種類の機械である[28]。）とはいえ、この変更はマルクス主義の読者に疑念を呼び覚ますようなものではない。というのは、わたくしには理論を批判するつもりなどまったくないからである。

　過剰人口と景気循環にかんする改良された理論は、つぎのように素描できるだろう。資本の蓄積とは、資本家が利潤の一部を新しい機械に投資することであって、表現を換えると、資本家の実質的な利潤の一部のみが消費財にまわされ、他の部分は機械にまわされるということである。そうした機械は、それはそれで、産業の拡大――たとえば、工場の新設など――を目的としているか、既存の工場における労働生産性を高めることで生産の強化を目的としているかである。第一の種類の機械は、雇用の増加を可能にし、第二の種類は、労働者を不要にする、マルクスの当時におけるこの過程についての言い方をすれば、「労働者を自由にする」。（こんにちの言い方では、〈技術による失業〉ということである。）改良されたマルクス主義の景気循環論によれば、資本主義的生産のメカニズムは、おおよそつぎのように働く。まず、なんらかの理由で産業が全般的に拡大したと仮定してみよう。すると産業予備軍の一部は吸収され、労働市場にくわわる圧力は緩み、賃金上昇の傾向が生じるだろう。好況期が始まる。しかし、賃金の上昇に伴い、生産を強化し、以前は低賃金にたちうちできなかったある種の機械を改良することが利潤の上がるものとなろう（たとい、そのような機械のコストが上昇しようとも）。それとともに、労働者を自由にする種類の機械がより多く生産されることになる。そうした機械が生産されているかぎり、好況は持続していく。しかし、新しい機械が生産を開始するや、光景は変わる。（マルクスによれば、この変化は、後述の第五節で論じるつもりだが、利潤率の低下によって悪化する。）労働者は自由にされる、つまり飢餓状態に追いやられる。多数の消費者の消滅は、国内市場の崩壊をみちびくにちがいない。その結果として、拡大された工場から大量の機械が（効率の悪い機械が先になるが）いらなくなり、失業がさらに増え、市場がさらに崩壊する。いまや多くの機械が操業停止に追い込まれ、多くの資本が無価値になり、多くの資本家が義務を果たせなくなる。このつながりで、金融危機が展開し、重要な財の生産が完全に停滞する。しかし、不況(あるいは、マルクスが言うところでは、恐慌)がすすむ一方で、回復のための諸条件も熟してくる。それらの条件は、主に産業予備軍の増大、および、それと結びつくのだが、労働者の側が飢餓賃金を受け入れるという覚悟から成り立つ。非常な低賃金のもとであれば、不況下の市場での低価格でも生産は収益を上げることができるだろう。そして、生産が始まるや、資本家はふたたび蓄積と機械の購入を開始する。賃金はきわめて低いから、労働者を自由にする種類の新しい機械(この間に発明されていたかもしれない)の使用はまだ利潤をもたらさないかもしれない。むしろ資本家は、当初、生産の拡大を意図して機械を購入するであろう。これはゆっくりと雇用の拡大と国内市場の回復につながっていく。ふたたび好況が訪れる。かくして出発点にたち戻る。円環は閉じられ、一連の過程があらたに始まる。

これが、失業と景気循環についてのマルクス主義理論の改良版である。約束しておいた通り、わたくしはこれを批判しようとは思わない。景気循環論は非常にむずかしく、十分なことがまだ知られていない(少なくともわたくしは知ってはいない)。この素描された理論は不完全なものであり、とくに一部には信用供与にもとづく通貨制度の存在や、資本の内部留保(Kapitalanhäufung)の影響などが十分に考慮されていないと言えるだろう。

とはいえ、経済循環は論じないで済ませられる事実ではなく、社会問題としてこの事実の重要性を強調したことはマルクスの最大の貢献のひとつである。しかし、そうであるとしても、マルクスが景気循環論を基礎にして打ち立てようとした予言は批判されていないだろう。第一にかれは、経済不況は、その規模ばかりでなく、労働者の苦しみの激しさもふくめて、ますます深刻化すると主張した。ところが、かれは(すぐ論じるが、おそらく利潤率の低下論を別にすれば)、この主張を支える論証をなんら与えてはいない。そして、実際の展開を見てみると、失業の影響、とくに心理的な影響は、失業保険がある国々でもひどいが、マルクスの時代には、労働者の苦しみは比較にならないほどすさまじかったと言わねばならない。とはいえ、これはわたくしの最重要の論点であるのではない。

マルクスの時代には、現在では〈安定化政策〉と呼ばれているあの国家介入の技術は、考えられてもいなかったし、そのような概念は、拘束なき資本主義システムにとっては、まったく疎遠なものであらざるをえなかった。(しかし、マルクス以前から、恐慌時のイングランド銀行の信用政策が賢明であるかは疑われはじめていたし、これについての研究もなされていた。(29))他方で、失業保険は、介入を、したがって、国家の責任増大を意味するから、疑いもなく、景気安定化策の実験をみちびくだろう。わたくしは、こうした実験が必然的に成功すると言っているのではない。(もっともわたくしは、問題は、結局、それほどむずかしいわけではなく、とくにスウェーデンはすでにこの分野でできることをすべて示したと信じてはいるが。)(30) とはいえ、つぎの点は力説しておきたい。ピースミールな措置を重ねても失業を解消できないという信念があるが、これは、空を飛ぶ問題は解決されないであろうという(マルクスよりもあとの時代に生きた人びとによってさえ提出された)無数の物理的証明とおなじく、独断の極みであろう。そして、マルクス主義者がときどき、マルクスは安定化政策や類似の個別的対策の無効性を証明したと主張するとき、かれらはたんに真実を語っていないだけである。マルクスは拘束なき資本主義を研究したが、介入主義は夢にも思わなかった。したがって、かれは経済循環に体系的に干渉する可能性を研究したことはなく、ましてやその不可能性を証明することなどなかった。じつに不思議な印象をうけるのだが、人間の苦しみに対する資本家たちの無責任な態度に非を鳴らすそのおなじ人たちが、それに劣らず無責任で、その種の独断的な主張(マルクス自身の表現を使うなら、われわれが社会環境の主人になるということ)をして、人間の苦患を減らし、われわれの行動から生じる望ましくない社会的反作用のいくつかの制御方法を学べるかもしれない実験に反対しているのだ。しかし、マルクス主義の擁護者たちは、精神的な意味でも物質的な意味でも、〔自分たちの運動に〕投資をしたわけなので、それに縛られて進歩に歯向かっていることに気づいていない。かれらは、マルクス主義をふくめてどんな運動にも、すぐにあらゆる種類の個人的利害と結びついてしまうものがあるのだということ、物質的なだけでなく知的な投資〔利害の結びつき〕というものもあるのだということを見ていない。

ここでもうひとつの論点に言及しておかなければならない。すでに見たように、マルクスは、失業は、基本的には、賃金を低く抑え、就業労働者からの搾取を容易にするという役割をはたす資本主義メカニズムの装置であり、そして貧困の増大は、いつでも被雇用労働者の貧困の増大を意味するのであり、それがこの問題全体のなかでもっとも重要な点であると考えていた。しかし、これが当時の状況についてのただしい記述であったと仮定したところで、以後の経験はそれに対応した予言を明確に反証したと認められねばならないだろう。就業労働者の生活水準はマルクスの時代以来、随所で改善されたし、（ヘンリー・B・パークス[31]がそのマルクス主義批判で指摘したように）就業労働者の実質賃金は不況時にも上昇する傾向をもった。（これは、たとえば、さきの大恐慌の時にもそうであった。）というのは、賃金よりも物価のほうが早く下落したからである。これはマルクスに対するセンセーショナルな反駁であった。というのも、なかんずく、失業保険の主な負担は、労働者ではなく、企業家によって担われていたので、企業家たちは、〔失業は賃金を飢餓水準に抑え込むという〕マルクスの図式にしたがって、失業から間接的に利潤をあげたわけではなく、失業によって直接的に損害を被ったからである。

第五節

第一段階のなかでもっとも決定的な論点は、蓄積は資本家を強い経済的圧力の下におくので、資本家は、みずからが消滅する危険を冒して、それを労働者に転嫁しなければならなくなり、結果として、資本主義は改革されえず自滅するのみであるというものであった。だが、これまで論じてきたマルクス主義の理論は、この点を真剣に証明しようとはしていない。とはいえ、マルクスが利潤率低下の法則を正当化しようとしたさいの理論には、そのような証明をおこなおうとする試みが含まれていた。

マルクスが利潤率と呼んでいるものは、資本の利子にひとしい。それは、投資された総資本に対する資本家の年間平均利潤の百分率である。マルクスは、この率は、資本投資の急速な増大のもとでは利潤の増大よりも蓄積が早くならざるをえないから、低下傾向をもつ、と言っている。

マルクスがこの主張を証明しようとしたときの論証は、再度ながら、非常に才気に富んでいる。すでに見たように、資本主義的競争は資本家に、労働生産性を高めるための投資を強いる。さらにマルクスは、資本家はこの生産性の向上によって人類に多大な貢献をすると認めている。「資本は、生産力、社会関係、およびより高いレベルでの新しい社会形成要因を創造するために、以前の奴隷制とか農奴制などの形態のもとでよりも、より有利な方法で、より有利な条件のもとで、この剰余労働を強制するということ、これが資本のもつ文明化促進的側面のひとつである(32)……。」なぜなら、「一定時間内に、すなわち一定剰余労働時間にどれだけの使用価値が生産されるかは、労働の生産性に」依存するからである。しかし、資本家は、こうした貢献をなんらかの意図にもとづいておこなうのではない。資本家が競争によって強制される行動もまたかれら自身の利益と矛盾する。それはつぎのような理由からである。

すべての産業家の資本は、二つの部分に分けられる。ひとつの部分は土地、機械、原材料等に投資される。他の部分は賃金に充てられる。マルクスは、第一の部分を〈恒常的資本〉、第二の部分を〈可変資本〉と呼んでいる。しかしわたくしは、この用語は非常に誤解を招きやすいと考えるので、今後は二つの部分をそれぞれ〈不動資本〉と〈賃金資本〉と呼ぶことにしたい。マルクスによれば、資本家が利潤をえるのは、労働者を搾取することによって、つまり賃金資本を利用することによってのみである。不動資本は、競争のために維持し、たえず増加させなければならない一種のバラスト〔死重〕のようなものである。ところが、この増加は、それに見合った利潤の増加を伴うわけではなく、賃金資本の拡大だけがそうした利のある効果をもちうる。しかし、生産性の一般的な上昇傾向は、資本の物質からなる部分が賃金部分に比例して増加することを意味している。それゆえ、総資本も増加するとはいえ、それは利潤の増大とは均衡しないかたちで生じる。つまり、利潤率は低下せざるをえない。

ところで、この議論が支持できるかどうかは、しばしば疑われてきた。それはマルクス以前から間接的に攻撃されていた。(33)+ そうした攻撃にもかかわらず、わたくしはそこには真理の核があると信じている。とりわけ、それをかれの景気循環論と結合するときにはそうである。(わたくしは、次章でこの点に戻るつもりである。) とはいえ、わたくしにとって疑わしく思われる点は、それと貧困増大論との関連である。

マルクスは、利潤率が低下傾向をもつならば資本家は破滅に直面するということ、それがこの関連だと見ている。資本家にできることはせいぜい〈労働者から取り上げる〉こと、つまり搾取を増強することである。それは、労働時間の延長、より迅速な労働の要求、賃金を下げること、労働者の生活費を増やすこと(インフレ)、より多くの女性や子供から搾取することによって達成できる。競争と利潤追求とが矛盾するという事実にもとづく資本主義の内在的矛盾はここにおいて頂点に達する。まずそれは、資本家に蓄積することと、生産性をあげること、その結果として利潤率を低下させることを強いる。ついで、それらは資本家に搾取することを強要し、その結果として、階級間の緊張を耐え難いレベルに引き上げる。したがって、妥協は不可能である。矛盾は取り除かれない。ついにはそれらが資本主義の運命を定めるにちがいない。

以上が論証の大要である。だが、その結論に説得力はあるのだろうか。生産性の増大こそが資本主義的搾取の基礎であることを忘れてはならないだろう。労働者が自分や家族が必要とする以上のものを生産できてはじめて、資本家は過剰労働をわがものとすることができる。生産性の増大は、マルクスの用語では、過剰労働の増加を意味し、資本家が自由に使える時間の増加を意味し、また、時間あたりの商品の増加を意味する。換言すれば、利潤が非常に増えるということを意味する。これはマルクス自身が認めているところである[34]。かれは、利潤が減少すると主張しているのではなく、総資本が利潤よりもはるかに早く増加するため、利潤率が低下すると主張しているにすぎない。

しかし、もしそうだとすれば、資本家が、望むと否とにかかわらず、労働者に転嫁しなければならない経済的圧力のもとで動かなければならない理由はない。資本家が、利潤率低下を歓迎しないのは事実だろう。しかし、かれの収入が下がらず、逆に上昇するかぎり、真の危機はない。成功している平均的な資本家にとっては、状況はつぎのようになるだろう。資本家は、自分の収入が急速に増大すること、そして資本はそれよりも早く増大すること、貯金が収入のうちの消費部分よりも急成長するということだ。思うに、こうした状況は、資本家に絶望的な措置を取らざるをえなくさせるとか、労働者との妥協を不可能にさせるといったものではない。反対に、かれにとっては十分に耐えられるものであろう。

もちろん、この状況に危険な要素があることは認めねばならないだろう。利潤率が一定または増加するという前提のもとで投機をおこなっていた資本家は、困難に巻き込まれるかもしれない。そして、こうした事態は、じっさいには不況を悪化させ、景気循環を激化させるかもしれない。しかし、それはマルクスが予言した、広範囲な結果とはほとんど関係がない。

ここをもって、マルクスが貧困増大法則を証明しようとして述べた第三の、そして最後の論証についての分析を閉じることにしよう。

第六節

マルクスが、予言においてどれほど完璧に間違っていたか、だが同時に、拘束なき資本主義という地獄に対して燃え上がるような抗議をし、そして「労働者よ、団結せよ！」と要求した点において、どれほど正当であったかを示すために、『資本論』の「資本主義的蓄積の一般法則[35]」を論じている章からいくつかの箇所を引用してみよう。

「……実際の工場は……まだ成年期に達していない男子労働者を多数必要としている。成年期に達しても、仕事で使えるのはごくわずかの数の者のみであり、大多数は定期的に解雇される。それは、産業の規模に合わせて成長する流動的な過剰人口の一要素を形成する……また、資本による労働力の消費は非常に急速であるため、中年労働者は通常、多かれ少なかれすでに老衰している。……このような状況下では、プロレタリア階級のこのような部分の絶対的な成長は、その要員はすぐに損耗するのだが、その数を膨張させるという形をとる。したがって労働者世代の交代が急速に進む……この社会的必要は、早婚によって充足される……。労働者の子供たちからの搾取が生産に与える割り増し的利益によって……。資本主義システムのなかでは、労働の社会的生産性を上昇させる方法はすべて、個々の労働者を犠牲にしておこなわれる。生産を発展させるためのすべての手段は、生産の制御と搾取の手段に転化し、労働者を部分のみの人間にし、かれの品位を奪って機械の付属品にし、仕事の苦しみでその中身を破壊する……妻や子を資本のジャガーノート車輪の下に放り込む……したがって、資本が蓄積するにつれて、その支払いが高かろうが低かろうが、労働者の状況は悪化せざるをえない……社会的な富、運動中の資本、成長の範囲とエネルギーが大きくなればなるほど、……産業予備軍もより大きくなる……産業予備軍の相対的な大きさは、富の潜在力とともに成長する。しかし、この予備軍が就業労働者軍に比例して大きくなればなるほど、統合された過剰人口も多くなり、そこでの貧困は労働での苦悶に反比例し……そして……公に認められた社会的貧困も増大する。これが、資本主義的蓄積の絶対的な一般法則である……一方の極における富の蓄積は、したがって同時に、他方の極での貧困、労働の苦悶、奴隷、無知、残忍化、道徳的劣化の蓄積である……。」

当時の経済のこの戦慄を催すような姿は、あまりにも真実すぎる。しかし、貧困化が蓄積とともに増大しなければならないという法則は妥当しない。マルクスの時代から、生産手段と労働生産性は、かれにとってさえほとんどありえないと思われただろうほど高まった。しかし、児童労働、労働時間、労働の苦悩、労働者の生活の不安定性は増加せず、減少している。わたくしは、この過程がさらにつづくにちがいないと言おうとしているのではない。進歩の法則といったものは存在しないのであり、すべてはわれわれ自身にかかっている。しかし、実際の状況は、パークスによって簡潔かつ適切に一文に要約されている。「低賃金、長時間労働、児童労働は、マルクスの予測が語っていたような資本主義の老年期の特徴ではなく、幼年期の特徴であった。」(36)

拘束なき資本主義は過ぎ去った。マルクスの時代以来、民主的介入主義は途方もない進歩を遂げ、資本蓄積の結果としての労働生産性の向上は、貧困のほぼ完全な根絶を可能にした。ここに示されているのは、疑いもなく重大な間違いがなされたにもかかわらず、多くのことが達成されたということであり、さらに多くのことがなされうるという信念を鼓舞するはずのものである。なぜなら、多くのことがなされねばならないし、多くのことが生じないようにされねばならないからである。民主的介入は、そのための機会を与えてくれるにすぎない。それをなすことがわれわれの課題である。

わたくしは、自分の主張の効果に幻想を抱いてはいない。経験は、マルクスの予言が間違っていたことを示している。しかし、経験はいつにせよなんとでも説明がつく。じっさい、マルクス自身とエンゲルスは、貧困増大法則がなぜかれらが期待した通りの効果をもたらさないのかを説明するはずの補助仮説をすでに練り始めていた。その補助仮説によれば、植民地搾取、あるいは一般の呼び方での〈近代帝国主義〉からの諸帰結は、利潤率の低下、したがって貧困増大の傾向を打ち消すように作用する。この理論によれば、植民地搾取とは、国内の産業プロレタリア階級よりも、経済的・政治的にさらに弱い集団である植民地プロレタリア階級に経済的圧力を転嫁する方法である。「他方で、植民地などに投資された資本にかんして言えば」とマルクスはこう書いている。「それはより高い利潤率を生成しうる。なぜなら、そこにおいてはそうじて資本主義の発展がなお後進的段階にあり、おなじように奴隷や苦力《クーリー》を使役しての労働搾取が成り立つからである。ところで、ある部門に投下された資本が生成し本国に還流するより高い利潤率が、本国で……一般的な利潤率の平均化にくわわり、それに応じて利潤率を増加させてはいけないのか、わけがわからない。」(37)（言っておくにあたいすると思うが、〈近代〉帝国主義論の背後にある主要な考えは、一六〇年以上前のアダム・スミスにまで遡ることができる。かれは植民地貿易について、「必然的に……利益率を高く維持することに貢献した」と述べていたのだ。）エンゲルスはマルクスよりも歩を進めた。かれは、イギリスでは傾向が貧困の増加ではなく、かなりの減少に向かっていることを認めざるをえず、これはイギリスが「全世界を搾取している」という事実に起因するのではないかと示唆し、自分の期待通りに苦しむことなく、「事実としてますますブルジョア化していく」「イギリスのプロレタリア階級」に猛烈な反対をしている。つづけてかれはこう述べる。「……あらゆる国家のなかでもこのもっともブルジョア的な国家が、ブルジョア階級にならんで、最終的にはブルジョア貴族制とブルジョア的プロレタリア階級をもとうとしているように見える。[38]」このエンゲルスによる戦線の変更は、少なくとも、前章で触れた[39]ものとおなじくらい注目にあたいする。そしてこれは、おなじように、貧困が減少した社会発展に影響されてなされたことであったのだ。マルクスが資本主義を非難したのは、資本主義が中流階級下層や小商人を「プロレタリア化」し、労働者を被救護貧民に落としてしまったからであった。ところがいまや、エンゲルスは、システム——依然として非難されるのだが——は、労働者を市民(ブルジョア)に変えてしまったとして非難するのだ。エンゲルスの悲嘆のなかでももっとも痛烈なのは、マルクスの予測を反証するまでに無思慮にふるまうイギリス人を「すべての国のなかでもっともブルジョア的な国民」と呼ばざるをえない憤懣である。マルクス主義の教説からすれば、「すべての国のなかでもっともブルジョア的な国民」は、耐え難い貧困に、また耐え難い階級間の緊張にいたる発展をみちびくと予期すべきなのだが、代わって、その逆が起こっていると聞かされるのである。しかし、善良なるマルクス主義者は、善良なプロレタリアを悪しきブルジョアに変えてしまう資本主義システムの信じられないほどの邪悪さを知ったとき、怒髪天をつくように怒るだろう。だが、かれらは、マルクスの見方では、システムの邪悪さは唯一、システムがあべこべに作用する点にあったことを完全に忘れている。だから、現代イギリス帝国主義の邪悪な原因と悲惨な結果についてのレーニンの手になる分析にはこう書かれている。「原因。一、当該国による全世界からの搾取、二、それによる世界市場での独占的地位、三、植民地独占。結果。一、イギリスのプロレタリア階級の一部のブルジョア化、二、プロレタリア階級の一部が、ブルジョア階級に買収されてしまったか、少なくとも金をもらっている連中によって指導されていること。[40]」さて、レーニンは、不愉快な傾向——不愉快なというのは、マルクスによれば世界が進むべきだったはずの道に沿わなかったからであるが——に、〈プロレタリア階級のブルジョア化〉といったすばらしいマルクス主義的名称を与えたあと、あきらかにいまやそれがマルクス主義の傾向になったと信じている。〔というのも〕マルクスは、世界全体が資本主義的工業化という必然的な時期を早く通過すれば通過するほど、世界はますますよくなるという見解をもっていたから、帝国主義的発展を支持する傾向[41]をもっていたのだが、レーニンはまったく異なる結論に達したからである。イギリスの植民地領有こそが、本国の労働者が、共産主義者ではなく、〈ブルジョア階級に買収された〉指導者にしたがう理由であるから、レーニンは植民地帝国に引き金もしくは導火線を見た。植民地での革命は、本国において貧困増大法則を作用させ、革命をみちびくだろう。そこからして、植民地は〔革命の〕炎が広がる場所であった……。

補助仮説の歴史を素描したが、わたくしは、この補助仮説が貧困増大法則を救済できるとは思わない。なぜなら、この仮説は経験によっても反証されているからである。というのも、植民地搾取が、この仮説を首肯するようには作用していないか、そう作用しても、ほとんど取るに足らないほどでしかないのにもかかわらず、民主主義的介入主義が労働者の高い生活水準を確保している国々があったし、あるからである。たとえば、スカンジナビアの民主主義諸国、初期のチェコスロバキア、カナダ、オーストラリア、ニュージーランド、米国といった国々である。さらに、オランダやベルギーのように植民地を〈搾取している〉国と、デンマーク、スウェーデン、ノルウェー、チェコスロバキアのような植民地を搾取していない国を比較してみると、産業労働者が植民地所有から利潤をえているかは不明である。なぜなら、労働者階級の状況はこれらすべての国では驚くほど類似しているからである。そして、植民地化によってひき起こされた先住民の貧困は、文明史のなかで暗黒きわまる章のひとつであるが、それでも、マルクスの時代から増大傾向を示したとは言えない。正確にはその正反対で、状況は大きく改善されてきた。しかし、補助仮説ともとの理論の双方がただしければ、ここでの貧困の増大はいちじるしく顕著にならざるをえなかっただろう。

第七節

以前の、第二段階と第三段階のばあいと同様に、ここでは、マルクスの予言論証の第一段階を、それがマルクス主義諸政党の戦術へおよぼした実際的な影響の一端を示すことで、解明しておきたい。

社会民主党は、明白な事実に押されて、貧困の強度が増大するという理論を暗黙のうちに放棄したが、かれらの全戦術は、貧困の規模は拡大するという法則は有効である、すなわち、産業プロレタリアートの数値的な強さは引きつづき増大するにちがいないという前提に立脚していた。したがって、かれらはもっぱら産業労働者の利害を代表することを政策の基本としていたが、同時に、自分たちが「人口の大多数[42]」を代表する、あるいはすぐにそうなるだろうと固く信じていた。かれらは決して『共産党宣言』のつぎのような主張を疑わなかった。「これまでのすべての運動は、少数者の運動であった。……プロレタリア運動は、巨大な大多数の利益のための、巨大な大多数の独立した運動である。」そこでかれらは、産業労働者の階級意識と階級的誇りが、選挙でかれらに過半数を与える日を信じてまっていた。「誰が最後の勝者となるか——つまり少数の所有者か、それとも巨大な労働する多数派か——については、疑いの余地はありえない。」かれらは、産業労働者がどこにおいても多数派ではないこと、かれらが決して〈絶大な多数派〉ではないこと、そして、統計はもはやかれらの数の増大傾向を示していないことを見ていなかった。かれらは、民主主義的な労働者の党の存続が正当化されるのは、こうした党が他の党、たとえば農民や中産階級を代表する党と妥協したり、協力し合うことも厭わないかぎりであることを理解していなかった。そして、かれらは、すべての政策を変更し、産業労働者の利益を主に、あるいはもっぱらに、代表することをやめたときにのみ、国民大多数の代表者として国家を統治できるとは考えていなかった。したがって(マルクスのように)素朴にも「じっさいには、共同体体制は、農村の生産者をその地方の中心都市の知的指導の下におき、そこに、つまり、都市の労働者のなかに、かれらの利益の自然な代表者を確保するであろう(43)」と主張しても、当然のことながら代理としての政策にさえなるわけではなかった。

共産党の状況は異なっていた。かれらは、貧困増大説に固執し、労働者の一時的なブルジョア化の諸原因が取り除かれるや、貧困の広がりだけでなくその強度も増大すると信じていた。こうした信念は、マルクスなら政策の「内部矛盾」と呼んだであろうものにかなり大きく寄与した。

戦術上の状況はきわめて単純なように見える。マルクスの予言のおかげで、共産主義者はすぐに貧困が増大していかざるをえないことを確信していた。かれらはまた、労働者の運命を改善するために、労働者のために、労働者とともに闘わなければ、党が労働者の信頼をえることもないと知っていた。この二つの基本的な前提条件が、かれらの一般的な戦術原則を明確に規定していた。労働者に自分たちがとるべき分け前を要求させ、どんな個別的出来事にあってもパンと住家のための絶えざる闘いを支援せよ。経済的であれ、政治的であれ、かれらの現実的な要求を実現させるために、彼らとともに粘り強く闘え。このようにして、あなたたちはかれらの信頼を得るのだ。それと同時に、労働者は、そうした些細な闘争では自分たちの運命を改善できないのであり、全体的な革命のみが改善をもたらしうることを知るであろう。なぜなら、こうした笑うべき小粒な闘争は、すべて失敗せざるをえないからである。マルクスからわかるように、資本家は、文字通り妥協しつづけることはできず、最終的には貧困は増大せざるをえない。だから、抑圧者に対する労働者の日々の闘争の唯一の——しかし価値のある——成果は、階級意識の増大、言い換えれば、戦闘でのみ勝ち取ることができる団結感と、革命だけが貧困を終焉させることができるという絶望的な認識の増大である。この段階に達したとき、最後の決戦の時が来る。

これが理論である。そして共産主義者はそれに合わせて行動した。まず、かれらは労働者の運命の改善のための闘争を支援した。しかし、あらゆる予期、あらゆる予測に反して、闘争は成功する。要求は認められる。あきらかにその理由は、要求が穏健すぎたということだ。したがって、さらに要求しなければならない。だが、それらの要求はふたたび叶えられる(44)。そして、貧困が減少するにつれて、労働者は辛苦をなめることが少なくなり、革命のための計画を練り上げるよりも、賃金交渉に従事するようになる。

いまや共産主義者は政策を逆転させなければならないことに気がつく。「貧困増大」の法則を加速させるためになにかがなされなければならない。たとえば、植民地では(革命を成功させる見通しがないところでさえ)騒乱をあおるべきであり、なんでもいいから破局をもたらすような、また労働者のブルジョア化に対抗する目的をもった政策を追求しなければならない。しかし、この新しい政策は労働者の信頼を破壊する。共産主義者は政治闘争に未熟な者をのぞいてそのメンバーを失う。まさにかれらは「労働者階級の前衛(Elite)」と呼ばれる者たちを失う。かれらの暗黙の前提、すなわち「事態が悪化すればするほど、貧困は革命を加速させるのだから、事態はより好ましくなる」は労働者に不信をもたせる。この原則の適用が成功すればするほど、労働者の不信は大きくなる。というのも、労働者は現実主義者であるから、かれらの信頼を得るためには、かれらの運命を改善するべく働かなければならないからである。

だから、政策はいまいちど逆転されねばならない。労働者の運命の直接的な改善のために戦うと同時にその反対を望まざるをえなくなる。

こうして、理論の「内的矛盾」は、混乱の最終段階を招く。それは、誰が裏切り者なのかがわからなくなる段階である。裏切りは忠誠であり、忠誠は裏切りなのだから。それは、多くの者が離党する段階である。とりわけ、党のうちに人道主義的な目的をもった唯一の生き生きした運動を見ていたからではなく、それが科学的な理論にもとづく運動であったからこそ、党にしたがわなかった者たちが離党したのである。党に残った他の者たちは知的正直さを犠牲にしなければならなかった。というのも、かれらは権威をなんら問うこともなくそのまま信じることを学ばなければならなかったからである。ついには、かれらは神秘主義者となり、合理的な論証の敵とならざるをえなかった。

崩壊をもたらしかねない内的矛盾のもとで苦吟していたのは資本主義だけではなかったように見える……。

第二一章　予言の評価

マルクスの歴史予言の根底にある論証は無効である。当時の経済動向の観察から予言的な結論を導出しようとするかれの才気に富んだ試みは失敗に終わった。この失敗の理由は、証明をなすにあたっての経験的根拠の欠如ではない。当時の社会についてのマルクスの社会学的・経済学的分析は、やや一面的であったかもしれないが、そうした偏見にもかかわらず、記述的であった点では卓越したものであった。予言者としてのかれの失敗の原因は、まったくもって〈ヒストリシズムの貧困〉、すなわち、今日観察した歴史の傾向とか歴史の潮流が正確に明日もそうつづくかどうかはわからないという単純な事実にある。

マルクスが多くのものごとをただしく見たことは承認されねばならない。かれが知ることとなった拘束なき資本主義システムは長くはつづかないだろうから、それを永遠の制度だと考えた擁護者たちは間違っているというかれの予言は疑いもなくただしかったし、また、なかんずく〈階級闘争〉、すなわち労働者の連帯が、資本主義の新しい経済システムへの転換をひき起こすだろうと主張した点でもただしかった。しかし、マルクスが、この新しいシステムとしての介入主義(1)を社会主義の名の下に予測していたとまで言ってはならないだろう。真相は、目前に迫っていた展開にかれは気づきもしなかったということだ。マルクスが社会主義と呼んだ体制は、どんな種類の介入主義からも、いうまでもなくロシア型の介入主義からも区別されなければならない。なぜなら、かれは、差し迫った発展は国家の政治的・経済的影響力を低下させるだろうと堅く信じていたのだが、介入主義はその影響力をいたるところで増強したからである。

わたくしはマルクスを批判し、民主主義的でピースミールな介入主義(とくに第一七章第七節で説明した制度的介入主義)を評価する者だが、マルクスが国家の影響力の低下を望んでいたことには大いに共感を覚えると明言しておきたい。介入主義の最大の危険は——とりわけどんな直接的介入においても——間違いなく、国家権力と官僚制の強大化を招くという点にある。ほとんどの介入主義者は、この危険が拡大していることを気にしないか、目をつぶっている。しかしわたくしは、この危険は率直に直視されるや、克服可能なはずだと信じる。というのも、ここにあるのは、根本において、またもや社会工学やピースミールな社会技術の問題でしかないからである。とはいえ、それは、民主主義にとっては危険な問題であるから、十分に早くから取り組むことが大切である。われわれは、安全のためだけではなく、自由のためにも計画を立てなければならない。それはおそらく、自由のみが安全を安全にできるという理由だけからしてもそうである。

ところで、ここでマルクスの予言に戻ってみよう。かれが発見したと主張した歴史の傾向のひとつは、他の傾向よりも永続的な性質をもっているように見える。それは、生産手段の蓄積傾向であり、とくに労働生産性の上昇傾向である。この傾向は現実には当面のあいだはつづくだろうと思われる——いうまでもなく、文明を維持しつづけることができれば、の話であるが。ところで、マルクスは、この傾向とそれのもつ〈文明化促進的側面〉を認識していたばかりでなく、そこに内在する危険も見ていた。とりわけかれは、（シャルル・フーリエ[2]などの先行者もいたとはいえ）、一方における「資本の歴史的使命であり、それを正当化するものである」[3]と見ていた「生産力の発展」と、他方における、産業システムの急速な台頭を促進したと思われる信用システムがときとして示すきわめて破壊的な現象、すなわち景気循環とのあいだには連関があることを強調した最初の一人であった。

（前章の第四節で論じた）マルクス独自の景気循環論は、再度いうならば大まかにはつぎのように述べることができよう。自由市場に固有の法則は完全雇用を生み出す傾向をもつとはいえ、完全雇用——つまり労働力の窮迫——に向けた個々の対策は、発明家や投資家を刺激して、新たな労働節約型の機械を考案させるし、またそうした機械を導入させる。それにつづく結果として、最初に短期的な好況があり、つづいて、失業と不況の新たな波が押し寄せてくる。わたくしには、この説が真なのか、また、どこまで真なのかは、わからない。前章でも説明したように、景気循環論はそうとうに難しく、かかわりあいたいとは思わない問題である。しかし、わたくしは、生産性の上昇が景気循環の要因のひとつであるというマルクスの主張を重要だと考えるので、それを支持するためのある意味ではかなり明白な考察をいくつか許してもらいたいと思う。

生じうる展開についての以下のリストは、もちろんきわめて不十分なものである。だがこのリストは、労働生産性の上昇があるたびに、少なくとも以下の発展のうちのひとつ(ただし、同時に多くの発展が起こる可能性もある)が開始され、生産性の上昇に均衡するに十分な規模で継続するにちがいないというように構成したものである。

(A)投資が増加する。すなわち、他の財の生産を増大させる資本財が生産される。(これは生産性のさらなる上昇につながるので、これのみでは、ある期間にわたるその作用とバランスをとることはできない。)

(B)消費が増大する――生活水準が上昇する。

(a)全住民の生活水準の上昇。

(b)住民の特定層(特定の階級など)における生活水準の上昇。

(C)労働時間が減少する。

(a)毎日の労働時間が短縮される。

(b)産業労働者でない人口が増加する。とくに

(b1)科学者、医師、芸術家、ビジネスマンなどが増加する。

……………………………

(b2)非就業労働者が増加する。

(D)生産されるが消費されない財の量が増加する。

(a)消費財が破壊される。

(b)資本財は使用されない(工場は停止する)。

(c)消費財でもなければ(A)型の財でもない財が生産される。たとえば、武器。

(d)労働は資本財を破壊するために(それによって生産性を低下させるために)使用される。

わたくしは、点線まで、つまり(C―b1)までは、一般的に望ましいと見なされる発展を、他方で(C―b2)からは、一般的に望ましくないと見なされる発展、つまり、経済不況、武器製造、戦争が出現する発展を配置した。リストはもちろん拡張されよう。

さて、(A)は、非常に重要な要素ではあろうが、これだけでは均衡を回復させることはできず、したがって、あきらかにひとつ以上の他の発展が始まらねばならない。さらに、増大した生産性とふたたび均衡をとるのに十分なほどに望ましい発展の継続を促進し保障する制度があれば、望ましくない発展は起こらないと仮定することは合理的であろう。しかし、武器の生産をのぞいて、望ましくない発展はなんであれ、間違いなく(A)の急激な減少をもたらし、これは状況をさらに悪化させるにちがいない。

ここに述べた考察は、失業との戦いにおける全体主義国家の成功をもっともらしくさせるかもしれないにせよ、ことばのなんらかの意味で、軍備や戦争をすっかり〈説明〉できるわけではないであろう。また、これらの考察は景気循環の説明に貢献するところはあるかもしれないとはいえ、すっかり〈説明〉できるわけでもないであろう。そこでは、信用と貨幣の問題がおそらく非常に重要な役割を果たすであろうと思われる。なぜなら、(A)の縮小は、たとえば、事情が違っていたらおそらく投資されたであろう内部留保

――さんざん論じられた重要な要因(4)――にひとしい可能性があるからである。そして、利潤率低下というマルクス主義の法則が（そもそもこの法則が維持できるとして(5)）、資本蓄積を説明する手がかりを与えることも不可能ではない。なぜなら、急速な蓄積期がこの低下をまねくのであれば、おそらく投資傾向は弱まり、買いだめを促し、（A）を減少させるであろうから。

しかし、それだけでは、まだ景気循環論にはならないだろう。そうした循環論は、べつの課題をもつと思われる。その主要課題は、自由市場の制度があるところで、需要と供給のバランスをとるためのこのような効果的な手段が、なぜ不況(6)、すなわち過剰生産や過小消費の防止に十分ではないのかを説明することである。ことばを換えると、市場での売買が、われわれの行動から生じる望まれなかった社会的影響(7)のひとつとして、経済循環を生み出すことを示さねばならないであろう。マルクス主義の景気循環論は、正確にこの目標を視野に入れている。生産性の上昇に向かう一般的な傾向の作用についてここに素描した考察は、たかだかそうした理論を補足するにすぎない。

わたくしには、景気循環の問題について、こうした仮説的思考のすべてが果たす貢献に判断を下そうとは思っていない。だが、こうした考察は、現代の理論に照らすと、すっかり時代遅れになってしまっているとはいえ、大きな価値をもっていることはあきらかであろう。マルクスはこの問題を広範に論じたのだ。そのことは、かれの功績である。これまでのところ、少なくともかれの予言は成就している。生産性の増大傾向しかり。景気循環しかり。さらに、こうした状況はおそらく介入主義的な対策をみちびかざるをえないから、自由市場をさらに制約することであろう。景気循環は拘束なき資本主義体制の終焉をもたらすにちがいない要因のひとつであるというマルクスの予言に沿った発展も存続している。さらに、労働者の団結はこの過程におけるもうひとつの重要な要素になるという第二の成功した予言が加えられるだろう。

このような重要でしばしば成功した予言の一覧に照らしてみると、ヒストリシズムの貧困を語ることは正当であるのだろうか。マルクスの歴史予言の一部のみでも成功したのであれば、その方法を安易に捨て去るべきではないのではないか。ところが、かれの成功をくわしく覗いてみると、成功にみちびいたのは決してかれのヒストリシズム的方法ではなく、いつでも制度分析の方法にすぎないものであったことがわかるだろう。たとえば、資本家は競争をつうじて生産性の上昇を強いられるという結論をみちびいたのは、ヒストリシズム的分析ではなく、典型的な制度分析である。マルクスはみずからの景気循環論や過剰人口論を制度分析に立脚させた。くわえて、階級闘争の理論さえ制度分析的である。階級闘争は、富と権力の分配を統制するメカニズムの一部であり、もっとも広い意味で団体間の協約締結を可能にするものである。こうした分析のどこにおいても、典型的な〈歴史の発展法則〉とか、段階、時代、傾向といったものはなんの役割も果たしていない。他方で、マルクスのより野心的なヒストリシズム的諸結論も、かれの「不可避の発展法則」も、そして「跳び越すことのできないヒストリシズムの諸段階」も、いずれも成功した予言ではないことがあきらかになった。マルクスが成功したのは、制度とその機能を分析したかぎりにおいてのみであった。そして、その逆もまた真である。すなわち、かれの壮大で野心的な歴史予言は、いずれも制度分析の領域には属さない。そうした予言を制度分析で支持しようとする試みがなされたとしても、その導出は妥当なものではない。マルクス自身の高い水準にくらべると、より野心に満ちた予測なるものの知的レベルはじっさい、きわめて低い。それは、数多くの、かくあって欲しいという願望的思考を含んでいるだけでなく、政治的想像力にも欠けている。大雑把に言って、マルクスは、当時の〈ブルジョア〉である進歩的産業家の信念、つまり進歩の法則の信念を共有していた。しかし、ヘーゲル、コント、マルクス、ミルに見られるこの素朴なヒストリシズム的楽観主義は、プラトンやシュペングラーのような悲観的なヒストリシズムに劣らず迷信的である。そして、それは、歴史的想像力を麻痺させざるをえないのだから、予言者にとっては非常に粗悪な道具である。肝に銘じられなければならない点がいくつかある。政治に対して偏見なき判断を下すための諸原則のひとつは、人間のすることはどんなことでも可能であるということ、とりわけ、それがいわゆる人間の進歩へ向かう傾向やその他のいわゆる〈人間本性の法則〉を傷つけるからとして、考えられる発展を除外してしまうことはできないということである。H・A・L・フィッシャーはつぎのように書いている。「進歩が存在すると、歴史のあらゆるページに大文字で書かれている。しかし、進歩は自然の法則ではない。ある世代が成し遂げたものを、つぎの世代はふたたび失うかもしれない。(8)」

すべてが可能であるという原則に同意するならば、マルクスの予測は非常によく的中したと指摘する価値はたしかにある。一九世紀の進歩的楽観主義のような信念は、強力な政治力となりうるし、マルクスが予測したことを実現するのにも役立つ。したがって、予測がただしいとしても、それが理論を確証するとか、理論の科学性を証明するとして性急に受け入れられてはならないだろう。予言が的中したことは、むしろ、理論のもつ宗教的性格からの帰結として、また、それが人びとにかきたてた信仰の力を証明するものであるとも受け取れよう。そして、とりわけマルクス主義においては、宗教的な要素を見過ごすことはできない。マルクスの予言は、労働者たちに、かれらのもっとも深い貧困と汚辱のなかにあって、偉大な使命と、かれらの運動が全人類すべてに準備すべき未来への信仰を鼓吹した。一八六四年から一九三〇年の間の出来事を振り返ってみると、マルクスの権威がほとんどの人びとを社会技術の研究から遠ざけたといういくぶん偶然の事実がなかったならば、ヨーロッパにおいては、この予言的な宗教の影響のもとで、非集団主義的な社会主義が出現していたかもしれない。社会秩序のピースミールな変革のための徹底した準備がなされていたならば、ロシアのマルクス主義者や中央ヨーロッパのマルクス主義者が自由のための計画を準備していたならば、開かれた社会のすべての友人たちを納得させる成功をみちびいていたかもしれない。しかし、その成功は、科学的な予言を確証するものとして受け取ることはできなかったであろう。それは、むしろ、宗教運動の成果、つまり、人道的な目標を信じ、世界を変革するために理性を批判的に用いることの成果であっただろう。

しかし、事態は異なる方向へ進んだ。マルクスの信条における予言的な要素が、信奉者たちの頭を支配した。それは、他の考察のすべてを吹き払い、冷静で批判的な判断力を追放し、理性を適用することで世界を変革できるかもしれないという信念を破壊した。マルクスの教説のうち生き延びたものは、ヘーゲルの神託まがいの哲学であった。それは、マルクス主義へと姿を変え、開かれた社会へ向けた闘争をたえず麻痺させようとしている。

マルクスの倫理

第二二章　ヒストリシズムの道徳論

マルクスが『資本論』においてみずからに課した課題は、社会の発展を支配する仮借なき法則の発見であった。社会工学者に役立つであろう経済法則の発見ではなかった。それは、公正な価格、富と安全の平等な分配、合理的な生産計画、そして何よりも自由の実現といった社会主義的目標の実現を可能にする経済条件の分析ではなかったし、それらの目標を分析し、明瞭化する試みでもなかった。

しかし、マルクスは、ユートピア的な技術や社会主義的な目標を道徳的に正当化しようとする試みは強く拒否したが、かれの著作は倫理にかかわる理論を含んでいた。マルクスは、主に社会制度に対する道徳的評価を通してその理論を表現した。結局のところ、資本主義についてのかれの判断は根本において道徳的判断であった。システムは、制度に内在する残酷な不正のゆえに、また完全に〈形式的〉な正義と誠実さの外観をともなって出現してくるゆえに弾劾されたのである。システムは、搾取される者を強制して、搾取される者を奴隷化し、それによって両者から自由を奪うゆえに弾劾されたのである。マルクスは富と戦ったのではないし、貧困を賛美したのでもなかった。かれが資本主義を嫌悪したのは、それが富を蓄積するからではなく、その寡頭制的性格のゆえであった。このシステムにおいて富は、他人を支配するという意味での政治権力を意味した。だからこそかれは嫌悪したのである。労働力は商品となる。その意味は、人びとが市場で自分自身を販売しなければならないということである。このシステムは、奴隷制に類似していたからマルクスは忌み嫌ったのである。

マルクスは、社会制度のもつ道徳的側面を強調した。そうすることでかれは、われわれは自分たちの行為が遠くへだたったところでひき起こす社会的反作用にも責任のあることを力説したのである。たとえば、そうした行為は、社会的に不公正な制度の延命に寄与しているかもしれないのである。

したがって、『資本論』は主に社会倫理にかんする論説であるとはいえ、それらの倫理観は決してそのものとしては提示されていない。つまり、それらは間接的にしか表現されていないわけだが、だからといって重要性が劣るわけではない。というのも、間接的に語られていることはきわめて明白だからである。マルクスは、説教というものを嫌っていたので、露骨な道徳論を避けたのであろう。マルクスは、ふだんは水を飲めと説教しているのに、自分はワインを飲んでいる道徳家への深い不信の念に捕らえられていたので、みずからの倫理的信念の定式化を拒否したのであろう。かれにとって、人間性と礼節の原則は、論じるまでもない前提条件であり、ただ受け入れられるべきものであった。（この領域でもかれは楽観主義者であった。）かれは、道徳家を攻撃した。というのも、かれらのうちに、かれは自分が不道徳だと見なした社会秩序の卑屈な擁護者たちを見たからである。かれは、リベラリズムの自己満足しきった賛美者を攻撃した。というのも、かれらは、その当時にあってまさに自由を破壊している社会体制のなかでの形式的自由なるものと自由とを同一視していたからである。そうすることでかれは、自由を愛していたことを間接的に認めた。そして、哲学的にはホーリズムを偏愛していたにもかかわらず、国家の〈死滅〉を望んでいたのだから、たしかに集団主義者ではなかった。マルクスの信仰は基本的に開かれた社会への信仰だったと思われる。

キリスト教に対するマルクスの態度は、こうした確信と結びつくものであるし、当時の公認キリスト教が資本主義下の搾取を偽善的に擁護していたという事実ともふかく関連する。（かれの態度は、同時代のセーレン・キルケゴールの態度に似ていた。キルケゴールはキリスト教倫理の偉大な改革者であり、当時の公認キリスト教道徳を反キリスト的で反人道主義的な偽善であると暴露していた。)[1]その種のキリスト教の典型的な代表者は、高教会派の司祭J・タウンゼントであった。この者は、『救貧法論――人類の幸福を祈る者著』の著者であり、博愛主義者であり、搾取のきわめて粗暴な擁護者であった。マルクスはその仮面を剝いだ。「法律にもとづいて労働を強いるにしても、あまりにも多くの手配、力ずく、怒鳴ることが必要だが、空腹は」とタウンゼントはその賛辞を始める。「平和的な、静かな、絶え間ない圧力になるだけでなく、産業と労働へのきわめて自然な動機づけとして、奮励努力を呼び起こす。」[2]+タウンゼントの〈キリスト教的な〉世界秩序では、すべては(マルクスが断言しているように)労働者階級のうちに恒久的な飢餓をつくることにかかっている。そしてタウンゼントは、これこそ人口増加原則の神的な目的であると考えた。というのも、かれはこうつづけているからである。「貧民はある程度まで無思慮であるから、かれらがいつでも、コミュニティのもっとも卑屈で汚くつまらない職務を果たすためにそこにいるのだということは自然の法則のように思われる。これによって人間の幸福の貯えがおおはばに増加し、デリケートな人たちはつらい仕事から解放され、妨げられることなくより高い職業などに向かうことができるようになる……。」そして、このような発言からマルクスが「かくも繊細な坊主」と呼んだこの僧侶は、救貧法は、飢えている者を助けるので、「神と自然によってこの世に樹立されたこのシステムの調和と美しさ、対称性と秩序を破壊する」と付けくわえているのだ。

この種の〈キリスト教〉がこんにち、地球上の大部分から消え失せたとするなら、それは少なからず、マルクスがもたらした道徳上の改革に帰せられるだろう。わたくしは、イギリスにおける貧者に対する教会の態度の変化はマルクスの影響が高まってはじめて始まったのだと主張しようとしているのではない。しかし、マルクスはこの発展に、とくに大陸で影響を与えたのであり、そこで社会主義が盛んになったから、イギリスでも社会主義は強化されたのである。かれがキリスト教に与えた影響は、ルターがローマ教会に与えた影響と比較することができるかもしれない。どちらも挑戦であり、どちらも反対陣営における対抗改革を、倫理規準の見直しと革新を招き寄せた。こんにちのキリスト教がわずか三〇年前とは異なる道を歩んでいるとすれば、それは少なからずマルクスの影響に帰せられる。教会がキルケゴールの声に耳を傾け始めたという事実さえも、一部にはこの影響によってもたらされたものである。(キルケゴールは、その著『士師の書』のなかでみずからの活動をつぎのように説明していた。「そもそも〈是正案〉を生み出すべきだとしたら、その者は現行秩序のうちの腐敗した面を正確かつ徹底的に研究しなければならない――それから、あらんかぎりもっとも一方的に、その反対面を強調するのだ。」(3) そしてかれはこうつづけている。「だとしたら、またもや頭の切れる男が現れて、その〈是正案〉に対して一方的だと非難し――全公衆に対して本当のところはこれなのだと信じさせるだろう。」）この意味で、初期のマルクス主義は、倫理的厳格さをもっており、ことばよりも行動を重視することで、おそらくわれわれの時代におけるもっとも重要な矯正のための思想であったと言えるだろう。(4) ここから、その巨大な道徳的な影響力が説明されるだろう。

人間は行為においてみずからを証すべきだという要求は、とりわけマルクスの初期の著作のいくつかに顕著に現れている。かれの能動主義ともいえるこの態度は、『フォイエルバッハにかんするテーゼ』の最終テーゼでこのうえなく明瞭に定式化されている。「哲学者は世界をさまざまに解釈してきただけだ。重要なのは世界を変革することである。」(5) おなじような〈能動主義的〉傾向を示す箇所は他にも多数ある。とりわけマルクスが社会主義を「自由の王国」、つまり人間が「自分自身の社会環境の主人」となる王国として語っている箇所がそうである。マルクスが描いた社会主義とは、われわれが現在の生活を規定している非合理的な力から大きく解放され、人間にかかわることがらを人間の理性が能動的に統制できる時代のことであった。こうしたことやマルクスの一般的な道徳面および感情面での態度を考えると、「われわれは自分たちの運命の創造者となるべきか、それともその予言者であることに満足すべきか」という選択肢をまえにして、かれがたんなる予言者ではなく、創造者であることを選択したであろうことに疑いの余地はない。

しかし、すでに知ったように、かれのヒストリシズムは、これらの強烈な〈能動主義的〉傾向を打ち消していた。ヒストリシズムの影響を受けて、かれは基本的に予言者となった。かれは、少なくとも資本主義のもとでは、〈仮借なき法則〉に屈せざるをえないし、その発達の〈自然な段階〉の〈産みの苦しみ〉を短縮したり軽減する[6]ことしかできないと判断したのだ。マルクスの能動主義とヒストリシズムのあいだには大きな裂け目があり、この裂け目はさらに、われわれは必然的に歴史のむき出しの非合理的力のもとに投げ出されているのだという教説によって拡大されている。かれは、将来の計画を立てるために理性を使おうとするいっさいの試みをユートピア的なものとして拒否する。したがって、理性は合理的な世界を実現するためになんの役割も果たすことができない。こうした見解は擁護しえないし、最終的には神秘主義に行き着かざるをえないだろう。とはいえ、この裂け目に架橋する理論的可能性はあるだろう。だが、わたくしはその橋が重みに耐えられるとは思わない。その架橋は、マルクスやエンゲルスの著作のなかには大まかな概要があるのみだが、ヒストリシズムの道徳論[7]と呼んでおこう。

マルクスとエンゲルスは、自分たちの倫理的諸観念がいかなる点でも最終のものであり、それ以上の正当化を必要としないということを認めたくなかった。それで、自分たちの人道主義的諸目標を、社会状況の産物または反映として説明する理論のもとで見ることを好んだ。その理論は、つぎのように述べることができる。社会改革者や革命家が、〈不正〉への憎悪とか〈正義〉への愛によって鼓舞されていると信じるならば、そうした人たちはだいたいのところ幻想の犠牲者である。（これは、そうした者ばかりでなく、たとえば旧秩序の擁護者にもあてはまる。）より正確に言えば、そうした者の道徳的な〈正義〉と〈不正義〉の観念は、社会的・歴史的発展の副産物である。とはいえ、それらは重要な副産物である。というのも、それらは発展を前進させるメカニズムの一部であるからである。この点を説明するためには、正義（あるいは〈自由〉や〈平等〉）については、つねに少なくとも二つの考え方があり、それら二つの考え方は大きく異なると指摘するのがよいだろう。ひとつは支配者階級が理解する〈正義〉の観念であり、もうひとつは被支配者階級が理解する〈正義〉の観念である。これら二つの観念は、言うまでもなく、階級状況の産物である。とはいえ、同時に階級闘争において重要な役割を果たす――それらは、双方の側に闘争においてかれらに必要な善良な良心を与えるからである。

この道徳論はヒストリシズム的と呼べるだろう。それは、すべての道徳にかかわるカテゴリー〔概念〕は歴史の〔特定〕状況に依存すると主張しているからである。これはふつう、倫理の領域における歴史的相対主義と呼ばれる。歴史的相対主義にとって、このように行動することはただしいのかという問いは不完全である。完全な質問はつぎのようになろう。一五世紀の封建的道徳の意味において、このように行動することはただしいのだろうか。あるいは、おそらく、一九世紀のプロレタリア道徳の意味において、このように行動することはただしいのであろうか。この歴史的相対主義は、エンゲルスによってつぎのように定式化された。「こんにち、われわれに説かれている道徳とはなにか。第一に、以前の敬虔な時代から受け継がれてきたキリスト教的‐封建的な道徳がある。これは本質的に言ってさらにカトリックとプロテスタントに分かれる。そのおのおのについてもさらに、イエズス会的カトリック、正統的プロテスタントから弛緩した啓蒙的な道徳までに細分化される。それらにならんで、現代のブルジョア道徳、そしてこれと並行するところの未来のプロレタリア道徳がある(8)……。」

しかし、このいわゆる〈歴史的相対主義〉は、マルクス主義道徳論のヒストリシズム的性格を汲みつくすものではない。このような理論の信奉者、たとえばマルクス自身につぎのような質問を提起できたと想像してみよう。なぜこのような行動をとるのか、たとえばブルジョア階級から賄賂をもらって革命活動をやめた人をなぜ不快で醜悪と考えるのか、と。マルクスはこのような質問に答えようとはしないだろうと思う。おそらくかれは、その者は自分の気に入った通りに、あるいは、そうせざるをえないと感じたがままに行動したのだと主張したりして、答えるのを避けたであろう。しかし、それではわれわれの問題に触れたことにはならない。マルクスが、人生における実際的な決定において、非常に厳格な道徳的規範にしたがっていたのは文句なくたしかであるし、また同様にかれが協力者に高い道徳的規準を要求したこともたしかである。これらの点について語ることばがたとえどのようなものであろうとも、われわれの問題は、マルクスならつぎの問いにどう答えただろうかを見きわめることである。なぜきみはそのように行動するのか。たとえば、なぜきみは抑圧されている人たちを助けようとするのか。(マルクス自身は、生まれ、育ち、ライフスタイルによっても、被抑圧者の階級には属していなかった。)

このような問題について、マルクスは、つぎのような仕方で自分の道徳的見解を定式化したのではないかと思われる。(これはかれのヒストリシズムの道徳論の核心でもある。) 社会科学者として(かれはこう答えただろう)、われわれの道徳観念が階級闘争における武器であることを知っている。科学者としてわたくしは、それらを採用せずとも考察することができる。しかし、科学者として、わたくしはまた、この闘争に荷担しないわけにはいかないことを、つまりどんな態度であっても、孤高を保つということでさえ、なんらかの意味において立場をとることであることを理解している。だからわたくしの問題はつぎのようなかたちになる。どの党派を支持すべきか。わたくしがある一定の陣営を選んだのであれば、もちろんそれによって自分の道徳も決めている。わたくしは、応援すると決めた階級の利益に結びついている道徳を採用しなければならないだろう。この根本的な決定を下す以前においては、わたくしはまだいかなる道徳体系も採用していなかった——もちろん、自分の階級の道徳的伝統から自由になりえていたと前提してのことであるが。しかし、これはいずれにしても、競合する道徳体系にかんして意識的かつ合理的な決定を下そうとするときの必要条件である。意思決定は、すでに受け入れられている道徳規範との関係においてのみ〈道徳的〉であるので、わたくしの根本的な意思決定は、まったく〈道徳的〉な意思決定ではありえない。しかし、それは科学的な決定ではありうる。社会科学者として、わたくしはなにが起こるのかを見ることができるからである。わたくしに見えるのは、ブルジョア階級とともに道徳体系は消滅せざるをえないということであり、また、プロレタリア階級とそれとともに新しい道徳体系が勝利するにちがいないということである。わたくしが見るのは、この展開の必然性である。この発展に抵抗しようとするのは、文字通りばかげたことだろう。それは、重力の法則に逆らうようなものだろう。だからこそ、わたくしはプロレタリア階級とその道徳に賛成するという根本的な決定をした。そしてこの決定は、科学のもつ先見性、つまり科学的‐歴史的な予言のみにもとづいている。それ自身は、いかなる道徳体系にももとづいているわけではないので、まだ道徳的決定ではないが、ある種の道徳体系の採用にはつながるであろう。要約しておく。わたくしの根本的な決定は、あなたが推測したような、抑圧された者を助けるという感傷的な決定ではなく、社会の発展法則に無益な抵抗をしないという科学的で合理的な決定である。こうした決定をしたあとではじめて、不可避的に出現してくるもののための闘争に必要な道徳的感情を受け入れ、武器として十分に活用する準備が整うのだ。このようにして、わたくしは来るべき時代の事実を自分の道徳の規準とする。そして、このようにしてまた、理性によって計画せずともより理性的な世界が出現するという見かけ上のパラドックスを解決する。このようにして受け入れられた道徳的規準からすれば、未来の世界はよりよいものでなければならず、したがって、より合理的でなければならないからである。これによって、自分の能動主義とヒストリシズムとのとあいだの裂け目を架橋する。なぜなら、わたくし自身が社会の運動を規定している自然法則を発見したとはいえ、その発展における自然な段階をペンの一筆で世界から作り出すことは、明白なことながら、できないからである。とはいえ、生みの苦しみを短縮し緩和するために積極的に手伝うことだけはできる。

私見では、これがマルクスの返答であると思う。そして、この返答こそ、〈ヒストリシズムの道徳論〉と呼んでおいた道徳の方向が示すもっとも重要なかたちなのである。エンゲルスがつぎのように書くとき、かれはこの理論を示唆している。「……たしかに、現在にあって、永続を約束された要素をもっとも多くもつ道徳は、現在の変革を、つまり未来を代表する道徳、すなわちプロレタリア道徳であろう……この考えによれば、すべての社会の変革や政治的な動揺の最終的な原因は、人間の頭のなかに、……正義への洞察の高まりのなかに、探求されるべきなのではなく……哲学のなかにでもなく、当該の時代の経済学のなかに求められるべきである。既存の社会制度が理不尽で不公平であるという自覚の高まりは、……生産方法やあらゆる交換様式に静かに変化が起こっている兆候にすぎない[9]。」こうした理論について、現代のあるマルクス主義者はこう語る。「マルクスとエンゲルスが社会主義という目標を社会発展の合理的な経済法則のうえに築いたとき、かれらは、社会主義を道徳的に正当化するかわりに、歴史的必然であると宣言した[10]。」この理論は広く普及しているが、明確に定式化されたことはほとんどない。とすれば、それを批判しておくことは一見して思われるよりもはるかに重要である。

さしあたり、この理論はただしい歴史予言が可能であるという考えに大きく依存していることはあきらかである。もしこの可能性が疑われるならば——たしかに疑われなければならないわけだが——この理論はそのほとんどすべての証明力を失う。しかし、分析のために、当面、歴史の予知可能性は十分に根拠づけられた事実であると仮定しておこう。とはいえ、この予知には限界があることのみを要請しておきたい。たとえば、つぎの五〇〇年くらいは予測ができると要請しておこう。これは、マルクス主義的ヒストリシズムの大胆な主張を制約することのない要請である。

ヒストリシズムの道徳論は、問題となっている道徳体系のひとつに対して賛成するとか、反対するという根本的な決定が、それ自体としては、ふたたび道徳的決定になるわけではない、つまり、その決定は道徳的決定とか道徳的感情にもとづくのではなく、科学的な予測にもとづく、と主張するわけだが、まずこの主張を検討してみよう。わたくしは、この主張は支持しえないと考える。この点を明確にするには、この根本的な決定から帰結する命法とか行動原理をはっきりと定式化すれば十分である。それは、未来の道徳体系を受け入れると告白せよ！　あるいは、未来を創るためにきわめて有益な行動をしている人びとの道徳体系を採用せよ！　といったかたちになろう。これからの五〇〇年がどうなるかを正確に知っていると仮定しても、こうした原則を採用する必要などまったくないことは明白である。例を挙げてみよう。一七六四年に一八六四年頃までフランスの発展を予見しえたヴォルテールの人道的な弟子が、その見通しを歓迎しないことは少なくとも考えられることであろう。かれがこの展開をむしろ反吐が出ると表現し、ナポレオン三世の道徳規準の採用を拒絶することは少なくとも考えられることであろう。かれは自分の態度をつぎのように表現するかもしれない。わたくしは自分の人道主義的規準に忠実たろう、それを弟子たちに伝えていこう。おそらくかれらは、この時代を生きのび、いつの日にか勝利を手にするだろう。同様にして、ある人物がこんにちの時点で確実につぎの点を、すなわち、われわれが奴隷制の時代に向かっていること、石のごとき社会秩序の檻のなかに戻る途上にあること、あるいは、われわれが獣、野獣になろうとしていることを予見しているが(目下のところ、わたくし自身はこうしたことを主張するわけではないが)、にもかかわらず、来るべき時代の道徳的規準は採用せず、自分の人道主義的理想の存続のためにできるかぎりの貢献をする——おそらくは、定かならぬ未来における自分の道徳の再出現を期待して——と決定することは少なくとも考えられることであろう。

こうしたことは、ことごとく考えられうることである。もしかしたら、その決定は「もっとも賢明な」決定ではないかもしれない。しかし、こうした決定が予見的知識によっても、社会学的・心理学的法則によっても排除できないという事実は、ヒストリシズムの道徳論の第一の主張が支持できないことを示している。われわれが未来の道徳を未来の道徳だからという理由だけで、受け入れるべきなのかどうか——これは、まさにそれ自体で道徳の問題である。根本的な決定は、未来についてのなんらかの知識から導出できるものではない。

　わたくしは先行する章で、道徳的実定主義(とくにヘーゲルの実定主義)に言及した。それは、いまここにあるもの以外、他のいかなる道徳的規準も知ることのない理論であり、現に在るものを理性的で善いものとみる理論、権力こそ正義であるとする理論であった。この理論の実践的な側面は、いまある状態を道徳的に批判することは不可能である、なぜなら、この状態はそれ自体でものごとの道徳的規準であるからである、ということになる。いまわれわれが目の前にしているヒストリシズムの道徳論は、道徳的実定主義の異なった形態にほかならない。なぜなら、それは、未来の権力こそ正義であると主張しているからである。ここでは現在に代わって未来が登場している——それだけだ。そして、この理論の実践的な側面は、ものごとの未来の状態に対する道徳的批判は不可能である、なぜなら、その状態こそがものごとの道徳的規準になっているからである、ということになる。現在と未来の違いは、もちろん程度問題でしかない。未来は明日から始まるのか、五〇〇年後から始まるのか、一〇〇年後から始まるのか。理論構成を見るかぎり、道徳にかんする保守主義、道徳にかんする現行主義、道徳にかんする未来主義のあいだに違いはない。道徳的感情からすると、これらのあいだで選ぶところはない。道徳上の未来主義者が、現行権力に味方している道徳上の保守主義者の臆病さを批判するなら、道徳上の保守主義者は逆に、道徳上の未来主義者は明日の支配者に味方して未来の権力の側にいるのだから、臆病なのだと非を鳴らすことができる。

　わたくしは、マルクスがこれらの帰結を考慮に入れていたならば、ヒストリシズムの道徳論は間違いなく放棄していただろうと確信している。数多くの発言と数多くの行動を見れば、マルクスを社会主義にみちびいたのは科学的判断ではなく、道徳的衝動、つまり、抑圧されている者たちを救済したいという願望、破廉恥きわまりなく搾取されており貧困に突き落とされている労働者を解放したいという願望であったことははっきりしている。こうした道徳的な訴えが、かれの教説が影響力をもった秘密であることに疑いはない。そして、この訴えのもつ力は、マルクスが抽象的な道徳は説かなかったことによって、驚くほど強化された。かれは、自分にそうした道徳を説く権利があるなどと思いあがりはしなかった。誰にせよ、自分自身の道徳的要請を満足させることができるとしたら、それは非常に低俗なものではないのか、と自問自答したのではないかと思われる。そうした思いから、かれは倫理的なことがらについてはできるだけ発言をひかえ、予言をおこなう社会科学のうちに、道徳にかんして自分よりは信頼できると見なせる権威を求めるようになったのである。

マルクスの実践上の倫理においては、自由や平等といったカテゴリーが主役を演じていたのはたしかである。つまるところ、かれは、一七八九年の理想を真摯に受け止めた一人であった。そしてかれは、〈自由〉のような概念がいかに恥知らずに捻じ曲げられるかを見た。だからこそ、かれは自由をことばで説くのではなく――行動で説いたのだ。かれの望みは社会を改良することであった。かれにとって、改良とは、より多くの自由、より多くの平等、より多くの正義、より多くの安全、より高い生活水準、とくに労働者にただちに自由を与える労働日の短縮であった。かれには、偽善に対する嫌悪、そうした〈高い理想〉を語ることへのためらい、驚くほどの楽観主義、こうしたことすべてが近い将来に成就するという確信、こうした気質的なものがあったから、道徳にかんする自分の見解をヒストリシズム的な定式化の背後に隠したのだ。

マルクスは、ヒストリシズムの道徳論こそが未来の権力こそ正義であると強いているのだと見抜いてさえいたら、かれが道徳にかんする未来主義というかたちでの道徳的実定主義を真剣に擁護することはなかったであろうと主張しておきたい。だが、人類に対してかれのような情熱的な愛をもっていない人間もいる。かれらは、まさにそれだからこそ道徳上の未来主義者、つまり、勝者の側に立ちたがる日和見主義者となる。現代では道徳上の未来主義が蔓延している。かれらの深部での、日和見主義的ではない基礎は、おそらく、美徳は〈最終的には〉悪に勝たねばならないという信念である。しかし、道徳にかんする未来主義者は、現在の出来事の〈最終的な〉結果の目撃者になれるほど、十分に長生きできるわけではないことを忘れている。〈歴史こそわれわれの審判者であろう〉〔とかれらはいう。だが〕それはなにを意味するのか。成功が裁きをくだすであろう、ということである。成功と未来の権力を崇拝することが、現在の権力が正義であることを絶対に認めない多数の人びとの至高の尺度なのだ。（かれらは、現在が過去の未来であることを完全に忘れている。）これらいっさいの基礎には、道徳的楽観主義と道徳的懐疑主義との生ぬるい妥協がある。人間にとっては自分自身の良心を信じぬくことは簡単ではない。そして、勝者の側に身をおきたいという誘惑に抵抗することは、かれらにとってあきらかに困難なのだ。

　ここに述べてきた批判的なコメントのすべては、たとえば、五〇〇年先の未来を予測できるという前提と結合しうるだろう。しかし、このまったく架空の仮定を捨てるなら、ヒストリシズムの道徳論はその信憑性をことごとく失う。そして、その仮定は捨てられなければならないのだ。なぜなら、道徳体系の選択にあたって助けとなるような予言的な社会学は存在しないからである。そのような選択の責任を誰かに押しつけることはできない。ましてや〈未来〉に押しつけることはできない。

　マルクスにおけるヒストリシズムの道徳論は、もちろん、社会科学についてかれの方法論的見解、すなわちこんにち流行している考え方、社会学的決定論から生じた結果にすぎない。その考え方によれば、われわれの道徳的規準をふくめて、すべての見解は、社会やその歴史的状況に依存していることになる。したがって道徳的規準をふくめてもろもろの見解は、社会の、あるいはある階級状況の産物となる。教育とは、共同体が「そのメンバーにみずからの望みにしたがって生きていくときの文化や規準を」その構成員へ「引き渡そう」[11]とする特別なプロセスであると定義される。だから、〈教育の理論と実践がいま支配的な秩序に組み込まれていること〉が強調されるわけである。したがって科学でさえも、社会の状況に依存するなどと言われる。

　この種の理論は、われわれの諸見解の社会学的依存性を強調するとき、しばしば社会学主義と呼ばれ、歴史への依存が強調するときには歴史主義（Historismus）と呼ばれる。（もちろん、歴史主義はヒストリシズムと混同されてはならない。）社会学主義も歴史主義も、科学的知識は社会や歴史に依存すると主張する。そのかぎりで、これらについてはつぎの二つの章で論じることにしよう。ここでは、社会学主義が道徳論にとってどのような意義をもつのかについていくつかコメントを差し挟んでおきたい。しかし、細部に立ち入る前に、こうしたヘーゲル風の理論について、わたくし自身の考えをあきらかにしておこう。そこに含まれているものは、神託まがいの哲学の衣装をまとっているとはいえ、すべてくだらないものばかりだということだ。

さて、この道徳的〈社会学主義〉を考察してみよう。もちろん、人間とその目標が、ある意味で社会の産物であることは真実である。しかし反面で、社会が人間とその目標の産物であることもまた真実であり、おそらくはますますそうなることであろう。すると、主要な問いはこうである。人間と社会の諸関係がもつこうした二つの側面のうち、どちらがより重要なのであろうか。どちらがより強調されねばならないのか。

ところでこの社会学主義をよりよく理解するには、似たようなかたちをとって人間とその目標は遺伝と環境の産物であると主張している〈自然主義〉の見解と比較してみるのがよいであろう。すると、自然主義もまた真実を穿っていると認めざるをえない。しかし、人間の環境がますます人間の産物であるとともにその目標の産物となっていくこともまたまったくたしかなことであろう。（限定された意味で言うならば、遺伝的形質についてさえそうであるといえるであろうが。）ここでふたたび、これら二つの側面のうち、どちらがより重要でより多くを生み出すものなのか、と問わざるをえないであろう。

問いをつぎのようにより実践的なかたちにしてみれば、答えるのもより簡単になるだろう。われわれ、つまり、いまを生きている世代やわれわれの意識、われわれの見解は、大部分、親や受けた教育からの産物であろう。そして、つぎの世代も、おなじように、われわれの産物、われわれの行動の産物、われわれが施す教育の産物であろう。これら二つの側面のうち、いまのわれわれにとって、どちらがより重要なのか。

この問題を真剣に考えてみれば、われわれの意識、見解は、大きく受けた教育に依存するが、完全にそうであるわけではないという点が決定的に重要であることがわかるはずだ。完全に依存するとしたら、つまり、われわれは自分たち自身を批判できず、また、自分たちのものの見方や経験からさえ学ぶこともできないのだとしたら、当然のこととして、さきの世代から受けた教育が、つぎの世代に対する教育を正確に規定するであろう。だが、そのようなことはまったくない。とすれば、自分たちが受けた教育よりもよりよいと考えられる方法で、つぎの世代をどう教育するかというむずかしい問題に批判的な能力を集中させることができよう。

社会学主義が力説している状況も、まったくこれとおなじように扱うことができる。われわれの意識や見解が、ある意味で社会の産物であるというのは、つまらない真実である。われわれの環境のうちもっとも重要な部分は社会的な部分であり、とりわけ思考はおおはばに社会的諸関係に依存している。思考の媒体である言語からして社会的現象である。しかし、われわれが思想を吟味しうること、それらを批判し改善しうること、さらには、変革され改善された思想でもって物理的環境を変化させ改善しうること、これらは文字通り否定できないことがらである。おなじことはわれわれの社会的環境についても言えよう。

ここに述べた考察はすべて、〈意志の自由〉という形而上学的な問題とはなんの関係もない。非決定論者でさえ、遺伝や環境からの影響に依存するものがあること、とくに社会的な影響に依存するものがあることをある程度まで認めている。他方で、決定論者は、われわれの見解や行動が遺伝や教育、社会的影響によって完全に規定されているわけではないことに同意せざるをえないだろう。かれは、たとえば人生のなかで積み上げられる〈偶然の〉経験といった別種の要因があり、それらも影響をおよぼすことを認めざるをえないだろう。決定論や非決定論は、形而上学の世界内にとどまるかぎり、われわれの問題に影響を与えることはない。とはいえ、それらは、そうした境界を踏み越えることもある。その点をしっかり見ておくことが大事である。たとえば、形而上学的決定論は、社会学的決定論とか〈社会学主義〉を助長しうるのである。しかし、そのような形態をとるならば、理論は経験と直面することになる。そして経験は、それらがたしかに間違っていると示している。

ある意味では倫理学と類似している美学の領域から例をとりあげてみよう。ベートーヴェンはたしかにある程度まで音楽教育と伝統の産物であり、かれに興味をもっている多くの人はかれの作品のその点に感銘を受けるだろう。だが、それ以上に重要なのは、かれは、音楽の、したがってまた音楽の伝統と教育の創造者でもあるということである。わたくしは、ベートーヴェンが書いたすべての小節は、遺伝的影響と環境からの影響の組み合わせによって規定されていたと主張する形而上学的決定論者と議論したいとは思わない。そのような主張は、経験的にはまったく意味がない。なぜなら、誰にせよ、かれの作品の一小節でさえこのような仕方で〈説明〉することなどできないであろうから。大事なのは、かれの作品は先人の音楽作品からも、かれが生きた社会環境からも、耳が聞こえないということからも、家政婦が作った食事からも、〈説明〉できないことが認められるべきだということである。言い換えれば、それらは経験的に調査できる一連の十分に特定された環境要因や状況、あるいはかれの遺伝子構成について知られたなんらかの詳細によって説明できるものではないのである。

ベートーヴェンの作品に社会学的に興味深い側面があることは否定しない。たとえば、小規模な交響楽団から大規模な交響楽団への移行が、なんらかの意味で社会政治的な発展と結びついていることはよく知られている。オーケストラはもはや王侯の私的な楽しみではなく、音楽への関心を高めた中産階級に少なくとも一部は支えられるものとなった。わたくしは、この種のどんな社会学的な〈説明〉でも注意を払って検討するつもりであるし、そうした側面が学問的な研究にあたいすることを承認する。(結局のところ、わたくし自身、本著においてプラトンを論述するにあたり、似たようなことを試みたわけだ。)

では、より正確に言って、わたくしの攻撃対象はなんなのか。それは、この種の側面の野放図な一般化である。ベートーヴェンの交響楽はまさにいま述べたような仕方で〈説明〉されたところで、ほとんどなにも説明されていない。ベートーヴェンを自己解放しつつある市民層の代表者と述べたところで、たとえそれが事実であったとしても、ほとんどなにも語られていない。代表者であるといった役割は、たしかに、出来の悪い音楽の制作にも結びつくものであろう。ベートーヴェンの天才をこのような方法で、あるいは、そもそもなんらかの方法で説明することはできない。

わたくしは、マルクス自身の見解も、おなじように社会学的決定論の経験的な反駁のために利用できると思う。なぜなら、この教説に照らして、能動主義とヒストリシズムという二つの理論、およびそれらがマルクスの体系のなかで覇権をめぐって争っているさまを熟考してみるならば、ヒストリシズムは、革命家や改革者よりも保守的な擁護者によりふさわしいと言わざるをえないからである。また実際のところヘーゲルは、ヒストリシズムをそのような傾向のもとで利用した。マルクスがヘーゲルのヒストリシズムを継承しただけでなく、みずからの能動主義を押さえ込んだことさえあったという事実は、人が社会的闘争で味方する政党が、必ずしもかれの知的決定を規定するわけではないことを示すものであろう。そうした決定は、マルクスのばあいのように、かれを支える真の階級的利益によってよりは、先人の影響とか短慮といった偶然の要因によって規定されているのかもしれない。このばあい、社会学主義はわれわれのヘーゲル理解を促進しうるが、マルクスの例では、不当な一般化であることがあきらかになるだろう。おなじことは、マルクスが自身の道徳的観念の重要性を過小評価していたことについても言えるだろう。なぜなら、かれのもった宗教のごとき影響力の秘密は、かれの道徳的な訴求力にあったこと、そしてかれの資本主義批判が主として道徳的批判として力があったことは疑いようがないからである。マルクスは、そのような社会体制自体がただしくないこと、システムの正義ならざるところから利益をえている個人すべての正義は、たんなる見かけ上の正義、たんなる偽善であることを示した。なぜなら、われわれの責任は体制にも、われわれがその存続を許している制度にもおよぶからである。

かれの影響力を説明するのは、まさにマルクスのこのような道徳的ラディカリズムであり、そしてこれ自体が希望を呼び覚ます事実である。この道徳的ラディカリズムはいまも生きている。それを生かしつづけること、それが政治的ラディカリズムのたどった轍を踏まないようにすること、それがわれわれの課題なのである。〈科学的〉マルクス主義は死んだ。その社会的責任感と自由への愛は生きつづけなければならない。

余波

普遍的で属人的でない真理の規準に訴えるという意味での合理性には最高度の重要性がある……合理性が容易に優勢になるような時代においてばかりでなく、とりわけ、異なった意見をもつ人間を殺す勇気のない者たちの虚しい夢として軽蔑され、拒絶される幸せでない時代にこそ。

バートランド・ラッセル

第二三章　知識社会学

ヘーゲルやマルクスのヒストリシズム的哲学がその時代——社会変動の時代——の特徴的な産物であることはほとんど疑うことができない。それらは、ヘラクレイトスやプラトンの哲学体系のように、またコントやミル、ラマルクやダーウィンの体系のように、変化の哲学であり、変動する社会環境がそこに住む人びとの意識に刻んだ恐るべき、そして疑いもなく戦慄を呼び起こすような影響を証言している。プラトンはこの状況に対して、いっさいの変化を静止させようとする試みで対応した。現代の社会哲学者たちは、まったくべつなふうに対応しているように見える。というのも、かれらは変化を受け入れるどころか、歓迎すると言っているからである。だが、変化を好むとはいえ、それは相反価値併存的な性格なものである。というのも、かれらは変化を阻止する希望は放棄したとはいえ、ヒストリシストとして、変化を予測し、それによって合理的な制御下におくことを望んでいるからである。これはたしかに変化を統制しようとする試みであるように思われる。したがって変化は、ヒストリシストを戦慄させる力を完全に失ったわけではないように見える。

急激な変貌をとげていくわれわれの時代にあっては、変化を予測するだけでなく、中央集権的な大規模計画によって統制しようとする願望も見られる。〈拙著『ヒストリシズムの貧困』で批判しておいた〉こうした全体論的な見解は、いわば、プラトンの理論とマルクス主義的理論とのあいだでの妥協である。変化を静止させようとするプラトンの願望は、変化は避けがたいとするマルクス主義の教説と結びついて、ヘーゲル風のジンテーゼとして、変化を完全に静止させることができないのであれば、その権力がいちじるしく拡張された国家によって少なくとも「計画され」統制されるべきであるという要求をみちびいた。

そうした態度は、一見のかぎりでは、一種の合理主義のように見えるだろうし、また、人間がはじめて自分自身の運命の主人になるというマルクスの〈自由の王国〉の夢とよく類似してもいる。しかしながら、じっさいのところを見ればその夢は、合理主義〈とくに人類の合理的統一という教え、参照、第二四章参照〉とはあきらかに矛盾する教説と、そしてまた現代の非合理主義的で神秘的な傾向に完全に適合している教説とがかたく結びついているのだ。わたくしの念頭にあるのは、道徳的・科学的な考えをふくめてわれわれの諸見解は、階級的関心、より一般的に言って、時代の歴史的・社会的状況によって規定されているというマルクス主義の教説である。この教説は、最近、知識社会学または「社会学主義」の名のもとに、（とりわけマックス・シェーラーとカール・マンハイム[1]によって）科学的知識は社会的に決定されているという理論として、展開された。

知識社会学は、科学的思考、とくに社会的・政治的問題についての思考は、真空中で生じるのではなく、社会的に条件づけられた雰囲気のなかで生じると主張する。それは、大部分、無意識の、あるいは意識下の要素に影響されているのであり、それらの要素は思想家の観察眼には隠されているという。なぜなら、そこはいわばかれの住む所、かれの社会的居場所であるからである。思想家の社会的居場所が、かれにとって問題なく真、あるいは自明と思われる見解や理論の全体系を決定している。かれはそうした理論を、「すべてのテーブルはテーブルである」といった言明とおなじほど論理的で些末な真理と考える。そこからして、かれはそもそも自分がなんらかの仮定をしたことにさえ気づかない。しかし、まったく異なる社会的環境に住む思想家と比較すれば、かれが思い込みをしていることがわかるだろう。そうした思想家も、一見疑う余地のない思い込みの体系、まったく異なったシステムから出発しているからである。そのシステムは、他方のシステムとはあまりにも異なるため、両者のあいだの知的架橋や妥協は不可能である。こうしたさまざまな、社会的に決定された思い込みのシステムは、知識の社会学者によって全体イデオロギーと呼ばれている。

知識社会学は、カント認識論のヘーゲル版と見なすことができる。なぜなら、それは、〈受動的〉と呼べるような認識論へのカントの批判を継承しているからである。受動的認識論ということで、わたくしはヒュームにいたるまでの(当然、かれ自身もふくまれるが)経験主義者が提唱した理論のことを理解している。それは、大要において、つぎのように提示できよう。知識はわれわれの感覚をつうじてわれわれのなかに流れ込むのであり、誤りは、感覚をつうじて与えられた材料へのわれわれの干渉に起因するか、またはそのなかで発展した観念連合に起因する。[2]誤りを回避する最善の方法は、完全に受動的かつ受容的なままでいることである。カントは、知識についてのこのような(わたくしはふつう「精神のバケツ理論」と呼んでいるのだが)受動的理論に対し、知識とは、与えられたものの集積ではない、つまり、感覚をつうじて受け取られ、精神において、博物館におけるのとおなじように保存される与えられたものの集積などではないのであって、おおはばにわれわれ自身の精神的活動の産物であり、知識をえようとするならば、きわめて能動的に、探求し、比較し、統合し、一般化しなければならないと異議を唱えたのである。この理論は「能動主義的」認識論と呼ぶことができよう。この文脈で、カントは、なんらの前提条件ももたない科学という支持しえない理想を放棄した。(次章では、そうした理想が矛盾を含んでいることを示すつもりである。) カントは、手ぶらで始めることはできないこと、課題に取り掛かるには、前提条件としての体系を身につけていなければならず、それは科学の経験的な方法ですでに確定済みのものとは見なしえないことを余すところなくあきらかにした。そのようなシステムは「カテゴリー装置」[3]と呼ぶことができる。カントは、〈理性〉と呼ばれているわれわれの知的装備のいわば必然的にして不変の枠組みである真にして不変のカテゴリー装置の発見が可能であると信じた。ヘーゲルは、カントとは違って人類の統一を信じていなかったので、カント理論のこの部分を放棄した。ヘーゲルは、人間の知的装備はたえず変化するのであり、それは社会的に継承されるものの一部であると説いた。それゆえに、人間の理性の発達は、人間社会の歴史的発展、すなわち、その者が属する民族の歴史的発展と一致しなければならないのである。ヘーゲルのこうした理論、とくに、すべての知識や真理は歴史によって規定されているという意味で〈相対的〉であるというかれの教説は、しばしば〈歴史主義〉と呼ばれている(これは、前章で述べたように、ヒストリシズムとは区別されなければならない)。知識社会学、あるいは〈社会学主義〉は、疑いもなく、歴史主義と分かちがたい親縁性をもっているか、あるいはほとんどおなじである。唯一の違いは、知識社会学が、マルクスの影響下で、歴史の発展は、ヘーゲルが主張したように、統一された〈民族精神〉を生み出すのではなく、むしろ、かれらが代表する人びとの階級、社会層、または社会的居場所に応じて、民族の内部にさまざまな、ときには対立する〈全体イデオロギー〉を形成すると強調した点にある。

しかし、ヘーゲルとの類似性はさらに遠くにまでおよぶ。わたくしは上述で、知識社会学によれば、異なる全体イデオロギーのあいだで知的な架橋や妥協は可能ではないと述べておいた。とはいえ、この徹底した懐疑論は、じっさいには見かけほどまじめに意図されていたわけではない。抜け道があるのだ。それは、ヘーゲルが哲学史に登場した対立を克服した方法に類似している。ヘーゲルは、自身を対立し合う哲学の渦のうえを自由に浮動する精神と考えたのであって、そうしたすべての教説体系を、ジンテーゼの最高形態であるかれ自身の体系のたんなる構成要素に還元した。おなじように、知識社会学者は、自分たちを社会的伝統にゆるくつなぎ止められているにすぎない知識層の〈自由に浮動する知性〉と考えたのであって、全体イデオロギーの落とし穴を回避でき、しかも、かれらを鼓舞するさまざまな全体イデオロギーや隠された動機を見抜き暴露する能力をもっていると主張する。したがって、知識社会学の信じるところでは、最高度の客観性はさまざまな隠れたイデオロギーを、またそれらが無意識のなかにとどめおかれているさまを分析する、自由に浮動する知性によって達成される。真の知識への道は、一種の心理療法のかたちで、あるいは、こう言ってよければ、社会療法のかたちで、無意識の思い込みを暴露するところにある。社会分析をほどこされた者、あるいは自分自身を社会分析した者、このようにしておのれの社会的コンプレックスから解放された者、つまり社会的イデオロギーから解放された者のみが、客観的認識という最高のジンテーゼを達成できるのである。

先行する章のひとつ〔第一五章〕で、〈俗流マルクス主義〉に触れたさいに、現代哲学の一部の集団に観察される傾向、すなわち、われわれの行動の背後に隠されている動機を発見しようとする傾向に言及しておいた。知識社会学は、精神分析やある種の哲学とともに、敵対する相手の主張の〈無意味さ〉を暴露しようとする集団に属している[4]。ここに見られるような、行動の背後に隠された動機を発見すればよいといった考え方は人気を博しているように見える。それは、適用するのが容易であり、ものごとを見抜くとか無知な人びとの愚かさなどを見抜くことで満足感がえられるからなのである。それはそれ自体としては無害な満足であろう。だが、それは、しばしば強調しておいたように、〈二重に擁護された独断主義〉〔補強済みの独断主義とも呼ばれる。本パラグラフ後半に具体例とともに説明されている〉をもたらすわけだから、あらゆる討論の知的基盤を破壊するであろう。(5)（それは、〈全体イデオロギー〉にじつによくに似ている。）ヘーゲル主義のばあいでいえば、それは矛盾は許容されるどころか実り豊かなものであると強調することでなされていた。しかし、矛盾を避ける必要がないのであれば、どんな批判も、どんな議論も不可能になる。というのも、批判とは、批判されるべき理論のなかには矛盾がある、あるいは理論とある種の経験的事実とのあいだには矛盾があると指摘することにほかならないからである。状況は精神分析のばあいでも似ている。精神分析家は、どんな批判に対しても、それは批判者に抑圧があるせいだとして、説明し去ってしまうことができる。そして、意味の哲学者たちはふたたび、論敵の主張は無意味であると指摘しさえすればいい。そして「無意味」という語はそれについてのどんな議論も定義上無意味である！(6)というように定義されているのだから、無意味であるという指摘はいつでも真なのである。同様に、マルクス主義者は、自分たちとは異なる相手のどんな考えでも、階級的な偏見によって説明しようとするし、知識社会学者は全体イデオロギーによって、説明しようとする。このような方法は、扱いやすくもあれば、扱う者だれにとってもきわめて楽しい。しかし、それらが合理的な討論の基礎を破壊し、最終的には反合理主義や神秘主義に至らざるをえないことはあきらかである。

こうした危険があるにもかかわらず、わたくし自身がこうした方法を適用して楽しんでならないことはないだろう。なぜなら、精神分析が、おそらく精神分析家自身にもっともよく適用されるように、(7) 社会分析家もまた、いやおうなしに、彼ら自身の方法でかれら自身が分析されることを大歓迎するはずだからである。なぜなら、伝統にゆるくつなぎとめられているにすぎない知識層についてのかれらの分析は、かれら自身の集団についてのけっこうな記述ではないのか。そして、全体イデオロギーの理論がただしいとしたら、どんな全体イデオロギーでも、あきらかにそのもとにある集団は自分たちを偏見なき選良の群れであって、完全な客観性をもちうると考えているに違いないのではないか。したがって――この理論は真であると仮定してみるといつでも――この理論の主張者たちは、無意識のうちに自分たち自身を欺いて、自分たちの見解の客観性が保証されていると見えるように手を加えているのではあるまいか。としたら、社会学的自己分析によってより高度の客観性を獲得したという主張を、また、社会学的分析は全体イデオロギーを排除できるというかれらの主張をまじめに受け止められようか。理論全体が、文字通りこの特殊な集団の階級的利害の表われではないかとさえ問えるのではないか。言い換えると、この理論は、伝統にゆるくつなぎとめられているにすぎないが、かれらの母語としてのヘーゲル的ドイツ語を話すには十分強く結びつけられている知識層の階級的利害の表われではないのか。

知識社会学者は、社会療法を〔自分自身に〕適用するにあたって、つまり、自分たち自身の全体イデオロギーを根絶しようとするにあたって、ほとんど成功しなかった。この点は、ヘーゲルとの関係を解明してみれば、とりわけ明瞭になる。というのも、かれらは、文字通りヘーゲルをくり返しているだけだという点には思いも及ばず、反対に――かれを追い越しただけでなく、かれを見切って、かれを社会的に分析し、特定の社会的居場所からではなく、より高い見地から客観的に考察しえたと信じこんでいるからである。ここにはあきらかに自己分析の欠如があるし、それはそれで十分なことを語っている。

しかし、からかいはさておき、もっとまじめな反論がある。知識社会学は自己破壊的であるばかりではない。それはそれ自身、社会分析にとってのありがたい対象であるばかりでなく、その主要なテーマ、すなわち知識の社会的側面、あるいはむしろ科学の方法への驚くべき理解の欠如を示してくれてもいるということだ。知識社会学は、科学や知識のうちに、精神的なプロセス、あるいは個々の科学者の意識内でのプロセス、あるいはおそらくそのようなプロセスの成果を見る。しかし、そのように見てしまうと、われわれが科学的客観性と呼ぶものは、完全に理解不可能なものとなるどころか、ありえないものにさえなってしまうにちがいない。しかもおなじことは、階級的関心や類似の隠された動機がおそらく役割を果たしているであろう社会諸科学や政治的諸科学についてばかりでなく、自然科学についても言えるのだ。自然科学の歴史を少しでも知っている人なら誰でも、かれらの論争の多くを特徴づける情熱的な粘り強さを知っている。政治的党派性が政治の理論におよぼす影響がどれほど大きいとはいえ、一部の自然科学者たちがその知的産物のために示す党派性にくらべたら、もののかずではない。もし、知識にかんする社会学的理論が素朴に仮定しているように、科学的客観性が、個々の科学者の公平性や客観性にもとづくのだとしたら、われわれはそれに別れを告げねばならないだろう。そしてじつのところ――われわれはある意味では、知識社会学よりもさらに懐疑的でなければならない。なぜなら、疑いもなくわれわれは皆、自分たち自身の偏見の体系(あるいは、こちらの言い方がよいというのであれば〈全体イデオロギー〉)のもとで害を受けているのだし、また多くのことを自明のことと見なし、批判もせずにそれらを受け入れ、批判はじっさい不要だという素朴で思いあがった信念をもっているからである。そして科学者も、たとえ表面的には自分自身の特定分野では偏見から解放されたかもしれないとしても、この通則からの例外ではない。しかし、かれらは、社会分析とか類似の方法でこれらの偏見から解放されたのではない。より高いレベルに登り、そこから自分たちのイデオロギー的な愚かさを理解し、社会分析し、追い払おうとしたのではなかった。かれらの精神の〈客観化〉は、決して〈科学的客観性〉と呼ばれるものをみちびかないからである。それどころか、ふつうに科学的客観性として考えられていることは、それとはべつの基礎のうえにある。[8] それは、科学の方法の問題なのである。そして、客観性が科学的方法の社会的側面と密接に関連していること、科学と科学の客観性が、個々の科学者の〈客観的〉であろうとする努力からではなく、多くの科学者の友好的・敵対的な協働から生じていることは、とりわけ皮肉なことである。科学的客観性は、科学的方法の間主観性と記述できる。しかし、科学のこの社会的側面は知識社会学者と称する人びとによってほとんど完全に無視されている。

この文脈では、自然科学の方法の二つの側面が重要である。それらはともに、〈科学的方法の公共的性格〉と呼びたいものを形成している。第一に、自由な批判といったものがある。科学者は、論難されるはずがないという全面的な確信をもって自分の理論を提出するかもしれない。だが、その確信は必ずしも同僚の科学者を感動させるわけではなく、むしろ彼らを挑発する。かれらは、科学的な態度とはどんなことでも批判的に研究することであり、権威にいささかもひるまないことであると知っているからである。第二に、科学者は話がかみ合わなくなることを避けようとする。（読者には、ここで語られているのは現代経済学の一部も含めての自然科学であるということを思い出してもらわねばならない。）　たとえさまざまな母語が行きかうときでさえ、かれらは唯一同一のことばを話そうと真剣に試みる。自然科学でこれが実現されるのは、経験が論争的問題の公平な仲裁者として承認されているからである。そのさいわたくしが〈経験〉ということで念頭においているのは、観察や実験といった一般的な性質をもった経験であって、きわめて〈私的〉な美的、宗教的な経験という意味での経験のことではない。経験とは、だれでもそれなりの労を払ってくり返せば、「一般的な妥当性をもつ」ものなのである。つまらないおしゃべりを避けるために、科学者は、そのような経験によって自分たちの理論がテスト可能になるように、つまり、反駁あるいは確証できるように表現しようとする。

そこにこそ科学の客観性がある。科学の理論を理解し、テストできるようになった人は、誰でも実験をくり返し、みずから判断できるようになる。とはいえ、いつでも党派的な判断をしたり、歪んだ判断をする人間は存在する。そうした者を除去することはできないが、だからといって、科学の客観性や批判を促進するために案出されたさまざまな社会制度、たとえば実験室、科学雑誌、会議などの機能が現実に妨害されてしまうわけではない。科学の方法のこの側面は、公共的コントロールを可能にするために考案された制度をつうじてなにが達成できるのか、また、専門家のサークルのなかに限定されるとはいえ、自分の見解を公に表現できるならばなにが達成できるのかを示している。科学の進歩、技術の進歩、政治の進歩といったすべての進歩は最終的にはこれらの制度が機能することに依存している。この機能が侵害されるのは、政治権力が自由な批判を抑圧したり、その保護のためになにもしないばあいのみであろう。

残念なことに、科学の方法のこうした側面はあまりにも軽視されている。としたら、この側面を明るみに出すためには、科学を成果によってではなく、その方法によって特徴づけることが望ましいことになろう。

最初に、霊能者が、夢のなかで、あるいは、自動記述といったかたちで本を書くと仮定してみよう。さらに、(この本を見たこともない)偉大な科学者が、数年後に新しい革命的な科学的発見の結果として、ふたたび正確におなじことを書くと仮定してみよう。あるいは、言い換えるとすれば、霊能者が、その当時、科学者には、まだ多くの重要な発見が知られていなかったゆえに、著述しようもなかった科学の書物を「見た」のだと仮定してみよう。さて、こう問えるだろう。霊能者は科学の書物を書いたと言ってもよいのであろうか、と。当時の有能な科学者たちは、その書物をなかば不可解で、なかば幻想的な作品と呼んだことだろう。ということは、霊能者によって書かれた書物は、科学の方法の成果ではなかったということであり、科学の作品ではなかったということにならざるをえないだろう。このような結果は、科学のいくつかの成果に合致するとはいえ、科学的な方法でえられたものではなかったのだから、〈啓示された科学〉の一部と呼ぶべきであろう。

こうした考察を科学の方法の公共的性格の問題に適用したいので、つぎのように仮定してみたい。ロビンソン・クルーソーがその島で物理や化学にかかわる実験室や天文台などを設置し、あくまでも観察と実験にもとづいて膨大な数の論文を執筆した、と。さらに、かれには自由になる無限の時間があり、現在の科学者たちが受け入れている結果と一致する科学の体系を構築し、記述することに成功した、と。一見するかぎりでは、このクルーソー的な科学は真正の科学であり、「啓示された科学」などではないと考えられるかもしれない。さらにそれは、疑いもなく、霊能者に見えた科学の書物よりもはるかに科学に近い。なぜなら、ロビンソン・クルーソーはかなり多くの科学の方法を使ったからである。だがわたくしは、このクルーソーの科学は依然として「啓示された科学」であると主張する。くわえて、それには科学の方法の一要素が欠けており、それゆえに、クルーソーがわれわれの成果を獲得したという事実は、霊能者のばあいとおなじように、ほとんど偶然であり、奇跡である、と。なぜなら、かれ自身をのぞいてだれもかれの結果をチェックする者はいないし、かれ自身をのぞいてだれもかれの特殊な精神史から生じる不可避的な帰結としての偏見を修正しえないし、だれもかれを助けて、かれ自身の結果に生じうる奇妙な気づきのなさから解き放つのを助けはしないからである。この気づきのなさは、われわれ自身の成果のうちに孕まれうるものであって、成果のほとんどがどちらかというとなんでもないあたりまえのアプローチをつうじて発見されたという事実から生じているのである。そしてかれの科学論文にかんしていえば、かれは自分の仕事を、まだそれをおこなっていないだれかに説明しようとするときにだけ、科学の方法の一部としての明確で合理的なコミュニケーションの規律を獲得することができるのである。比較的重要ではないのだが、ある一点で、クルーソー的科学の〈啓示された〉性格がとりわけあきらかになる。それは、天体観測に影響を与える個人の特徴的な反応時間という〈個人差〉についてのクルーソー自身による発見である(というのも、かれはみずからこの発見をおこなったと仮定しなければならないからである)。もちろん、たとえばクルーソーが自分の反応時間における変化を発見し、それを考慮に入れるようになったということは考えられる。しかし、反応時間のこのような仕方での発見と、その現象が〈一般的な〉科学で発見された仕方——すなわち、さまざまな観測者の結果間に矛盾があることによって発見された仕方を比較すると——ロビンソン・クルーソーの科学の〈啓示された〉性格はあきらかであろう。

要約しておこう。いわゆる〈科学の客観性〉とは、個々の科学者の公平性がもたらす結果ではなく、科学の方法の社会的あるいは公共的性格からもたらされる結果なのである。そして、個々の科学者の非党派性は、存在するとしたところで、科学の客観性の源ではなく、むしろこの社会的または制度的に組織された科学の客観性からの結果なのである。

カント主義者もヘーゲル主義者(9)もともにおなじ誤りを犯している。かれらは、われわれの前提条件は、決定によっても変更できず、経験によっても反証されないと仮定している(なぜなら、そうした前提条件は、疑いもなく、経験を能動的に〈産み出す〉ために欠かせない道具であるからである)。かれらは、こうした前提条件はあらゆる思考の根本前提であり、理論をテストする科学の方法の彼方にあると考えている。しかし、これは科学における理論と経験の関係についての誤解にもとづく誇張である。アインシュタインが、どんな科学にとっても欠くべからざる前提であり、かつ、〈カテゴリー装置〉の構成要素と見なされていた空間と時間というわれわれの前提的な観念でさえ修正できると、つまりこうした前提を経験の光に照らして疑問に付し、修正できると示したとき、それは、われわれの時代における最大の業績のひとつであった。したがって、知識社会学が科学に向けて放った懐疑的な攻撃は、科学の方法に照らして崩壊する。経験にもとづく方法は、なんと自分自身の面倒をみる能力さえもっていることを証明したのである。

しかし、それはわれわれの偏見のすべてを一撃のもとに除去することで成し遂げられるのではない。偏見は一歩一歩取り除いていくことができるだけである。その古典的な例もまた、アインシュタインによる時間にかんする偏見の発見である。アインシュタインは偏見を発見しようとしていたのではなかった。かれは、空間と時間にかんするわれわれの観念を批判しようという課題を立てたことさえなかった。かれにとっての問題は、物理学の具体的な問題であった。つまり、さまざまな実験を見たところ矛盾させたために崩壊してしまった理論を立て直すことであった。アインシュタインは、他のほとんどの物理学者とおなじように、矛盾があるのは理論が間違っているからだと認識していた。そして、それまで誰もが自明だと思っていた、それゆえに注視を免れていた前提を変更するならば、困難を除去できることを悟ったのであった。かれは単純に科学的な批判の方法、ならびに理論の発明と除去の方法、つまり、試行し誤りを取り除く方法を適用しただけなのである。しかし、この方法は、われわれの偏見すべての除去をみちびくわけではない。むしろわれわれは偏見から解放されてはじめて偏見の存在に気づくのである。

科学上の理論が、その時点までになされた実験にばかりでなく、その時点まで自明として受け止められており、それゆえ気づかれていなかった偏見にも依存していることは承認されねばならないだろう。（もっとも、ある種の論理的方法の使用は、それらの発見に役立つかもしれないが。）偏見が瘡蓋《かさぶた》のようにかぶさっているわけだ。科学は学習してその一部を削ぎ落とすことができる。この過程はおそらく決して終わることがないだろう。いずれにせよ、削ぎ落とすことを止めざるをえない確たる限界があるわけではない。原則として、どんな思い込みでも批判されうる。そして、科学の客観性は、誰でも批判できるという点にあるのだ。

　科学の成果は、科学的発展のある段階の成果であり、科学の発展の一定段階の成果であるかぎりで、つまり、科学の進歩の過程で陳腐化する可能性があるかぎりで、〈相対的〉――そもそも、この用語が使われるべきだというならば――である。だからといって、真理が〈相対的〉であるのではない。主張は真であるならば、永遠に真である[10]。その意味は、ほとんどの科学上の成果には仮説という性格があること、つまり、十分に基礎づけられておらず、したがっていつでも修正にさらされる言明という性格をもっているということである。こうした（他の箇所でより詳細に論じておいた[11]）考察は、社会学者を批判するためには必要ないが、かれらの理論をよりよく理解する助けにはなるであろう。それらはまた――わたくしの主な批判に戻るなら――科学の批判と進歩において、共同研究、間主観性、方法の公共性が果たす重要な役割についていくばくかの光を投げかけるだろう。

社会科学は、方法のこのような公共的性格をまだ十分に作り上げていない。というのは、一部には、アリストテレスやヘーゲルのもたらした知性を破壊するような影響を受けているからであり、また一部には、社会諸科学が科学の客観性という社会的道具を十分に活用できていないからである。したがってそれらは、現実には〈全体イデオロギー〉になっているか、あるいはべつの言い方をすれば、一部の社会科学者は共通の言語を話すことができていないし、またはその意志ももっていないということである。しかし、その理由は階級利害にあるのではないし、その治療はヘーゲルふうの弁証法的ジンテーゼでも自己分析でもない。社会科学に開かれた唯一の道は、いっさいのことばだけの花火を忘れて、根本においてすべての科学に共通する理論的方法の助けを借りて、時代の実際問題に立ち向かうことである。それは、試行錯誤の方法、つまり、実際の場面でテストできる仮説を考案し、それを実際の場面でテストする方法である。一歩一歩の解決策の試みによって、成果がテストされうるような社会技術が必要なのだ。

ここで社会科学に対して提案している治療法は、知識社会学が提案するそれとは真っ向から対立する。社会学主義は、社会科学を方法論上の困難に陥らせたのは、社会科学の非実際的な性格ではなく、むしろ、社会的・政治的知識の分野における実践問題と理論問題とが分かちがたく融け合っているからだと考える。それゆえ、知識社会学の指導的な著作にはつぎのように述べられている。「……政治的な知識の特殊性は、〈精密な〉知識とは対照的に、知識が意志と分離しがたく絡み合い、理性的な要素が非合理的な領域と本質的に融合している点にある。(12)」これに対しては、〈知識〉と〈意志〉はある意味ではいつでも分離不可能であるとはいえ、それゆえにいつでも危険な錯綜がみちびかれるわけではない、と答えることができよう。どんな科学者も、努力せずに、関心をもたずに知ることはできない。そして、通常、かれの努力には一定程度の利己的関心が結びついている。技術者は主に実践的な視点からものごとを研究する。農民もおなじである。科学者にとっては理論的知識の敵ではなく、もっとも価値のあるインセンティブなのである。科学者にとってはある程度の冷淡さはふさわしいのかもしれないが、絶対的に実践から距離を取る必要のないことを示す例はたくさんある。むしろ、科学者にとって重要なのは、現実や実践と接触を保つことである。というのも、現実や実践を見落とした者は、代償として煩瑣主義に陥らざるをえないからである。したがって、〈知識〉と〈意志〉を分離しようと試みるのではなく、成果を実践に適用しようと試みることこそが、社会科学から非合理主義を取り除く手段なのである。

　ところが、知識社会学は社会科学を改善しようとして、社会科学者がそれと知らずして影響されてきた社会的な力やイデオロギーを自覚させようとしている。しかし、偏見にかかわる最大の難点は、偏見の除去に至る直接の道筋は存在しないということである。というのも、偏見からわが身を解き放とうとする試みのなかで進展があったかどうかはそもそもどのようにして知られるのか。偏見から解き放たれているともっとも強く確信している者こそもっとも偏見をもっているというのは、一般に経験するところではないだろうか。社会学的、心理学的、人類学的、その他なんであれ偏見を研究すれば、偏見から解放されるというのは誤った考えである。なぜなら、そうした研究に尽力した多くの思想家も偏見に満ちていたからである。自己分析にしても、われわれの見解を無意識のうちに捉えている被決定性を克服できないだけでなく、しばしばはるかに繊細な自己欺瞞をみちびくからである。だからと言ってよいのだろうが、知識社会学にかんする先に触れた書物には、みずからの活動についてつぎのような言及が見られる。「これまで無意識のうちにわれわれ自身を支配していた要因についての反省的認識が高まってきた……そして、規定因子についての知識の増加は、決定を麻痺させ、自由を脅かすと恐れる人は安堵するがよい。じっさいには、もっとも本質的な規定因子を知らない者だけが規定されているのであり、自分の知らない決定要因の圧力のもとで直接的に行動しているのである。」(13) ところで、これはあきらかに、エンゲルスが素朴にも「自由は必然性の洞察のうちにある」[14]と述べたときにくり返していたヘーゲルの愛玩観念にほかならない。そして、これは反動的な偏見である。なぜなら、熟知の決定要因、たとえば政治的独裁の圧迫下で行動している人びとが、それを知ることで解放されるとでも言うのであろうか。そんなお話を語りえたのはヘーゲルだけである。しかし、知識社会学はこの特殊な偏見を保持しているのだ。この事実は、偏見の排除につながる王道などないことを赤裸々に示している。(一度ヘーゲル主義者であった者は、終生ヘーゲル主義者である。)自己分析は、民主主義的諸制度の確立に必要な実践的な行動の代わりとはならない。そして、実践的な行動のみが批判的思考の自由と科学の進歩を保障しうるのである。

第二四章　神託まがいの哲学と理性への反逆

マルクスは合理主義者であった。かれは、ソクラテスやカントとおなじく、人間の理性こそが人類統一の基礎であると信じていた。だが、かれはわれわれの諸見解は〔理性によってではなく〕階級利害によって規定されていると説いたので、この信念は衰退の度を加えることになった。ヘーゲルは、われわれの思想は国家利害と伝統によって規定されていると説いたが、この教説とおなじようにマルクスの教説も、理性を合理的に信頼する気持ちを損なう傾向をもったのである。社会・経済問題に対する合理主義的な立場は、このように右からも左からも脅かされていたのであり、ヒストリシズム的予言と神託まがいの非合理主義が正面攻撃をかけてきたときほとんど抵抗できなかった。だからこそ、合理主義と非合理主義との抗争は、現代のもっとも重要な知的、おそらくは道徳的な抗争である。

第一節

〈理性〉とか〈合理主義〉といったことばは曖昧なので、ここではそれらがどのように使われるのかを概略的にではあるが、説明しておく必要があるだろう。第一に、それらは広い意味で使われている(1)。つまりそれは、純粋な知的活動だけでなく、観察や実験も含むように使われている。この意味はたえず意識されていなければならない。なぜなら、〈理性〉や〈合理主義〉ということばは、しばしばべつの狭い意味をもつからである。そうしたばあい、これらのことばは〈非合理主義〉とではなく、〈経験主義〉と対比させられて用いられている。狭い意味での合理主義は、観察や実験よりも知的理解力(Verstand)を高く評価するのであるから、〈主知主義〉と表示するのがよいであろう。しかし、本書で〈合理主義〉が語られるとき、この語はいつでも〈経験主義〉と〈主知主義〉の両方を包含する意味で、つまり、科学は実験と思考の両方を使うというのとおなじ意味で用いられている。第二に、この〈合理主義〉ということばは、感情や情熱ではなく、理性、すなわち明確な思考と経験に訴えることで、可能なかぎり多くの問題を解決しようとする姿勢を表示するために用いられている。もちろん、こうした説明では当然のことながら十分な満足はえられないであろう。なぜなら、〈理性〉や〈情熱〉といった概念はことごとく曖昧だからである。われわれは、脳や心臓といった特定の身体的器官をもっているという意味で〈理性〉や〈情熱〉をもっているわけではないし、あるいは、たとえば、会話したり歯をきしませることができるといったある種の〈能力〉をもっているという意味で、それらをもっているわけでもない。

もう少し明瞭に、はっきりと表現するならば、合理主義は、姿勢あるいは態度と見ることができるだろう。そして、合理主義、より正確には、わたくしの提唱する批判的合理主義とは、批判的な議論に耳を傾け、自分の過ちや経験から学ぼうとする人びとの態度や心がまえであると言えるだろう。したがって、批判的合理主義とは、基本的には、以下のように記述したい心がまえである。わたくしが間違っていて、あなたがただしいのかもしれない。だからともに努力すれば、真理に少しでも近づくことができるだろう。批判的合理主義とは、したがって、議論や経験から学び、自分の過ちをただそうとする心がまえのもとで、他者との合意に到達しようとする希望を早まって捨ててしまうことのない者の姿勢のことである。これは、とりわけ、なにが真でなにが偽であるかという問題において、またおそらく、根本的な関心と要求が相互に衝突するときにおいて言えることであろう。そうした要求や提案について議論し——おそらく仲裁をへて——その公平性のゆえに、すべての人にとってではないにしても、ほとんどの人に受け入れられるような妥協に達することはしばしば可能である。要するに、合理主義の態度、あるいはこう言ってよければ、〈合理的である態度〉とは、科学の態度に非常によく似たものであり、真理の探求にあたっては協働しなければならないし、議論をつづけることで、時間を経ればともに客観性のようなものを達成できるだろうという信念に似たものである。

合理的な態度と科学的な態度との類似性をもう少し立ち入って分析するならば、いくばくかの興味をひくであろう。前章では、科学に従事するロビンソン・クルーソーというフィクションを使って、科学の方法の社会的側面の説明を試みた。まったく類似した考察をすることで、〈利発さとか天賦の知的才能の所有とは対照的な〉合理的であるとは社会的事象であることを示すことができる。理性は言語とおなじように、社会生活の産物である。幼少期に捨てられたロビンソン・クルーソーは、多くの困難な状況に対処できるほど十分賢いかもしれないが、言語も論証する術も発明しないであろう。われわれはしばしば自分自身と議論することがあるが、それに慣れているのは、他の人と議論することを学んでいたからであり、そのようにして重要なのは、議論する人ではなく、議論することであると学んでいたからにほかならない。だから、言語がそうであるように、理性も他の人との交流に負うていると言えるだろう。

合理主義的な態度は、議論する人ではなく議論のほうを尊重するということだが、この事実には遠大な帰結がある。このような態度は、理解し合えるすべての人間を、議論や合理的な情報の潜在的な源と見なさねばならないという考えをみちびくであろうし、〈人類の合理的統一〉と呼べるような人間同士の連帯を生み出すであろう。

〈理性〉についてのわれわれの分析は、ヘーゲルやヘーゲル主義者の分析と類似するかもしれない。というのもかれらは、理性とは社会によって生み出されるものであること、また社会の魂とか精神といえる一種の部門(たとえば、国家や階級といった)と見なせること、そしてエドマンド・バークに影響されて、われわれは社会的相続物に負うていること、ほとんど完全に負うていることを強調しているからである。たしかに、このような類似性は存在するだろう。しかし、相違もまたはなはだしい。ヘーゲルやヘーゲル主義者は集団主義者である。かれらは、われわれの理性は〈社会〉や民族といった一定の社会秩序のおかげで存続するのだと主張する。そしてかれらはそこから、〈社会〉がすべてであり、個人は無である、あるいは、個人のもつどんな価値も、すべての価値の真実の担い手である集団的なものに由来すると結論づける。これに対して、本書の立場では、集団的なものの存在が前提されているわけではない。たとえば、われわれは理性を〈社会〉に負うていると言う。だがそのとき、考えられているのはいつでも、(通常は匿名の)特定の具体的な個人やかれらとの知的交流のことである。したがって、理性(または科学の方法)についての〈社会的〉理論が語られるとき、考えられているのは、より正確に言えば、間主観的(個人間の関係にかかわる)理論であって、決して集団主義的な理論ではない。われわれが伝統に多くを負うていること、また伝統が非常に重要であることは承認されねばならないが、〈伝統〉という用語もまた、具体的な個人間の関係にもとづいて分析されなければならない。(2) このように分析すれば、すべての伝統がそれ自体で神聖で価値があるといった態度から解放されるであろう。そうした見解は、伝統は個人に与える影響力によってのみ価値があるという考えでおき換えることができる。それはまた、われわれ各人は(実例と批判によって)伝統の成長あるいは抑制に貢献できると考えさせてくれるであろう。

これから本書でとっている立場を述べることにしよう。それは通俗的な(元来はプラトン主義的な)見解とは本質的に異なるものである。通俗的な見解によれば、理性とは、人間がさまざまな度合いで所持し発展させた一種の〈能力〉であるということになっている。たしかに、すべての人が同一の知的才能をもっているわけではないというのはその通りであるし、ある人物がその知的才能によってみずからの合理性を発展させていることも事実である。ところが、そうとは限らないばあいもある。知的な人間が非常に非合理的なこともありうるのだ。かれらは、みずからの偏見にしがみついて、他人の考えなど取り上げるにもあたいしないという立場をとることがある。だが、ここで語っている考えからすれば、われわれは理性を同胞に負うているばかりでなく、合理性という点からすると、自分たちの理性には権威があると主張しうるほど他者にまさっているわけでもない。われわれの意味からすると、権威に訴えてものごとを裁断する流儀と合理主義とが結びつくことはない。なぜなら、批判を含んでいる論証を用い、批判に耳を傾ける術をはたらかせることが合理性の基礎であるからだ。したがって、われわれの意味での合理主義は、現代のプラトン主義者が見ている夢とは正反対のものである。なぜなら、かれらは、理性の成長が高次の理性によって支配され、〈計画〉される〈美しい新世界〉を夢みているからである。理性も科学も、相互の批判によって成長する。この成長を〈計画〉する唯一可能な方法があるとしたら、それは、この批判の自由、つまり思想の自由を安全にする制度を発展させることであろう。ここでひとつ言い添えておきたい。プラトンは、権威主義的な理論を主張し、また、(とくに第一巻第八章で示しておいたように)人間の理性の成長を監視者たちが厳格に制御すべきことを要求した。だがそれにもかかわらず、理性についてのわれわれの間主観的理論をかれなりに叙述することによって理性に敬意を表わしていた。というのも、かれの初期対話編のほとんどは、すぐれて理性的な気構えのもとでおこなわれた議論を叙述しているからである。

〈合理主義〉という用語の意味は、真の合理主義と偽の合理主義もしくは擬似合理主義とを区別すれば、もう少し明瞭になるだろう。わたくしの言う〈真の合理主義〉とは、ソクラテスの合理主義のことである。この合理主義は、みずからの限界を自覚し、自分がいかにしばしば間違うか、また、そのことを知るのにさえ他人のおかげによることを知る者の知的謙虚さから成り立っている。それは、理性に期待しすぎるべきではないという洞察である。言い換えると、議論することは学ぶための唯一の手段ではあるが、一撃でものごとを明確にしてくれるわけではなく、ただ以前よりはより明確にものごとを見る可能性を与えてくれる手段にすぎないのであって、ほとんど問題を解決してくれないだろうという洞察である。

わたくしが〈擬似合理主義〉と呼ぶものは、プラトンの知的直感主義である。擬似合理主義は、自分自身の知的才能がまさっているという傲慢な信念でもある。それは、ものごとに精通しており、確実に権威づきで知っていると主張する。(『ティマイオス』を読めばわかるように)プラトンはこう言っていた。〈どんな人間〉も思い込みを、それどころか〈真なる思い込み〉をもつことはできる。〈しかし、理性〉(または〈知的直感〉)は、「神々とごくわずかの人間にしか帰属しない」(3)。これは、権威主義的な主知主義である。

発見のための誤ることのない道具、あるいは誤りを生み出すことのない方法を所有していると信じているのだ。しかも、人間の精神的能力と、人間はそのすべての知識や理解能力を仲間との交流に負っているという事実とを区別できないでいる。こうした擬似合理主義が、しばしば〈合理主義〉という名のもとで登場してくるのだが、それは、そう呼ばれているものとは正反対のものである。

合理主義者の態度についてのここでの分析は、疑いもなく不完全であり、いくぶん曖昧であることはすすんで認めるが、われわれの目的にとっては十分であろう。さて、非合理主義についてもおなじように略述し、非合理主義者がおそらくそれを擁護する仕方も示しておこう。

非合理主義の態度は、以下のような線に沿って語っていくことができるだろう。非合理主義者は、理性とか科学的な論証がものごとについての表面的な理解をもたらす道具であることは認める。かれはまた、それらは非合理な目的を達成するための手段として用いることができることも認めるであろう。しかし、かれは、〈人間本性〉は大要において合理的ではないと指摘する。人間は、理性的な生き物以上であるのだが、それ以下でもあるというのだ。以下であることを見るには、論証をなしうる人間がいかに少ないかを考えてみるだけでいいという。そこからして非合理主義者は、多くの人に訴えるには、理性に語りかけるのではなく、かれらの感情や情熱に呼びかける必要があると考える。しかし、人間はたんなる合理的な生き物にすぎないのではなく、それ以上でもある。なぜなら、人生において真に重要なことはすべて理性を超え出ているからである。理性や科学を真摯に受け止めている少数の科学者でさえ、それらを愛しているからこそ、合理主義的な態度に結びついているにすぎない。したがって、そのような稀なばあいであっても、かれらの態度を規定しているのは、人間の感情世界であって、理性ではない。さらに、偉大な科学者を作るのは、理性的な思考ではなく、直感、ものごとの本質への神秘的な洞察である。したがって、合理主義は、一見合理的に見える科学者の活動を適切に解釈することさえできていない。しかし、科学の領域は、合理主義的な解釈にとってはとりわけ好都合なはずである。としたら、それ以外の人間の活動分野では、合理主義の失敗がさらに目立つにちがいない。そして、この予期は完全にただしいことが証明されるのだと、非合理主義者はその議論をつづけるだろう。人間本性の低劣な面はわきにおいて、そのもっとも高邁な面のひとつ、人間の創造性を考えてみよう。唯一重要なのは、芸術家や思想家、宗教の創始者や偉大な政治家など、少数の創造的な人びとにすぎない。これらの少数の傑出した個人によって、人間の真の偉大さを見ることが可能になる。しかし、これらの人類の指導者たちは、自分たちの目的のために理性をいかに使うべきかを知っているが、決して純粋に理性的な人間ではない。かれらの根は深いところ——固有な本能や衝動、またかれらが属する社会の本能や衝動にある。創造の才は、完全に非合理な、神秘的な能力である……。

第二節

合理主義と非合理主義の対立はじつに長期にわたっている。ギリシア哲学は間違いなく合理主義的な企てとして始まったが、その最初の始まりのうちにすでに神秘主義の底流があった。根本において合理的な企てのうちに存在するこうした神秘的な要素は、（第一巻第一〇章で示しておいたように）かつての部族生活にはあった統一と保護が失われてしまったので、それを取り戻そうとする要求のあらわれである。[4]+ 合理主義と非合理主義とのあいだの公然たる衝突は、中世においてはじめて、スコラ主義と神秘主義との対立というかたちで勃発した。（合理主義は初期ローマ帝国の属州で栄え、神秘主義者のあいだでは〈蛮族〉地域の出身者が目立ったが、これは興味をひかなくもない事実である。）一七世紀、一八世紀、一九世紀に、合理主義、主知主義、〈唯物論〉がますます強力になるにつれて、非合理主義者はそれらの動きに注意を払い、反論することを余儀なくされた。そして、そうした批判者の何人か、とくにバークは、〈かれらがわれわれの意味での合理主義から区別していなかった〉擬似合理主義の傲慢な主張と危険性を発見し、その限界を暴露したのであるから、真の合理主義者すべての感謝を受けるにあたいする。しかし、時代は変わり、〈カントが言うところの〉「深い意味のあるほのめかし……と暗喩」が当今流行のモードとなった。神託まがいのことを語るだけの非合理主義者は、〈とくにベルグソンや大多数のドイツの哲学者や知識人とともに〉合理主義者のようなくだらない生き物の存在を無視したり、せいぜい慨嘆するようになった。これらの哲学者にとって、合理主義者——あるいはしばしばなされた呼び方では〈唯物論者〉——そしてとくに合理主義的科学者たち——は、精神的に貧弱で、魂のない、ほとんど機械的な活動に従事しており、(5) 人間の運命やその哲学の深い問題などおよそ理解することもできないというのである。それに対して、合理主義者は、ごたぶんにもれず、非合理主義をまったくのナンセンスとして相手にしないことで仕返しをした。断絶がかくも完全になったことは以前にはなかった。そして、哲学者たちのあいだの外交的関係の途絶は、その後に国家間の外交関係が途絶したとき、その意味があきらかになった。

こうした論争では、わたくしは完全に合理主義に味方する。それもかなり徹底したものなので、合理主義が行き過ぎたと思うところでさえ、合理主義に共感するほどである。

なぜなら、（プラトン主義的な擬似合理主義の知的思いあがりを排除するかぎりで）合理主義の行き過ぎは、非合理主義の方向での行き過ぎにくらべれば無害だと思うからである。行き過ぎた合理主義がもたらす唯一の害は、わたくしの考えでは、それが自分の立場を掘り崩し、その結果、非合理主義的な反応に手を貸してしまうことだと思われる。唯一こうした危険があるからこそ、行き過ぎた合理主義の主張をくわしく研究してみたいし、またそれだからこそ、ある種の制約があることを承認する控えめで自己批判的な合理主義を提唱したいと思う。それゆえ、以下においては、合理主義における二つの立場を区別したい。ひとつはわたくしが〈批判的合理主義〉と呼ぶものであり、他は〈無批判的〉または〈包括的合理主義〉と呼ぶものである。（この区別は、さきに述べた〈真の合理主義〉と〈偽の合理主義〉の区別とは無関係である。もっとも、わたくしの意味では真の合理主義とは批判的合理主義以外のなにものでもないのだが。）

無批判的合理主義や包括的合理主義とはつぎのように語る人の態度として表現できるだろう。〈わたくしは、論証とか経験によって擁護されない考え、思い込み、理論を受け入れるつもりはありません。〉これはまた、論証によっても経験によっても支えられない想定はすべて放棄されねばならない、という原則のかたちで表現することもできよう。(6)この無批判的合理主義の原則に矛盾があることは簡単にわかる。なぜなら、この原則自体は論証や経験によって支えられてはいないので、それ自体、放棄されねばならないからである。（これはウソつきのパラドックス、(7)+ つまりみずからの偽を主張する文に類似している。）したがって、無批判的合理主義は論理的に支持できないのであり、したがって、みずからが選んだ武器、すなわち論証によって打ち負かされる。

この批判は一般化できる。すべての論証は前提から出発しなければならないのだから、すべての前提は論証にもとづかねばならないと要求することはあきらかに不可能である。多くの哲学者が、どんな前提もなしに〔論証を〕開始すべきであり、〈十分な理由〉を前提しないことを要求している。また、開始にあたってはごく少数の前提（〈カテゴリー〉）のみを使うべきだという弱い要求もある。だが、これら二つの要求はそれ自身で矛盾している。なぜなら、これら二つの要求とも、どんな前提もなしに、あるいはごくわずかの前提のみで、語るにあたいする成果に到達できるというまことに空想的な前提にもとづいているからである。したがって、いっさいの前提を避けるというこの原則は、思われるほど、理想的な要求、すなわち、非常に困難であるとしてもそれを実現することが望ましい要求といったものではない。それは、単純にウソつきのパラドックスの一形態にすぎない。(8)+

さて、ここに述べたことはいささか抽象的である。だが、合理主義の問題と結びつけて、あまり形式的ではない仕方で述べ直すことができる。合理主義的態度の特徴は、論証や経験に大きな重要性を割りあてるということである。しかし、論理的な論証も経験も、合理主義的態度を基礎づけるには十分ではない。というのも、論証や経験を考慮に入れようとする人(したがってすでに合理主義的な態度をとっている人)のみが、論証や経験から影響を受けるにすぎないからである。つまり、最初に合理主義的態度が受け入れられていなければならないのであり、そのあとではじめて論証や経験が考慮に入れられるということである。したがって、こうした態度はそれ自体としては論証や経験にもとづくことはできないことになる。(また、このような考察は、合理主義的態度の受容を促す説得力のある合理的な論証があるかどうかという問題とはまったく無関係である。)したがって、合理主義的態度が論証や経験にもとづくことができないこと、それからして包括的合理主義が支持しえないことは明白である。

だが、このことは、合理主義的態度を受け入れ、そう行動している人間は、意識すると否とを問わず、〈非合理的〉と言わざるをえない提案、決定、信念、行動を受け入れてしまっていたからなのだということを意味している。いずれにしても——それは、理性を非合理的に信じることと呼ぶことができよう。合理主義は、必然的に、包括的あるいは自己自足的であることからはほど遠い。合理主義者はしばしばこの点を見落としてきた。したがって、かれらは自分たち自身の領域で、自分たち自身の好みの武器で、ひとたび非合理主義者がそうした武器を手にするとすぐに打ち負かされてしまうのであった。そして、あらゆる論証あるいはある一定の論証を受け入れることを拒否できるだけでなく、論証を受け入れることをいつでも拒否できるのだということ、またそのような態度は矛盾なく実行できるのだということ、こうしたことが合理主義の一部の敵の注意を免れることはなかった。こうしてかれらは、合理主義を自己充足的で、論証によって基礎づけられると見ている無批判的合理主義がただしいはずはないと洞察するに至ったのである。非合理主義は無批判的合理主義よりも論理的に優れている。

それでは、なぜ非合理主義を受け入れないのか。かつての合理主義者の多くは、包括的合理主義は自分自身を廃棄してしまうという発見でおどろかされ、その後、じっさいに非合理主義に屈服してしまった。（わたくしにして誤っていなければ、これはホワイトヘッド(9)に生じたことである。）しかし、そのような無思慮な行動はまったく不適切である。無批判的で包括的な合理主義は論理的に支持できず、包括的な非合理主義が論理的に支持できるとしたところで、それは後者を受け入れる理由にはならない。なぜなら、他の支持できる立場、とりわけ批判的合理主義の立場が存在するからである。この立場は、合理主義者の態度が（少なくとも暫定的な）非合理的決定にもとづくこと、あるいは理性を信じることにもとづいていることを認識している。したがって選択は開かれている。過激なかたちであれ包括的なかたちであれ、非合理主義の一形態を自由に選択することはできるのである。しかし、おなじように、合理主義の批判的な形態、すなわち、みずからの限界を公然と認め、それが非合理的な決定にもとづくことも認める〈したがって、その程度には非合理主義のある種の優先を認める〉形態を選択することも自由なのである。

第三節

ここにある選択は、たんに知の問題とか趣味の問題といったものではない。それは、〈第一巻第五章の意味における〉道徳的決定(10)である。なぜなら、多かれ少なかれラディカルな形態の非合理主義を受け入れるのか、それとも、わたくしが〈批判的合理主義〉と呼んだ非合理主義への最低限の譲歩を受け入れるのかという問題は、他者に対する、また社会生活の問題に対するわれわれの態度全体にもっとも深い影響を与える問題であるからである。合理主義が人類の統一の信念とかたく結びついていることについては、すでに述べておいた。非合理主義は、どんな規則にも縛られないから、どんな信念とも、したがって人間の兄弟愛を信じることとも結びつきうるだろう。しかし、それがきわめて容易にまったく異なる信念と結びつきうるという事実、とりわけ、選ばれた一団が存在し、人間は生まれついての主人と生まれついての奴隷に分割されるというロマンチックな信念を支持するために簡単に使用されてしまうという事実、こうした事実は、非合理主義と批判的合理主義のあいだでの選択には道徳的な決定が含まれていることをあますところなく明示している。

すでに(第五章で)、そしていま、合理主義の無批判的形態を分析したさいにふたたび見たように、論証はこうした根本的な道徳的決定を押しつけることはできない。だが、そうであるからといって、選択のために役に立つ論証がありえないわけではない。逆に、きわめて抽象的な道徳的決定に直面したばあい、考えられる選択肢から生じうるであろう帰結を慎重に分析することはいつでも役に立つ。なぜなら、そうした帰結を具体的かつ生の現実にかかわる場面をつうじて考察してはじめて、自分がなにに向けて決定しており、なにに対して目をつぶっていたのかを本当の意味で知ることができるからである。この点を説明するために、バーナード・ショーの『聖女ジャンヌ・ダルク』の一節を引用してみたい。話し手は、執拗にジャンヌの死を要求していた副司祭である。しかしかれは、火あぶりの刑にされた彼女を見て、くずおれる。「危害を加えるつもりはなかった。どういうことなのか知らなかった……。なにをしているのかわからなかった……。すべてを知っていたら、あの人たちの手から彼女を引き離しておいたでしょう。おぉ司祭さま、あなたは、知らない。見ていなかった。ともにしたわけではないから簡単に語れるのです。ことばに酔いしれているのです。……しかし、それが目の前にあらわれたなら、自分がしでかしたことを見るなら、それが目をくらませ、口と鼻を貫き、心臓を引き裂くとき、そのとき——そのときには、ああ、神よ、この光景をわたくしから奪いとってください。」もちろん、ショーの戯曲には、自分たちがなにをしたのかを正確に知っていながら、自分たちの決定を実行し、その後に後悔を感じない人物も登場する。同胞が火あぶりにされるのを見ていられない人もいれば、そうした光景を冷たく見ていられる人もいる。（多くのヴィクトリア朝期の楽観主義者やその他の楽観主義者によって無視されてきた）こうした事実は重要である。というのも、それは、決定からの諸帰結についての合理的な分析はおよそその決定そのものを合理的なものにするわけではないこと、諸帰結がわれわれの決定を規定するのではなく、われわれ自身が決定を下しているることを示しているからである。しかし、具体的な諸帰結の分析や、そうした諸帰結についての想像力にもとづく明瞭な把握は、何も問うことのない決定と、目を見開いてなされた決定との違いを明確にするだろう。そして、想像力はごくまれにしか用いられないので、しばしば目をつぶった決定が下されるのだ。神託まがいの哲学に酔いしれているときにはとりわけそうである。——そのような哲学は、ショーが述べたように、われわれを〈ことばで麻痺させる〉もっとも強力な手段のひとつになっているからである。(11)

道徳論からの諸帰結を合理的かつ想像力豊かに分析することには、科学の方法とのある種の類似性がある。科学においても、抽象的な理論は、それ自体で説得力があるからといって受け入れられるわけではない。むしろ、実験で直接たしかめられる具体的かつ実践上の諸帰結が探求されたあとで、受け入れるか否かが決められる。しかし、そこには根本的な相違がある。科学の理論のばあい、決定は実験の結果に左右される。それらの実験で理論が確証されたばあいは、よりよいものが見つかるまでそれは受け入れられる。実験が理論と矛盾するのであれば、それは棄てられる。しかし、道徳論のばあいは、そこからの帰結は良心と対決させられる。また、実験のもたらす決定はわれわれに依存しないのに対し、良心がもたらす決定はわれわれに依存する。

以上で諸帰結の分析が、いかなる意味において、われわれの決定を規定することなく、それに影響を与えうるものなのかを明確にできたと思う。さて、いずれかに決定を下さなければならない二つの選択肢、つまり合理主義と非合理主義とがあるわけで、それぞれから生じる諸帰結を述べたいと思う。しかし読者に対しては、わたくしが一方の側に加担していることを警告しておかなければならない。われわれの前にある二つの選択肢は道徳的決定なのであって、多くの点で、倫理的領域におけるもっとも根源的な決定である。それを述べるにあたって、わたくしはこれまでのところ、自分の共感がどちらの側にあるのかを隠そうとは思わなかったが、どちらかの側に肩入れして述べることは避けてきた。しかしいまや、二つの選択肢から生じる諸帰結にかんしてどんな考察をしたかを示したいと思う。それは、わたくしにはもっとも重要なものだと思われるし、非合理主義を棄て、理性を信じるように動かしてくれたものである。

最初に、非合理主義から生じる諸帰結を考察しよう。非合理主義者は、理性ではなく、感情や情熱が人間の行動におけるもっとも重要な原動力であると主張する。それに対して合理主義者は、にもかかわらず、われわれは、全力をあげてそのような状況の改善を試みるべきであり、理性に可能なかぎり大きな役割を与えるように試みるべきであると答えるであろう。こうした答えに対して、非合理主義者(かれが議論に加わるとして)はそのような態度は絶望的に非現実的であると反論する。なぜなら、そうした態度は、〈人間本性〉の弱さ、ほとんどの人間の知的能力のひ弱さ、また、ほとんどの人間はあきらかに感情や情熱にすがっているという事実を考慮に入れていないからである。

感情や情熱をこのように非合理な仕方で強調するなら、最終的には犯罪としか言いようのないものをみちびかざるをえないだろうというのがわたくしの確固たる確信である。こう確信しているのにはつぎのような理由がある。(良く言えば人間の非合理的な性質への諦念、悪く言えば人間の理性への軽蔑としての)こうした態度は、あらゆる対立の最終的な裁き手として暴力や下劣な力の行使に訴えることにならざるをえないということだ。なぜなら、論争が発生したという事実は、原理的にはその克服に役立つはずの、尊敬、愛、共通の大義への献身のような肯定的な感情や情熱が問題を解決できなかったことを意味しているからである。だが、そうだとしたら、非合理主義者には、他のあまり建設的でない感情や情熱、つまり恐怖、憎しみ、妬み、そして最後には暴力に訴える以外になにが残されているというのか。こうした傾向は、他の、おなじように非合理主義と結合している、さらに重大と思われる態度、つまり人間の不平等を強調する態度によって強化されている。

もちろん、個々人は、この世界の他のすべてのものがそうであるように、さまざまな点でじつに異なっている。この点は否定すべくもない。また、このひとしからざることがきわめて重要であるどころか、しばしば高度に望ましいものであることにも疑いの余地はない。(12)(大量生産と集団化の発展が人間のひとしからざる点と個性を破壊するのではないかという恐怖は、現代の悪夢のひとつである。(13))しかし、こうしたことは、人間を、とくに政治的な問題において、価値のひとしい者、あるいは少なくともほぼそうである者と見なすと決定すべきか否かという問題とはまったく関係がない。つまり、人間はひとしい権利をもち、ひとしい扱いを受ける権利をもつと承認すべきかどうかという問題、また、それに対応してそのための政治的制度を設けるべきかどうかという問題とも関係しない。「法のもとの平等」は事実ではなく、道徳的決定にもとづく政治的要求[14]であり、〈すべての人間は生まれながらにして平等である〉という——おそらくは誤った——理論に依拠しているのではない。また、この公平性という人道主義的な態度の採用は合理主義を支持するという決定からの直接的な帰結であると言いたいのでもない。とはいえ、公平性への志向は合理主義とかたく結びついており、合理主義者の信条からは除外しがたいものである。またわたくしは、非合理主義者は平等の擁護や公平な態度を否定せざるをえないと主張する者でもない。なぜなら、それらがかれの見解と結びつかないとしても、非合理主義者は矛盾のない態度を強いられているわけではないからである。しかし、次のようには断言しておきたい。非合理主義的な態度が万人の平等を承認しない態度に巻き込まれていくのは間違いない、と。これは、非合理主義が感情や情熱にきわめて大きな役割を与えていることと関連している。なぜなら、われわれはすべての人に対しておなじ気持ちをもてるわけではないからである。感情面から言えば、われわれは誰でも人びとを自分に近い人と隔たっている人に分けてしまう。人びとを友と敵に分けてしまうこと、これは、感情面からすると誰にでもすぐ理解できることである。それはキリスト教が〈汝の敵を愛せ〉という戒めを発したときに見て取られていたことでもある。真にこの戒めにしたがって生きている最良のクリスチャンであっても(そして、〈唯物論者〉や〈無神論者〉に対する平均的なよきキリスト教徒の態度に示されているように、そのような者は多くはないのだが)、すべての人びとに対しておなじ愛を感じられるわけではない。じっさい、われわれは〈抽象的に〉愛することはできない。われわれが愛せるのは、よく知っている人びとだけである。したがって、最良の感情、愛と憐れみに訴えかけたところで、人間をさまざまなカテゴリーに分類することにつながるだけであろう。だから、低劣な感情や情熱に訴えかけがなされるなら、人間を分類してしまうことはより確実に生じるであろう。われわれの〈自然な(生まれつきの)〉反応というものは、人類を友と敵に分けること、つまり、感情の共同体としてのわれわれの部族に属する人びととこの共同体の外部に属する人びととに、信じる者と信じない者とに、同胞と異邦人とに、階級の仲間と敵とに、指導者と服従者とに分けてしまうのである。

すでに言及したのだが、われわれの思想や見解が階級状況や民族的利害に従属するという理論は、非合理主義をみちびかざるをえない。だがここでは、逆もまた成立することを示しておきたい。合理主義的態度を棄ててしまうならば、つまり、理性や論証や他者の意見などへの敬意を棄ててしまい、人間本性の〈より深い〉層を強調するならば、思考とはそのような非合理な深層に隠れているものの表面化にすぎない、という考えがみちびかれてこざるをえないだろう。それは、ほとんどのばあい、思考者の思考ではなく、その人間のほうを重く見る態度を生み出さざるをえない。それは、〈われわれの血とともに考える〉とか、〈民族の遺産とともに〉とか、〈自分たちの階級とともに〉考えるといった信念をみちびく。こうした考え方は、唯物論のかたちをとってばかりでなく、きわめて精神主義のかたちをとっても出現してくる。そのばあい、「われわれの人種とともに」考えるといった観念は、〈神の恩寵〉によって考える魂、つまり選ばれた、あるいは真理を啓示された魂といった考えによっておき換えられている。ここには、唯物論のかたちをとっているか、精神主義のかたちをとっているかといった区別だてがあるわけだが、そうした区別だては道徳的な観点からすれば、感心するようなものではない。なぜなら、こうした形態は知的にことごとく驕り高ぶった考え方であり、思想をそれ固有の貢献で判断しないという点で決定的に似た者同士であるからである。かれらは、そのようにして理性を廃棄し、人間を友と敵とに、(プラトンが言うところでは)神々にもひとしい理性をもった少数者とそうでない多数者とに、われわれの近くにいる少数の人びとと遠く離れている多数の人びとともに、われわれ自身の感情や情熱の他言語には翻訳できない言語を話す人びととわれわれのものではない言語を使う他の人びととに分割する。そして一度そうなると、政治的平等は事実上不可能になってしまうのである。

政治生活において、つまり、人間が他の人間に対して権力をふるうという問題領域において、平等の理念を拒否するこうした態度は、犯罪としか呼びようがない。なぜなら、こうした態度は、異なったカテゴリーの人びとは異なった権利をもつ、つまり、主人は奴隷を鎖に繋ぐ権利をもち、ある者は他者を自分の道具として使役する権利をもつという態度を正当化するからである。結局それは、プラトン(15)における のと同様に、殺人の正当化に役立つのだ。

人類を愛する非合理主義者がいること、非合理主義はどんな形態においてであれ犯罪的な態度を生むわけではないということ——わたくしはこうした点を看過しているわけではない。しかし、理性ではなく愛が支配すべきであるという教えは、憎悪によって支配する者に門扉を開くものだと主張しておきたい。(ソクラテスは、理性的に議論することへの不信や嫌悪は人間への不信や嫌悪と結びついていると説明したとき、このつながりを洞察していたと思われる(16)。)このつながりをただちに見抜けない人、愛による直接的な支配を信じている人、そのような人は、愛は公平を促進するわけではないことを熟慮すべきである。また、愛は衝突を除去できるわけでもない。愛そのものは衝突を片づけられるわけではないということ、この点はより重要な事例として役立つのではないかと思うのだが、たわいのない例が示してくれる。トムは演劇が大好きで、ディックはダンスが大好きとしてみよう。トムはシンパシーからダンスに行こうと主張するが、ディックはトムのために演劇に行こうとする。この衝突は愛によっては解決できない。それどころか、愛が強ければ強いほど、衝突も強くなる。二つの解決策があるのみである。ひとつは感情を、最終的には暴力を利用することであり、他は理性、公平性、合理的な妥協を用いることである。こう述べたからと言って、わたくしが、愛と憎悪の違いを評価していないとか、人生は愛なくしても生きるにあたいすると思っているなどと受け取られては困る。（わたくしはまた、キリスト教における愛の考えは純粋に感情的なものではないことも十分に認めるつもりである。）しかし、わたくしは、どんな感情も、愛でさえも、理性にもとづく制度の支配に取って代わることはできないと主張したい。

もちろん、これは、愛の支配という考えへの唯一の反論ではない。人を愛するとは、その人を幸せにしたいと思うことである。（ちなみに、これはトマス・アクィナスによる愛の定義である。）しかし、すべての政治的理想のなかで、人びとを幸せにしたいという願望くらい、危険きわまりないものはないだろう。こうした願望は、不可避的に、かれらの幸せにとって最重要と思われることがらを洞察させるためだとして、われわれの〈より高い〉価値秩序を強いる試みを、したがって言ってみればかれらの魂を救済する試みをみちびくであろう。こうした願望はユートピア主義やロマン主義につながる。われわれは皆、万人がわれわれの夢の美しい完全な共同体で幸せになれるだろう、と確信している。そして、疑いもなく、みんなが愛し合う世界は、地上の天国になるであろう。しかし、すでに述べたように（第一巻第九章）――地上に天国を打ち立てようとする試みは、いつでも地獄を生み出す。こうした試みは、不寛容、宗教戦争、異端審問による魂の救済をみちびく。そしてそれは、わたくしの考えでは、われわれの道徳的義務についての完璧な誤解にもとづいている。助けを必要とする人を助けるのは義務であるが、他の人を幸せにするのは義務ではない。なぜなら、それは、われわれに依存することではないし、くわえてそれは、しばしばわれわれが友人であろうとして近づく人びとの私的領域を侵害することだからである。（ユートピア的方法とは反対に）ピースミールな方法を求めるという政治的な要求には、苦患に対する戦いは義務であるが、他者の幸福を気遣う権利は、友人という狭いサークルのなかに制限された特権と考えねばならないという決定が対応している。おそらく、われわれには、みずからの価値観――たとえば、音楽における評価など――を友人に伝えるという一定の権利があるだろう。（そのうえ、自分たちが幸福になれると確信している価値の世界をかれらに開示するのは義務であるとさえ感じるかもしれない。）しかし、この権利があるのは、かれらがわれわれの努力を拒否できるときのみである。最悪のばあいには、友情関係は閉じられる。だが、自分の価値観を他人に押しつける目的で政治的手段を使うのはまったくべつの問題である。苦痛、苦患、不公平、そしてこれらの予防――これらは〈ベンサムなら言ったであろうように〉、公共道徳の永遠の問題、公共政策の〈議題〉である。〈より高い〉価値は、大体において〈議題にはのらないもの〉と見なされるべきであり、放任主義に委ねられるべきである。したがって、つぎのように言うことができよう。あなたの敵を助けよ。たとえ憎まれようとも、苦境にいる人びとを助けよ。だが、友人のみを愛せ。

これは、非合理主義とその諸帰結に対するわたくしの反論の一部にすぎない。このように反論することで、わたくしは非合理主義の対極、つまり批判的合理主義を採ったのである。この態度は、論証と経験を重視し、〈わたくしが間違っていて、あなたがただしいのかもしれない。しかし努力すれば、ともに真理に少しでも近づくことができるだろう〉という標語を掲げているが、すでに述べたように、科学的な態度によく類似している。それは、誰にせよ間違いを犯しかねないという考えと結びついている。しかし、誤りは、自分でも、また他者によっても、さらには、他人の批判の力を借りて自分でも見つけることができる。そこからして、批判的合理主義は、なんぴとも自分自身の裁き手になるべきではないという考えを勧め支援するし、党派的になるべきではないという理念も勧め支援する。(この非党派性の理念は、前章で分析しておいた〈科学的客観性〉の理念と密接に関連している。) 理性を信じるということは、自分たち自身の理性ばかりでなく、それ以上に他者の理性を信じるということでもある。したがって、合理主義者は、よしんば自分が他の人よりも知的に優れていると信じたところで、自分たちに権威があるという主張はなんであれ拒絶するであろう。[17] かれは、そうした優位性があるとしたら、それは批判から、また、自分や他者が犯した過ちから学びえているかぎりにおいてであるにすぎないこと、他者やその論証をまじめに受け止めるときにすぎないことを知っている。合理主義は、したがって、他者は、聞いてもらい、自分の主張を擁護する権利をもっているのだという理念と結びついている。その意味は、合理主義は、少なくともみずからは不寛容ではないすべての人びとに対して、寛容であれという要求も含んでいるということだ。[18] まず相手の議論を聞くという姿勢をもっているならば、人を殺すことはない。(カントは、〈黄金律〉を理性の理念で基礎づけたとき、ただしかった。たしかになんらかの倫理原則について、科学上の主張のばあいのように、それを証明するとか支持するといった論証を提出することは不可能である。倫理は科学ではない。しかし、倫理にとって〈合理的にして科学的な根拠〉はないとはいえ、科学にとっては、また合理主義にとっては、倫理的根拠は存在する。）また、公平性の理念は、責任の理念もみちびく。われわれは議論を聞く義務をもつばかりでなく、他者がわれわれの行動によって影響されるなら、返答し反応する義務をもつ。最後に、合理主義はこのようにして、批判の自由、思想の自由、ひいては個人の自由を保護する社会制度が必要であるという認識と結びつくだろう。それはまた、そうした制度を支える道徳上の義務があることを基礎づける。そこからして、合理主義は、人道主義的意味での実践的な社会工学——もちろん、ピースミール技術としての——を政治的に求めることとかたく結びつくし、社会の合理化(19)を要求するであろう。換言すれば、自由のための計画、理性にもとづく統制を求めることになる。それは、〈科学〉によるのでもなければ、プラトン的な、擬似合理的権威によるのでもなく、みずからの限界をわきまえているから他者を尊重し——たとえ幸福に向けてさえ——傲慢にも他者を強制しようなどとはしないソクラテス的な理性によるのである。それ以上に、合理主義を信じるということが意味しているのは、理解のための共通の媒体、理性という共通の言語があるということである。このように信じることからは、言語の明瞭性(20)と明確性を保持し、言語を議論の道具として役立ちうるように使用するという道徳的な義務も確立されてくるだろう。ところが、教育者のほとんどは言語を悪しきロマン主義的ジャーゴン〔隠語〕におけるような〈自己表現〉の手段として用いることを勧めている。だが、合理主義の信念は、そうではなく、言語を合理的なコミュニケーションの道具として、重要な情報を伝える道具として、平明かつ明瞭に使うという義務を確立するだろう。(現代のロマン主義的ヒステリーの特徴は、〈理性〉にかんしてはヘーゲル的な集団主義と合体し、〈感情〉にかんしては過剰なまでの個人主義と合体し、もって、言語は自己表現の手段であって、コミュニケーションの手段ではないと執拗に強調するところにある。どちらの態度も、言うまでもなく、理性に対する反乱の一部である。) 最後になるが、合理主義を承認することからは、人類は理性的であるかぎり、母語は異なっていても相互に翻訳し合えることでつながれるという事実の承認が出てくるであろう。それは、人間の理性にもとづく統一を承認している。

いわゆる〈想像力〉の使用にかんして合理主義者がどのような態度をとっているかについて、いくつかコメントをくわえておきたい。想像力は感情と密接な関係があるため、非合理主義との関係が強いのに対し、しばしば、合理主義はどちらかというと想像力に欠けた無味乾燥なスコラ主義に陥りがちだと思われている。わたくしは、このような見解に心理上の根拠があるのかどうかは知らないし、むしろそれを疑う者である。とはいえ、わたくしの関心は制度的なものであって、心理学的なものではない。制度的な観点

(ならびに方法論の観点)からすると、合理主義は想像力を必要とするので、想像力の使用を奨励しなければならないのに対し、非合理主義には想像力を減退させる傾向があるように思われる。まさに、合理主義が批判的であるのに対し、非合理主義は、独断主義的な傾向をもたざるをえないという事情からして、そうした方向に陥っていくのだ。議論がなかったら、全面的受容か、全面的拒否しか残されていない。批判はいつでも一定の想像力を要求するのに対し、独断主義は想像力を抑制する。科学的な研究や技術上の建造とか発明は、かなりの想像力がなければ考えられないことである。印象的なことばをただくり返すだけで済んでしまうような神託まがいの哲学とは異なり、そこではなにか新しいものを提供しなければならないのだ。少なくともそれとおなじくらい重要なのは、平等主義の理念や公平をじっさいに適用するにあたっての想像力の役割である。〈わたくしが間違っていて、あなたがただしいのかもしれない〉という合理主義者の基本的な態度は、実践に移すときには、とくに人間の葛藤が絡んでくるときには、想像力をじっさいに働かせる努力を必要とする。愛情や思いやりの気持ちが、ときにおなじような努力につながることは認めよう。しかし、多くの人を愛したり、ともに苦しんだりすることは不可能である。そのようなことをするなら、結果的にわれわれの援助能力、あるいはまさにそうした感情の強さは破壊されざるをえないであろう。そうしたことは望ましいとは思われない、と主張しておきたい。しかし、想像力に支えられた理性は、遠く離れていて会うこともない人びとが正確にわれわれ自身とおなじように生きていること、そして、かれらの相互関係も、正確にわれわれが愛する人たちに対するのとおなじであることを理解させてくれる。人類という抽象的な全体に対して直接的な感情をもち、またそれにもとづく態度をとることは、ほとんどありえないように思われる。われわれが人類を愛せるのは、ただ一定の具体的な個人においてのみである。しかし、思考と想像力は、われわれのなかに、われわれの助けを必要とするすべての人びとを助けようとする覚悟を呼び覚ますことができるのだ。

わたくしの考えでは、こうした考察は、合理主義と人道主義的態度とのつながりがきわめて緊密であり、非合理主義とか、平等主義の拒否とか、反人道主義的態度のあいだに見られるつながりよりもはるかに緊密であることを示している。こうした結果は、経験によっても大きく裏づけられていると信じる。合理主義者の態度は、ふつうには、平等と人間性の理念に結びついている。他方で、非合理主義は、ときに人道主義の理念と結びつくこともあるとはいえ、ほとんどのばあい、少なくともなにがしかの権威主義的傾向を示している。わたくしにとって重要なのは、非合理主義と人道主義とのつながりが十分に基礎づけられることなど決してないという事実である。

第四節

結果的にわたくしに合理主義を選択させたことになった、合理主義と非合理主義それぞれの諸帰結を分析した。ここでの決定〔合理主義か非合理主義かの選択〕は基本的に道徳的な決定であることをくり返しておきたい。これは、自分を理性に結びつけようとする、すなわち、議論をまじめに受け止めようという決定である。ここから、二つの立場が区別されてくる。なぜなら、非合理主義もまた、理性を使用するであろうが、そこにはどんな義務感もないからである。非合理主義者は、まさに気まぐれで、理性を用いたり投げ捨てたりする。しかし思うに、道徳的意味でただしいと見なせる唯一の態度は、われわれは他者と自分自身を理性的な存在者として扱うが、そうできるのは他者のおかげであることを認める態度なのである。

このように考えると、非合理主義へのわたくしの反撃が道徳的な攻撃であることは明白である。それで懸念が生じてくる。主知主義者は、最新の知的流行を漁っており、その流儀は中世の神秘主義を讃えることにあると発見するのだから、われわれの合理主義をかれらの趣味からするとまったく陳腐なものに見えるだろうと危ぶまれるわけである

——つまり、そうした人は同胞に対する義務を果たしていないのではないかと案じられるということだ。主知主義者は、自分自身やその繊細な好みを〈科学の時代〉よりも、あるいは〈工業化の時代〉よりも高級であると考えているのかもしれない。かれらは、時代というものが、頭脳を使わない分業すなわち〈機械的労働〉や〈物質主義〉を、人間の思考の分野にさえ移しこんでくると考える。(21)+ だが、このように考える主知主義者は、現代科学に内在する道徳的な力を評価できていないことをみずから露呈しているにすぎない。わたくしが攻撃している態度は、おそらく、アドルフ・ケラーから引いたつぎの一節にもっともよく表われているだろう。それは、科学に対するこうしたロマン主義的な嫌悪を典型的に表わしていると思われる一節である。「人間の魂がその神秘的で宗教的な能力をふたたび取り戻し、新しい神話を発明することで、生命の物質化と機械化に抗議する新しい時代に突入したように思われる。精神は、技術者として、運転手として、人類に奉仕しなければならなかったとき、苦しんでいた。精神はいま、詩人ならびに予言者としてふたたび目覚め、賢くもあれば信頼もでき、主知的な知恵とか科学の綱領よりも霊感的で刺激的である夢の命令と指導にしたがうのだ。革命の神話は、ブルジョア社会や古く疲弊した文化に見られる想像力を欠いた陳腐さや虚しい自己満足に対する反動である。それは、いっさいの安定を失い、具体的な事実よりも夢を重視する男たちの冒険である。[22]」この一節を分析するうえで、通りがてらということになるが、最初に、その典型的なヒストリシズム的性格と道徳的未来主義[23]〈新しい時代に突入した〉〈古く疲弊した文化〉など)を指摘しておきたい。とはいえ、著者が使用したことばによる魔術のテクニックを見抜くことよりも重要なのは、なされた主張が真実であるかどうかという問題である。われわれの魂が、自分たちの生活の物質化と機械化に抗議するというのは真実であろうか、中世を特徴づける飢餓や伝染病などの未曽有の苦患との戦いで成し遂げた進歩に抗議するというのは真実であろうか。精神は、技術者の役割で人類に奉仕しなければならないときに苦しんだというのは、また、好んで農奴や奴隷として奉仕していたというのは真実であろうか。わたくしは、純粋に機械的な労働というきわめて深刻な問題、言い換えると、無意味と見なされ、労働者の創造力を破壊する過酷な労働の問題を軽視しようとは思っていない。だが、実際上唯一の望みは、奴隷制や農奴制への復帰にあるのではなく、この無意味な機械的労働を機械にやらせる試みのうちにこそある。マルクスが、生産性の増大こそが、労働を人間にふさわしいものとし労働日をさらに短縮するための唯一の合理的な希望であると強調したとき、かれはただしかった。(この点から目を転じても、わたくしは、偉大な精神が、人類に技術者として奉仕しなければならなかったとき、苦しんだとは思わない。偉大な発明家や偉大な科学者をふくめて技術者たちは、しばしば自分たちの仕事に大きな喜びを感じ、神秘主義者とおなじように冒険を愛したのではないかと思う。）そしていったい誰が、現代の予言者や夢想家そして指導者たちが〈夢に見たとして下す命令や指導〉を、〈主知的な知恵や科学的な綱領とおなじようにほんとうに賢明で信頼できる〉と信じるであろうか。しかし、〈革命の神話〉にだけでも目を向けてみさえすればよい。そこで勧められているのが、（第一巻第一〇章で述べておいた）部族の解体と文明の重荷がもたらしたあのロマン主義的ヒステリーと過激主義にほかならないことは明確に見てとることができるだろう。神話の創造をもってキリスト教がもつべき責任の代用とするこの種の〈キリスト教〉は、部族的なキリスト教である。それは、人間であることの十字架を背負うことを拒否するキリスト教である。この種のにせ予言者に注意せよ。かれらは、それと知らずして、失われた部族の統一を追い求めている。そして、かれらが擁護する閉じた社会への還帰は、檻と猛獣への還帰なのだ。(24)

この種のロマン主義の信奉者が、ここで語ったような批判に対してどのように反応するかを考えてみるのも有益かもしれない。かれらはほとんど議論をしないだろう。つまり、合理主義者とそのような深みのある議論は不可能だということで、おそらくもっともありうる反応は、笑いながら見下して身を引き、魂がまだ〈その神秘的な能力を回復していない〉人たちと、魂がそうした能力をすでにもっている人たちのあいだには共通のことばはないのだと主張することだろう。このような反応は(前章で言及した)精神分析家の反応に似ている。かれらは、相手の議論に答えることで相手を戦いの場から退かせるのではなく、かれらが精神分析を受け入れられないのは抑圧があるためだと指摘して、相手を排除してしまうのである。それはまた、社会分析家の反応にも類似している。かれは、論敵が知識社会学を受け入れられないのはその全体イデオロギーによって阻まれているからだと指摘するのだ。こうした方法は、すでに認めておいたように、実践している者にとっては大いにおもしろいだろう。しかし、ここで一段とはっきりとわかることだが、それは人間を身近な者と疎遠な者に不合理にも分割せざるをえないということである。このような分割はどんな宗教にも存在するが、イスラム教、キリスト教、合理主義的な信仰では比較的無害である。こうした宗教はすべて、どんな人間のうちにもやがて改宗してくれるはずの者を見る。(ついでながら、おなじことは、精神分析にも言えるだろう。それは、どんな人間のうちにも潜在的な治療対象を見る——ただ、このばあいには、改宗のために支払わねばならない料金が深刻な障害になるのであるが。)しかし、知識社会学に進むと、この分割は無害というわけにはいかなくなる。社会分析家は、特定の知識人だけがその全体イデオロギーから解放され、その特定の知識人だけが〈階級的思考〉から癒されると主張する。そのようにして、かれは潜在的な人類の合理的統一という理念を放棄し、心身ともに非合理主義に身を捧げるのだ。そして、この状況は、この理論の生物学版あるいは自然主義版に移ると、つまり、〈われわれの血とともに考える〉、あるいは〈われわれの人種とともに考える〉といった人種論に移ると一段と悪化する。しかし、このおなじ考えが、宗教的な神秘主義をまとって現れてくるときには巧妙化の度を一段と増しているので、少なくともおなじように危険である。詩人や音楽家の神秘主義ではそうではないのだが、ヘーゲル主義ふうの主知主義者の神秘主義をまとって現れてくるときには危険なものとなる。というのもかれらは、自分たちの思想は、特別な恩寵によって、他の人はもっていない〈神秘的・宗教的能力〉によって与えられたのであり、それゆえに〈神の恩寵のもとで〉考えられたのであると、自分にも信者にも説くからである。このような主張は、神の恩寵にあずかっていない人びとがいるとそれとなくほのめかしているわけだ。これは、人類の潜在的な精神的統一への潜在的な攻撃であり、思うに、みずからを謙虚で敬虔なキリスト教徒であると考えているまさにそのときに、うぬぼれた冒瀆的で反キリスト教的なものである。

夢のなかに逃げ込む神秘主義の知的無責任さとは反対に、また、ことばの奔流に救いを求める神託まがいの哲学とは反対に、現代科学はわれわれの精神に実践をつうじてのテストという規律を強いてくる。科学の理論は、実践上の帰結によってテストされる。科学者は自分の領域で語ったことに責任があり、その果実によって認識されるのであり、にせ予言者とは区別される。[25] 科学のこの側面をただしく評価した数少ない者の一人が、キリスト教の哲学者ジョン・マクマレーである(次章で見るように、わたくしは、かれの歴史予言にかんする見解にはまったく同意できない)。かれはつぎのように述べている。「科学そのものは、それ独自の分野で理論と実践の壊れた統一を回復させる理解の方法を用いる。[26]」これが、私見によれば、神話を生み出すことで実践を逃れている神秘主義の目には不快なものと映る理由なのだ。マクマレーは他の箇所でつぎのように書いている。「科学は真の知識である……それゆえにキリスト教的直感が成し遂げた最高のものを表現している。ことばを換えると、人種や国籍、性別による限界を知らない協調的な進歩の能力、予測能力と制御能力が成し遂げた最高のものを表現している。これらはヨーロッパでこれまでに見られたもっとも完全なキリスト教の現れでた姿である。」わたくしもこれに全面的に同意する。というのも、わたくしの信じるところ、西洋文明はその合理主義、人類の合理的統一への信念、開かれた社会への信念、とりわけ科学的態度を、古代のソクラテス主義とキリスト教がもたらしたのだが、全人類は兄弟姉妹であるという観念に、そしてまた知的誠実性と責任の信念に負うているからである。(科学の道義性に対してよくなされる反論は、科学の成果の多くは戦争などの悪しき目的のために使用されてきたという主張である。しかし、この議論はほとんど真剣な考察にあたいしない。日の下に誤用されえないもの、誤用されてこなかったものはない。愛でさえも殺人の道具になりうるし、平和主義も侵略戦争の武器のひとつになりうる。他方で、すべてのナショナリズムにもとづく敵意と侵略の責任を負うのは、合理主義ではなく、非合理主義であることも明白すぎるくらい明白である。十字軍の前後を問わず、宗教的な侵略戦争は数知れずあったが、〈科学〉の目的のために企てられ、科学者に鼓吹された戦争をわたくしは知らない。）

読者は見て取られたと思うが、マクマレーは、さきの引用箇所で、〈それ独自の分野〉における科学を評価すると強調していた。この強調にはとりわけ価値があると思われる。というのも、昨今、多くのばあいエディントンとジーンズの神秘主義に結びつけてのことだが、一九世紀の科学とは対照的に現代科学は、より控えめになり、現世の神秘を認めるようになった、という話をよく耳にするようになったからである。しかし、こうした見方は、思うに、完全に間違った道筋にある。たとえば、ダーウィンやファラデーは、誰よりも謙虚に真実を探していたのであって、この二人の偉大な現代の天文学者よりもずっと謙虚であったことは間違いないだろう。というのも、かれら二人は〈それ独自の分野〉で重要人物であったが、その活動を哲学的神秘主義の分野にまで広げて謙虚さを示そうなどとはしなかったからである。[27] とはいえ、より一般的に言って、科学の進歩はなによりも誤りの発見という道をたどるのだから、また一般に、知れば知るほど自分の無知をより明確に自覚するわけだから、科学者は謙虚になると言えるだろう。（科学の精神はソクラテスの精神である。[28]）

わたくしは、主として、合理主義と非合理主義の衝突の道徳的側面に関心をもっているのだが、この問題のより〈哲学的〉な側面を軽視してしまっていいとは考えていない。とはいえ、この側面はあまり重要でないと考えていることを力説しておきたい。批判的合理主義者は他の方法でも非合理主義者に対処できるからである。（ものごとを表面的にしか理解していない科学者とは対照的に）世界の深い謎を尊敬し、それを理解していると自慢する非合理主義者は、じっさいにはそれらの謎を理解も尊敬もしておらず、安っぽい合理化で満足していると言っていい。というのも、神話とは、非合理的なものを合理化しようとする試みでないとしたら、いったいなんであるというのか。そして、神秘に対してより大きな敬意を示すのは誰であろうか。それを一歩一歩解き明かし、説明するという課題をみずからに課し、いつでも事実に服そうとし、みずからの大胆な業績もまた後継者にとっての一里塚にすぎないことをいつでも意識している科学者だろうか。

それとも、追試を恐れる必要がないので、気に入ったことをなんでも自由に主張できる神秘主義者だろうか。ところが、そうした疑わしい自由にもかかわらず、神秘主義者はおなじことを際限もなくくり返すだけなのだ。(それはいつでも失われた部族の楽園の神話であり、文明の十字架を背負うことへのヒステリックな拒絶である。)[29]+すべての神秘主義者は、神秘主義の詩人フランツ・カフカが絶望のさなかで書いたように、「ほんらい、不可解なものは不可解であると、そしてそのことを知っていたとだけ言いたい[30]」のだ。そして、非合理主義者は、合理化できないものを合理化しようとするだけでなく、ことがらを間違った目的のもとで扱っている。というのも、合理的な方法によってではなく、愛に満ちた共感によってのみ把握されるのは、特殊な、唯一の、具体的な個体であって、抽象的な普遍的なものではないからである。たとえば、科学は、一般的な種類の風景や人の類型を記述できても、単一の、個別的なものとしての風景や、単一の、個別的なものとして人間を完全に把握することはできない。普遍的なもの、類型的なものは、知性の領域であるばかりでなく、大部分が知性の産物、抽象化の産物でもある。しかし、ユニークな個人とそのユニークな、行動、経験、他の個人との関係は、決して合理的に把握できるものではない[31]。そして思うに、人間関係に意味を与えているのは、まさにこの非合理的なユニークな個性の領域なのだ。ほとんどの人は、自分やその人生がいかなる意味でもユニークではなく、ある人間類型における典型的例にすぎず、その類型に属する他のすべての人びとの行動や経験をくり返しているだけだとなったら、みずからの人生を価値あるものとさせているいっさいが大きく毀損されると感じることだろう。そうした意味で人生を生きるにあたいするものにさせているのは、風景や落日とか人間の表情についてのユニークな体験である。しかし、プラトンの時代以来、ユニークな個人や個人に対するわれわれのユニークな関係のもつ非合理感を、べつの領域、つまり抽象的な一般概念の領域、本来的には科学に属する領域に移してしまったのが、あらゆる種類の神秘主義の特徴なのである。ほとんど疑いえないことだが、神秘主義者はまさにそうした感情を表現しようとしていたのであった。というのも、神秘主義の用語、たとえば、神秘的結合、美の神秘的直感、神秘的愛といったものは、いつでも個々の人間間の関係、とりわけ性愛体験の領域から取られたものであることはよく知られているところだからだ。また、神秘主義が、こうした感情を抽象的で普遍的なもの、もろもろの本質、形相とかイデアに移転したこともあきらかである。くり返しになるが、こうした神秘的な態度の背後にあるのは、失われた部族の統一、家父長的な家庭の保護のもとに戻り、その家庭的故郷の境界をわれわれの世界の境界にしたいという願望なのである。「世界を限定された全体として感じるのは神秘的な感情である」(32)とルートヴィヒ・ウィトゲンシュタインは言う。しかし、こうしたホーリズム的で普遍主義的な非合理主義はとどまるべき場所を間違えている。世界も全体も自然も、すべて抽象によって捉えられたものであり、われわれの知性の産物である。(これが、神秘主義に耽る哲学者と、合理化せず、抽象化せず、想像力のなかで具体的な個人やユニークな体験を創造する芸術家との違いである。) 要約しておこう。神秘主義は非合理的なものを合理化しようとし、神秘的なものを間違った場所に探している。かれがそうしたことをするのは、選ばれた者たちの集団や統一を夢見ているからであり、各人はそれ自身で目的であることを理解した者たちが受け入れなければならない困難で現実的な課題を見すえる勇気がないからである。[33]

一九世紀に大きな役割を果たした科学と宗教との対立は克服されたように見える。[34] なぜなら、「無批判的」合理主義は自己矛盾しているので、問題は知識と信仰のあいだの選択ではなく、二種類の信仰形態のあいだでの選択でしかないからである。新しい問題はこうである。どの信仰がただしく、どの信仰が間違っているのか。われわれが直面している選択は、一方で、理性を、人間個人を信じることと、他方で、人間個人を集団の一要素にしてしまう人間の神秘的能力を信じることとのあいだにある。この選択は同時に、すべての人びとの統一を承認する態度と、人びとを友と敵、主人と奴隷に分ける態度とのあいだでの選択である。わたくしはこれを示そうとしたのである。〈合理主義〉と〈非合理主義〉という用語、および、わたくしが合理主義を選択するに至った動機を説明し、くわえてこんにち流行している非合理主義的で神秘主義的な主知主義を現代の気むずかしい知的病と見なす理由を説明するに足る十分なことは述べた。その病は、皮相的にすぎないので、まじめに受け止める必要はない。（とくに、一部の例外をのぞけば、科学者はこの病気にかかってはいない。）しかし、皮相的ではあるのだが、この病気は、社会思想や政治思想の分野での影響力のゆえに危険ではある。

第五節

このような危険を説明するために、現代の非合理主義のもっとも影響力に富んだ二人の権威者を簡単に批判しておきたいと思う。最初の者は、数学的な仕事で、また現代のもっとも偉大な合理主義哲学者であるバートランド・ラッセルとの共著でも知られているアルフレッド・N・ホワイトヘッドである。(35) ホワイトヘッドもまた、みずからを合理主義の哲学者であると見なしているが、ホワイトヘッドが多くを負っているヘーゲル(36)に してもそうであったのだ。じっさい、ホワイトヘッドは、ヘーゲル（とアリストテレス）

にいかに多くを負うているかを知っている数少ない新ヘーゲル主義者の一人であり、そして、カントの燃え上がるような抗議が存在していたにもかかわらず、論証を鷹揚に軽蔑し、壮大な形而上学的体系を構築する勇気をもっていたのである。それは間違いなくヘーゲルに負うものであった。

　最初に、ホワイトヘッドがその著『過程と実在』のなかで提示した数少ない合理的な論証のひとつをとりあげてみよう。それは、かれが思弁的な哲学的方法――かれは、〈合理主義〉と名づけている――を擁護するときの論証である。かれはつぎのように書いている。「思弁的哲学に対しては、望むところが高すぎるという異議が提起されてきた。合理主義が個別科学という枠組み内での進歩を可能にする方法であることは認められているが、そのような枠組み内での成功があったからといって、事物の一般的な性質を表現する大胆な図式構築の努力が正当化されるわけではないと主張されてきた。――こうした批判がなされるひとつの理由には、いわゆる失敗のうちにある。つまり、ヨーロッパの思想は、見捨てられ調停されずにいた形而上学的体系の比類のない混乱であるかのように述べられてきた。……しかし、おなじ規準でみれば、科学も失敗であると宣告されることになろう。一七世紀の物理学にしがみつくことは、当時のデカルト哲学にしがみつくこととおなじようにできないことである。……だが、ここでのただしい規準は、最終性ではなく、進歩である。(37)」ところで、これはたしかにきわめて合理的で、もっともらしい論証であるが、ただしいであろうか。これに対する明白な反論は、物理学は進歩するが形而上学は進歩しないということであろう。物理学には、固有の〈進歩の規準〉、すなわち実験という実践の規準がある。われわれは一七世紀の物理学よりも現代物理学の方が優れている理由を言える。現代物理学は、古い体系を決定的に麻痺させた多数の実践的テストにも耐えてきた。そして、思弁的な形而上学的体系に対する反論は、まったく明白なことながら、形而上学者が主張する進歩なるものは、形而上学における他のすべての要素とおなじように、想像の産物にすぎないということである。この種の反論は非常に古くからあり、ベーコン、ヒューム、カントにさかのぼる。だから、カントの『プロレゴメナ』には形而上学のいわゆる進歩について、つぎのようなコメントが見られる。「わたくしのような多くの人にとっては、この専門的分野で長きにわたって論述されてきたいっさいの美辞麗句にもかかわらず、この学問が指の幅ほども前進できなかったことに疑いはない。そのうえ、定義を研ぎ澄ましたり、自分の足で立てない証明に新しい松葉杖をあてがい、形而上学のつぎはぎ物に新しいぼろきれや変わった切り口を与えたりすることが見られるが、世間はそれを要求してはいない。世間は形而上学的な主張に辟易している。……純粋理性の弁証論的な外観と真実とを区別するたしかな規準が欲せられている。(38)」ホワイトヘッドはおそらくこの古典的で公然たる反論に気づいている。そして(いま引用したばかりの文につづく文で)つぎのように書くとき、それを思い出していただろう。「だが、一六世紀にさかのぼり、最終的にフランシス・ベーコンによって定式化された主要な反論は、思弁的思想の無用性に向けられている。」ベーコンは実験的・実践的観点から見たばあいの哲学の無益さに反論を唱えていたわけだから、ホワイトヘッドはここでわれわれの問題を目に入れていたと思われる。しかし、かれはこの問題をそれ以上追求はしない。かれは、思弁的な哲学も科学とおなじようにみずからがおこなう進歩のなかに正当化を見出すと主張したのだが、思弁的哲学の実践上の無益さがこうした主張を破壊するという明白な反論に答えていないのである。その代わりに、かれはまったくべつの問題、すなわち「裸の独立した事実は存在しない」ということ、要するに、すべての科学は事実を一般化して解釈しなければならないのだから、思考を利用せざるをえないというよく知られた問題に話題を転じて満足している。そうした考えでかれはその形而上学的体系を基礎づけるのだ。「したがって、直接的な、裸の事実の理解には、それについての形而上学的な解釈が……先行する。」なるほど、そうかもしれないし、そうでないかもしれない。しかし、これはかれが始めた議論とは間違いなく大きく異なっている。「ただしい規準とは……」科学においても哲学においても

「進歩である」というのがホワイトヘッドの出発点であったはずだ。しかし、カントの公然たる反論に対する応答は聞こえてこない。その代わりに、ホワイトヘッドの議論は、いったんは普遍性と一般性の問題の軌跡に立ったものの、(プラトン的な)集団主義の道徳論のような他の問題にさ迷っていく。「世界観の道徳性は、その一般的妥当性と分かちがたく結びついている。一般的な善と個人の利益とのあいだの矛盾は、個人がその利益を一般的な善に即応するようにふるまうばあいにのみ解決されうる……。」(39)

ところでこれが、合理的な論証の見本であったのだ。だが、合理的な論証はじっさいにはほとんど見られない。ホワイトヘッドは、思弁的な哲学は足萎えの証明のために新しい松葉杖を提供するにすぎないというカントの批判をどうすれば回避できるかをヘーゲルから学んでいた。ヘーゲルのやり口はじつにシンプルであった。証拠や論証を完全に避けるなら、松葉杖は簡単に避けられる。ヘーゲル哲学は論証をせず、命令を発する。ホワイトヘッドがヘーゲルとは異なり、究極の真理を提供するとは称していないことは認められねばならない。かれは、自己の哲学を議論の余地のないドグマとして提示するという意味で独断主義的な哲学者であるのではない。かれは、自己の哲学の不完全さにさえ言及している。しかし、他のあらゆる新ヘーゲル主義者と同様に、かれは独断的なやり口を用いる。かれは議論なしでみずからの哲学を提示する。われわれにできることは、それを受け入れるか拒否するかなのである。論じることはできない。（われわれはここでほんとうに〈裸の事実〉の前に立っている。もちろん、ベーコンの語る体験における裸の事実の前ではなく、一人の男の形而上学的霊感という裸の事実の前に立っているのだ。）「受け入れるか拒否するか」というこのやり口を説明するために、『過程と実在』からさらに引用してみたい。だが、わたくしは読者に、公平に選ぶように努めはしたのだが、読者はこの書を自分自身で読む前に意見を形成すべきではないと指摘しておかなければならない。

〈最終解釈〉と題されたこの本の最後の部分は、二つの章からなっている。ひとつは、〈理念上の対立〉である。（ここでは、本書ではすでに〈静止と変化〉という名のもとに扱っておいた、そしてプラトンの体系からすれば周知の対立である〈持続と流動〉が論じられている。）他は〈神と世界〉である。この最後の章から引用しよう。その箇所はつぎの二つの文で始められている。「結論のための要約をするには、存在についてのさまざまなカテゴリーを無視しているためあきらかに矛盾する一群のアンチテーゼの助けを借りた定式が必要である。どのアンチテーゼにおいても、意味のズレが生じ、それが対立を対照に移行させる。」これが、導入部である。これは、明白な〈矛盾〉を準備し、それは無視に〈もとづく〉とコメントしている。これは、無視を避けさえすれば、矛盾は回避できると示唆しているように思われる。ところが、それがどのようにしてなされ、著者の心中でなにが生じているのかについては語られていない。われわれは、まさに受け入れるか拒否するかであらざるをえない。ここでは、予告されていた二つ〈アンチテーゼ〉または〈明白な矛盾〉のうちの最初のものを引用してみよう。それらはともに議論らしきものさえなく立てられている。「神は不変であり、世界は流動的であると言うことは、世界は不変であり、神は流動的であると言うのとおなじように真実である。――神は一者であり、世界は多であると言うことは、世界は一者であり、神は多であると言うこととまったくおなじように真実である。(40)」ところで、わたくしはこのようなギリシア哲学的ファンタジーのこだまを批判するつもりはない。じっさい、一方を他方と〈おなじように真〉として受け入れることもできよう。だがわれわれには、〈明白な矛盾〉が約束されていたのだ。ここのどこに矛盾があるのか知りたいものである。というのも、矛盾の見かけさえあるとは思えないからだ。自己矛盾というのは、たとえば、つぎのような文であろう。「プラトンは幸せであり、かつ、プラトンは幸せではない」とか、おなじような論理〈形式〉をもったすべての言明(つまり、この文において「プラトン」に固有名詞を、そして「幸せ」に性質を表わす語を代入したときに生じるすべての言明)であろう。しかし、つぎの文はあきらかに矛盾ではない。〈プラトンは今日幸せであるのは、プラトンは今日幸せでないのとおなじように真である〉（なぜなら、プラトンは死んでいるのだから、一方の文は他方の文と〈おなじように真〉なのである。）そして、おなじあるいは類似の形式の他の言明も、たまたま偽であることはあっても、論理的矛盾と呼ぶことはできない。だから、ことがらの純粋に論理的な側面、つまり〈明白な矛盾〉にかんして途方に暮れてしまうと言いたい。わたくしにはこの本全体にかんして途方に暮れてしまうのである。著者がなにを言いたかったのか理解できない。それは、ホワイトヘッドのせいではなく、たぶんにわたくしの誤りなのであろう。わたくしはエリートの数にははいっていないので、他の多くの人もおなじ状況にいるのではないかと危惧する。まさにそのゆえに、わたくしはこの本の方法は非合理的だと主張する。それは人類を二つの集団に、つまり少数のエリートと、大多数の敗北者とに分割する。だが、敗北者としてわたくしは、目の前にある新ヘーゲル主義は、もはや、カントが生き生きと描写したような新しいぼろ布をあてがわれたあの古い馬鹿げた寄せ集め以上には見えないし、いまではそれはむしろそこから引き裂かれたひと束の古いあて布に似ていると言えるのみである。

ホワイトヘッドの本がかれ自身の〈ただしい規準〉に合致しているかどうか、つまり、カントが停滞を嘆いた形而上学的体系と比較してなんらかの進歩を示しているかどうかの判断は、ホワイトヘッドの良心的な読者に委ねたい。（もちろん、そのような進歩を評価するための規準を見つけうると前提しての話であるが。）またわたくしは、ここに述べたコメントを形而上学にかんするカントのべつの論評で締めくくるが、それがどの程度適切なのかについての判断もそうした読者に委ねたい。「形而上学一般の価値についてわたくしが表明した所見にかんして言えば、そこここでその表現は十分に注意深くも限定的にも選ばれていなかったかもしれません。しかし、わたくしは、昨今流行のその種の洞察が全巻に満ち満ちている膨れ上がったうぬぼれをただただ嫌悪と憎悪をもって見ているだけだということを隠したいとは思いません。というのもわたくしはつぎのように心の底から確信しているからです。選択された道はまったく間違っており、使われた方法は妄想や誤謬を無限に増殖させざるをえず、そして、これらのすべての空想による洞察なるものを完璧に撲滅したところで、この忌々しい多産性をもつ夢想としての学問ほどには有害ではないであろう、と。[41]」

ここで取り上げたい現代の非合理主義の第二の例は、アーノルド・J・トインビーの『歴史の研究』である。強調しておきたいのだが、わたくしはこの著をもっとも注目にあたいする興味深い書物と見ている。この本を選んだのは、知るかぎりで他の現代の非合理主義者やヒストリシストの作品よりも優れていると考えたからである。わたくしには歴史家としてのトインビーの貢献を判断する能力はない。しかしかれは、他の現代のヒストリシストや非合理主義の哲学者とは反対に、きわめて刺激的で挑戦的なことを数多く語っている。少なくともわたくしはかれのことをそう見てきたのであり、かれに多くの価値ある刺激を負うている。わたくしは、歴史の研究というかれ自身の分野で非合理主義が利用されていると苦情を言おうとしているのではない。歴史解釈のあるものへの賛否の論拠が問題になっているところでは、かれはなんのためらいもなく、基本的に合理的な論証方法を用いているからである。たとえば、歴史的伝承としての福音書の真正性にかんするかれの比較研究とその否定的な結果がそうである(42)。わたくしはかれが論拠とした資料を判断することはできないが、その方法の合理性に疑いの余地はない。トインビーがキリスト教正統派に対してもっていた一般的な共感からしたら、少なくとも非正統的な見解の擁護を困難にしたにちがいないと思われるだけに、これはいっそう称賛にあたいする(43)。わたくしはまた、かれの作品に見られる多くの政治的傾向、とくに近代ナショナリズムとそれに付随する部族主義的で古代的な、つまり文化面での反動的傾向に対するかれの攻撃にも同意する。

こうした一致があるにもかかわらず、トインビーの記念碑的な歴史書を選んでその非合理主義を非難するのは、このような価値ある作品の影響を目の当たりにしてはじめて、この毒のもつ危険を十分に問えると思うからである。

トインビーのうちには非合理主義と記さざるをえないことがらがさまざまなかたちで表現されている。たとえば、トインビーは現代に蔓延している危険な流行に譲歩している。それは、論証をまじめに受け止めないという流儀であり、定式化された通りに理解しようとはせず、論証というもののなかには、深遠な非合理な動機や傾向以外は含まれていないと考える流行である。これは前章で論じておいた社会分析の態度であり、まず論証そのものの妥当性を考察するのではなく、その思想家の社会的居場所のなかに無意識の動機や決定因子を探索しようとする態度である。

ここ二つの章で示そうとしたように、こうした態度はある程度までなら正当化されうる。とりわけ、提示すべき論拠をもたない、あるいは論拠があきらかに検討にあたいしない著者に対してはそうである。しかし、まじめな論証を真摯に受け止める試みがなされていないのであれば、非合理主義であると非難しても正当であろう。そして、ひとしきものにはひとしきものをもって報復するということで、おなじ手続きを適用しても正当であろう。だからたとえば、トインビーがまじめな議論を真剣に受け止めようとしないのは、宗教的神秘主義に逃げ込むことで、理性や社会問題の合理的解決への失望や絶望さえも表現している二〇世紀の主知主義の特徴を示している、という社会分析的な診断を下しても正当であろう。(44)

トインビーがまじめな論証をまじめに取り上げることを拒否している例として、かれのマルクス論を選びたい。この選択はつぎのような理由からである。第一に、わたくしのみならず本書の読者にとってマルクスは身近な話題であること。第二に、このテーマの実践的な側面のほとんどについて、わたくしはトインビーと意見をおなじくすること。マルクスの政治的、歴史的影響力についてのかれの判断は、わたくしが長たらしい道を経て到達した結果と非常によく似ている。そしてじっさい、この主題の扱い方は、かれの偉大な歴史的直感を示すものである。とすれば、トインビーに対抗してマルクスの合理性を擁護するからといって、マルクスの教説を擁護しているという嫌疑をかけられることはほとんどないだろう。というのも、トインビーはマルクスを(のみならず他の誰についても)、自説のために論証を展開する合理的な存在者としては扱っていないのである。その点でわたくしはかれとは道を異にしている。トインビーがマルクスとその理論を扱うやり方は、トインビーの全著作が呼び起こす一般的な印象の一例にすぎない。つまり、論証は重要ではない述べ方であり、人類の歴史は感情、情熱、宗教、非合理的な哲学の歴史であり、またおそらくは芸術や詩の歴史であり、人間の理性や科学の歴史とはなんのかかわりももたないというのだ。(ガリレイやニュートン、ハーヴェイ、パスツールといった名前は、文明の循環についてのトインビーのヒストリシズム的研究の最初の六巻では、いささかの役割も果たしていない。）

マルクスにかんするトインビーの一般的な見解とわたくし自身のそれとの接点については、読者には（第一巻第一章で）「選民」と「選ばれた階級」とにはアナロジー関係が成立すると示唆しておいたことを思い出していただけたらと思う。またわたくしは、さまざまな箇所で、歴史の必然性、とくに社会革命の必然性にかんするマルクスの教説についても批判的コメントをくわえておいた。トインビーはそうした観念を、いつもの才気煥発さで結合し、つぎのように書いている。「マルクス主義における決定的にユダヤ的な……霊感は、不可避の暴力革命という黙示録的なヴィジョンであり……それは神ご自身の助言であり、プロレタリア階級と少数たる支配者の現在の地位を完全に逆転させる。そこには選ばれた民をこの世俗的王国の最下位から最高位へと一気にみちびく役割交換がある。マルクスは、ヤハウェの代わりに歴史の必然性という神を全能の神とし、ユダヤ民族の代わりに近代西洋世界のプロレタリア階級をおいたのであり、救世主の王国をプロレタリア階級の独裁として理解した。しかし、この使い古しの変装を突き破って、伝統的なユダヤ的黙示録のよく知られた特徴が現れ出ている。じっさいそれは、われわれの哲学的興行師が近代西洋の衣装のもとで提示したラビ以前のマカベア的ユダヤ教である……。」(46) このみごとに定式化された一節には、わたくしが同意しえないようなことは多くはない――ただし、興味深いアナロジー以上のものがあるとは信じないかぎりにおいてであるが。だが、マルクス主義についてのまじめな分析がなされている(あるいはそのような分析の一部がなされている)と信じるならば、わたくしは異議を唱えなければならない。なぜなら、マルクスは結局のところ、『資本論』を書いて、自由放任の資本主義を研究したのであり、こんにちでは多くの部分が凌駕されてしまったとはいえ、社会科学に非常に重要な貢献を果たしたからである。そして、わたくしが重要な部分だけを引用したトインビーからのこの一節は、じつにまじめな分析として意図されているのだ。じっさいトインビーは、自分のアナロジーと暗喩が、マルクスを真剣に評価するための貢献であると信じている。なぜなら、〈マルクス主義、社会主義、キリスト教〉(47)と題された付録のなかでかれは、〈マルクス主義の哲学をこのように叙述すること〉に対して、マルクス主義者がその見解にしたがって提起するであろう異議と向き合っているからである。この付録もまた、第一パラグラフが以下のようなことばで始まっていることからもわかるように、マルクス主義を真剣に論じようとしたものであることは間違いない。「マルクス主義の擁護者はおそらくつぎのように異議を唱えるだろう……」、そして第二パラグラフはつぎのようなことばで始まっているからである。「マルクス主義者の異議に答えようとしたら……。」しかし、この議論をくわしく見てみると、マルクス主義の合理的な主張への言及はないし、ましてや検討などされていないことがわかる。マルクスの理論について、それが真なのか偽なのかという問いについては一言も聞くことができない。付録で提起された唯一の追加的問題は、ふたたび歴史的な起源の問題である。なぜなら、マルクス主義者の相手は、トインビーが見ているように、気の確かなマルクス主義者なら誰でもするような反論、つまり、マルクスの主張は、古くからの考えである社会主義を、新しい、すなわち科学的で合理的な根拠の上に据えたことなのだという異議を唱えていないのである。その代わりに、（トインビーを引用するが）「それに反対して、われわれは、マルクス主義のメッセージのもっとも特徴的な部分……については語らなかったが、マルクスの哲学をかなり要約し、ヘーゲル主義的な、またユダヤ教的な、そしてキリスト教的な、基本要素を取り出した。……マルクス主義者が言うように、社会主義は、マルクス主義的な生き方の本質である。それは、ヘーゲル主義、キリスト教、ユダヤ教、あるいはマルクス主義以前のいかなる源にもさかのぼらせることのできないマルクス主義体系のオリジナルな要素である。」トインビーがマルクス主義者に語らせる異議はこうしたものなのである。だが、どんなマルクス主義者、たとえ『共産党宣言』しか読んでいないマルクス主義者であっても、マルクス自身がすでに一八四七年の時点で、〈マルクス主義以前の〉社会主義に七つないし八つの異なった

〈源泉〉を区別していたことを知っているはずである(そのなかには、かれが〈キリスト教的〉あるいは〈キリスト教社会主義〉と呼んだものも含まれている)。また、マルクスは社会主義を発明したなどとは夢にも思っておらず、ただそれを合理的なものにしただけだと主張したにすぎないこと、そしてエンゲルスが言うように、社会主義をユートピア的な考えから科学に変えたと主張したにすぎないことも知っているはずである。しかし、これらすべてはトインビーによって無視されている。(48) かれはつぎのように書くのだから。「このようなマルクス主義者の反論に対抗しようとするとき、わたくしたちは、社会主義が賛同する理想の人間性と建設的な性格、ならびにこの理想がマルクス的な〈イデオロギー〉において重要な役割を果たしている事実をすすんで認めよう。しかし、社会主義はマルクス自身が発見したものであるというマルクスの主張に同意することはできない。われわれの側は、マルクスの社会主義についてなにごとかを聞く以前に、すでに説かれ、実践されていたキリスト教的社会主義があることを指摘しなければならない。そして攻勢に移る番が回ってきたなら、わたくしたちは……マルクスの社会主義はキリスト教の伝統に由来すると主張しよう……。」さて、わたくしはそうした由来を否定するつもりはない。またどんなマルクス主義者でも自己の信念のわずかな部分を放棄することなく、その点を承認できるであろう。それはまったく明白である。なぜなら、マルクス主義は、マルクスが人間的で建設的な理想の発明者とは言っておらず、マルクスは純粋に合理的な方法で社会主義の到来と到来の仕方を示した科学者であると言っているにすぎないからである。

トインビーは、マルクス主義をその合理的な主張とはいささかも関係ない仕方で論じている。これはどう説明できるのだろうか。唯一考えられる説明は、トインビーにとってマルクス主義者の合理的な主張はなんの意味もないということだろう。かれにとって唯一興味をひくのは、マルクス主義は宗教としてどのようにして成立したかということなのである。わたくしとて、マルクス主義の宗教的性格を否定する者ではない。しかし、哲学や宗教を完全にその歴史的な起源や環境の観点から見る方法、これは前章で〈ヒストリシズムとは区別されなければならない〉歴史主義と呼んだ態度である。この方法は少なくともきわめて一面的であり、それがどれほど非合理主義に傾いているかは、トインビーが人間の生活の重要な部分にして本書が〈合理的〉と呼んでいる部分を、軽蔑とは言わないまでも、軽視していることからもわかるだろう。

トインビーはマルクスの影響を判断するなかで、「歴史の審判は、キリスト教の社会的良心を再覚醒させたことに、カール・マルクスの偉大で積極的な実践的業績を見るだろう」[49]と結論づけている。こうした判断に対してわたくしは語るべき多くのことをもたない。読者は、わたくしもまた、キリスト教に対するマルクスの道徳的影響を強調した(50)ことを思い出すであろう。わたくしの信じるところ、トインビーは、マルクス主義への賛辞を閉じるにあたって、被搾取者は搾取者からの慈善行為をまつのではなく、自力でみずからを解放すべきであるという偉大な道徳的理念に十分な敬意を払っているとは思えない。だが、これはもちろんたんなる意見の相違にすぎないのであって、トインビーが、わたくしの見るところではかなり公正な意見を述べる権利に異論を唱えようなどとは思わない。しかし、「歴史の審判は……」ということばには注意を向けさせていただきたい。ここにはその暗黙のヒストリシズム的な道徳論のみならず道徳上の未来主義までもが含まれている(51)。というのも、わたくしの主張は、このような問題については、自分自身で決めることを避けられないし、また避けてはならないということであり、そしてわれわれが審判を下すことができないなら、歴史もまたできないだろうということだからである。

トインビーのマルクス論についてはこのくらいにしておこう。ただし、かれの歴史主義や歴史相対主義がはらんでいるより一般的な問題については、つぎのように言えるだろう。かれは、歴史主義の問題を、どんな思想でも歴史によって決定されている〔歴史的被拘束性〕という一般原則としてではなく、歴史にあらわれる思想に限定された原則としてのみ定式化したとき、十分気づいていただろう、と。というのもかれは、「みずからの出発点として、歴史にあらわれる思想はどんなものであれ、不可避的に思想家自身の時間と場所という特定の状況に相関する……という公理を……」選択したと説明しているからである。「これは、いかなる天才といえども逃れることのできない人間本性の法則である。[52]」こうした歴史主義と知識社会学との類似性は明白である。なぜなら、思想家自身の時間と場所というのは、〈歴史上の生息地〉を述べているにすぎないからであるし、知識社会学の〈社会的居場所〉の類似物だからである。違いがあるとすれば、トインビーがその「人間本性の法則」を歴史上の思想に限定している点にあると言えよう。だが、これはわたくしにはいささか奇妙で、おそらく意図されなかった限定のように思える。というのも、思想一般には適用されず、歴史にあらわれる思想にのみ適用されるといった、「いかなる天才も免れることができない」という「人間本性の法則」があるとはいささか考えにくいからである。

歴史主義や社会学主義にはかなり些末な真理の粒が含まれている。それは否定できないことであり、すでに先の二章で論じておいたので、ここではそこで述べたことをくり返す必要はないだろう。しかし、批判的なことを言えば、おそらくトインビーの言明は、歴史にあらわれる思想に限定されるという制限がはずされると、パラドックスとなるだろうから、〈公理〉とは見なせないと述べておくのが適切であろう。（それは、ウソつきのパラドックスの一形式である。(53)いかなる天才もみずからの歴史的・社会的居場所でのモード〔流行〕を表出せざるをえないのであれば、この主張自体も、著者の社会的居場所、すなわち現代における相対主義というモードの表出にすぎないからである。）こうした注釈は、純粋に形式論理的な意味しかもたないわけではない。それは、歴史主義や歴史分析が歴史主義そのものに適用できることを示している。そしてこのような手続きは、すでに合理的な方法で批判した観念に対しては許容されることである。このように歴史主義を批判したのだから、歴史分析的診断を下すというリスクを冒しても、歴史主義は、やや廃れてはいるが現代の典型的な産物であると、より正確には、現代の社会科学の典型的な後進性の産物であると言ってもよいであろう。それは、介入主義への、つまり合理化や産業協働の時代への典型的な反動なのである。それは、おそらく歴史上の他のどんな時期よりも、社会問題への合理的な方法の実践的適用が要求される時代への反動である。そのため、これらの要求に十分即応できない社会科学は、このような問題への科学の適用可能性に対し念入りな攻撃を加えることで、自己防衛する傾向があるのだ。わたくしの歴史分析的診断を要約しておこう。(54)トインビーの歴史主義は、理性に絶望し、過去へ、そして未来の予言へ逃れていこうとする護教論的な反合理主義(Antirationalismus)であるとあえて断言しておきたい。歴史主義は、他のどんな精神的運動にもまして、時代の歴史的産物として理解されなければならない。

この診断は、トインビーの著作の多くの特徴によって確証される。その一例として挙げることができるのは、彼岸的なものの方が、現世での出来事を規定する行動よりも、はるかな高みにあるとかれが力説していることである。たとえば、かれはムハンマドの〈悲劇的な世俗的成功〉について語り、予言者に現世の出来事に行動をもって介入する機会が差し出されたことは、「かれの精神には無理な挑戦であった。かれはそれを受け入れたことで、高貴な予言者という崇高な役割を放棄し、大成功を収めた政治家というありふれた役割で満足した」と述べている。(言い換えれば、ムハンマドはイエスが抵抗した誘惑に屈した。)これに反してイグナチオ・デ・ロヨラは、兵士から聖人になったことで、トインビーの喝采を浴びている。(55) だが、この聖者もまた成功した政治家になったのではないかと問うことができよう。(だが、問題がイエズス会ならば、いっさいが異なってくると思われる。そうした政治家としての活動のかたちは、十分に彼岸的である。)誤解を避けるためにあきらかにしておきたいのだが、わたくし自身は、自分の知っているほとんどの、あるいはほとんどすべての政治家よりも、多くの聖者を高く評価している。というのも、わたくしは一般的に言って政治的な成功には感銘を受けないからである。この一節を引用したのは、現代の歴史予言者のこのような歴史主義は哲学的な逃亡の試み以外のなにものでもないという自分の歴史分析的診断の確証例としてのみである。

トインビーの反合理主義は他の多くの箇所でも突出している。たとえば、かれは合理主義者の寛容の概念を攻撃して、〈低俗〉とは反対の〈高貴〉といったカテゴリーを使うのだが、論証は使用しないのだ。そこでは、〔一方における〕〔合理的な理由からする〕暴力の使用をたんに〈消極的に〉回避することと、〔他方における〕彼岸的世界に属する者の真実の非暴力との対立が扱われている。(56) そして、これら二つのことがらはつぎの箇所で「相互に真っ向から対立する」と示唆されている。「非暴力の実践は、その最底辺では、以前にはいやになるほどに生じたわけだが……暴力への……怯懦な幻滅を超えた、高貴なもの、あるいは建設的なものをなにも表現できていないのではないか。……この種のほとんど敬虔さのない非暴力の悪名高い例は、宗教的寛容であり、これは一七世紀のおおよそ最後の四半世紀頃からこんにちに至るまで、西洋世界で慣例となった。」こうした文章を読むと、つぎのような反問して言い返したくなる。トインビー自身のことばで言って、西洋の民主的な宗教的寛容さに対するこのような敬虔なる攻撃は、理性に対するシニカルな幻滅を超えた高貴なもの、あるいは建設的なものをなにかしら表現しているのだろうか、と。それは、われわれの西洋世界で慣例となり、残念なことに依然としていまでも慣例であり、とりわけヘーゲルの時代からこんにちに至るまでいやになるほど慣例化した反合理主義の悪名高い例ではないだろうか、と。

トインビーについてのわたくしの歴史分析は、もちろんまじめな批判ではない。それは、歴史主義に対してそのやり方で報復する、つまりしっぺ返しするという友好的ではないやり方にすぎない。わたくしの根本的な批判はまったく異なる。歴史主義にならってのわたくしの〔しっぺ返しするという〕試行がこの安直な方法をさらに流行らせることになったとしたら、たしかに残念なことである。

誤解されたくない。わたくしは宗教的神秘主義にはなんの敵意も感じていない（感じているのは、過激な反合理主義的主知主義に対してのみである）。そして、それを抑圧しようとする試みがあるならば、わたくしは真っ先にそれに抵抗する者となるだろう。宗教的非寛容を擁護するのはわたくしではない。だが、わたくしは、理性を信じることにも、合理主義にも、人道主義的態度にも、そして他の信条にも、人間にかんすることがらの改善、とりわけ国際犯罪の取締りや平和の創出に貢献する権利があるのだと主張したい。トインビーはこう書いている。「人道主義者は、意図的にそのすべての注意と努力を集中して、……人間にかかわることがらを人間の支配下に置くように努めるべきである。とはいえ……人類の統一は、人類がその一部として属する超人類的全体の統一という枠組みをおいては、他のどこにおいても達成されえない。……近代西洋の人道主義的諸学派は、現世という基礎のうえに巨大なバベルの塔を建てることで、奇妙で不自然なことに天国の樹立をもくろんだ……。」[57] わたくしにしてトインビーの主張をただしく理解しているならば、これでは人道主義者には国際的な出来事を人間の理性の支配下に置く機会は存在しないことになるだろう。ベルグソンの権威によりながら[58]+、かれは、超人的な全体に服従することでのみわれわれは救われうると主張し、人間の理性のための道は存在しないし、部族的ナショナリズムを克服するための、かれの言うところでは〈地上の道〉はないと主張する。ところで、わたくしは、理性への人道主義者の信念が「現世的」と呼ばれたところでなんら文句を言う気はない。というのも、地上に天国を実現することはできないというのが合理主義による政治の原則であると考えているからである。[59] しかし、人道主義は、つまるところ、行為のなかでみずからを保持し、そしておそらく他のなんらかの信仰とおなじように証しをたててきた信条である。わたくしは、キリスト教は、神は父であると説くことで人間はみな兄弟姉妹であるという観念に大きく貢献できたと考える人道主義者の大多数とおなじ見解をもつが、他方で、理性への信仰を掘り崩すような者は、とうていこの目標を促進しえないだろうと確信している。

結論

第二五章　歴史に意味はあるか

第一節

さて、本書の終わりに差しかかった。読者にはいま一度、わたくしがヒストリシズムについての完璧な歴史を書くことなどもくろんでもいなかったことにあらためて着目していただきたいと思う。むしろ本書に含まれているのは、そのような歴史についてのあちこちに散らばった欄外的な、しかもきわめて個人的な性質のメモにすぎない。そのうえ、本書は社会と政治の哲学への一種の批判的な序論となっているが、それは本書の性格と密接に関連している。というのは、ヒストリシズムは、社会、政治、道徳（わたくしに言わせれば、不道徳）哲学であり、そのようなものとして、われわれの文明が始まって以来、最強度の影響をふるってきたからである。したがって、社会、政治、道徳の根本問題を論じないまま、その歴史に注釈を加えることなどとうてい不可能である。しかし、そうした議論は、欲すると否とにかかわらず、いつでもつよく個人的な要素を含まざるをえない。とはいえ、本書の大部分が純粋に趣味の問題になってしまうわけではない。わたくしは、若干の箇所で、道徳的・政治的なことがらで自分の個人的な決定や提案を説明したが、いつでもそうした提案や決定の個人的な性格を明確にしておいたつもりである。むしろ、いかなる素材を選択し論じるかは、たとえば科学上の叙述のばあいにくらべておおはばに個人の決定に左右されるということなのだ。

　だが、ある意味で、この違いはおだやかに変わっていくものでしかない。自然科学でさえ、「事実の集積」にすぎないわけではない。科学は、ごく控えめに言っても、収集であり、そのようなものとして収集者の関心、観点に依存している。科学では、そうした観点は通常は科学の理論によって規定されている。言い換えると、無限に多様な事実のなかから、また、事実の無限に多様な側面のなかから、一定の事実や側面が選択されるのであるが、それらは多かれ少なかれ前もって抱かれていた科学理論と結びついたから、われわれの興味をひいたのである。このように考えたことで、科学論のある学派[1]は、科学はいつでも自己循環的であり、エディントンのことばをもってすれば、「われわれはつねに自分の尻尾を追いかけているにすぎない」と結論づけた。事実を経験するというとき、われわれは自分たち自身がすでに理論というかたちでそこに埋め込んでおいたものを取り出しうるにすぎないからであるというのである。しかし、こうした議論を支持することはできない。一般的に言えば、前もって抱かれていたなんらかの理論と関連する事実のみを選択するというのはただしいと言えるであろう。だが、その理論を確証する〔首肯する〕、あるいはその理論を反復する事実のみを選択するというのはただしくない。科学の方法は、むしろ、理論の反証に役立ちうるような事実を探すことにある。それは理論のテストと呼ばれる進み方――理論に誤りがないかどうかの探求――である。しかし、事実は、その理論の目を通して選択されるから、理論がさまざまなテストに耐えているかぎりで理論を首肯することになるとはいえ、前もって抱かれていた理論の一種空虚なくり返しにすぎないわけではない。というのは、事実が理論を確証するのは、理論からみちびかれた予測は妥当しないと証明する試みが失敗し、結果としてその理論を支持する証言をしているばあいにかぎられるからである。したがって、わたくしの考えでは、理論の反証可能性、すなわち、理論を反駁する可能性こそが、理論のテストを可能にし、またそれによって理論の科学的性格が規定されるのである。そして、理論のテストとは、なんであれ、理論の助けによって導出された予測を反証しようとする試みであるという事実こそ、科学的方法論にとっての鍵なのである[2]。科学の方法についてのこのような捉え方は、科学史を見ると裏づけられる。科学史は、科学の理論はしばしば実験によって否定され、そして理論の反駁こそが科学の進歩の手段であることを示している。したがって、科学は自己循環的であるという主張は維持できない。

とはいえ、この主張には真理の粒も含まれている。事実についてのどんな科学的記述もきわめて選択的であり、いつでも理論に依存しているというのはその通りであろう。この状況を明瞭に理解するには、サーチライトと比較するのがもっともよい。(わたくしはこれをふつう「精神のバケツ理論」と対照させて「科学のサーチライト理論」と呼んでいる。(3))サーチライトがなにを映し出すかは、その位置、設置方法、輝度、色などに依存するが、言うまでもなく、照らしだされるものにも大きく依存する。おなじように、科学の記述も、通常はテストしたいと思っている理論や仮説と結合している観点や関心に大きく依存している——だが、記述される事実にも依存する。とすれば、理論とか仮説は、ある観点や考えの結晶化と記してもよいだろう。つまり、自分の考えの定式化を試みたら、事実の選択と整理に役立つ暫定的仮説としての作業仮説のようなものがえられるということだ。こうした意味で、作業仮説ではなく、またそうありつづけることもないような理論や仮説といったものは存在しえない。この点は明確に意識されねばならない。というのも、どんな理論も最終的ではないし、どんな理論であっても事実の選択と整理を助けてくれるからである。どんな記述にも、そうした選択といった性格があるわけだから、記述はある意味で〈相対的〉となろう。しかし、それはただ、観点が違っていたならば、この記述ではなく、べつの記述が提出されていただろうという意味においてのみである。観点はまた、記述が真であるというわれわれの信念に影響を与えるかもしれないが、記述の真偽の問題に影響を与えるわけではない。真理は、ここに述べた意味で〈相対的〉ではない[4]。

どんな記述でも選択であるという性格が生じるのは、大まかに言って、世界がもちうる事実の側面が無限に豊かで多様であるからである。この無限の豊かさを表現するにあたって、われわれの意のままになることばの数は有限でしかない。だから記述しようと思うかぎりで、記述はできるだろうが、その記述はいつでも不完全であり、記述しようとした事実のたんなる選択（しかも貧弱な選択）にすぎなくなるだろう。したがって、選択のための観点を避けることはできないし、そう試みるのもまったくもって望ましくない。かりに避けることに成功したとしても、〈より客観的な〉記述がえられるわけではないし、そうでなければ、完全に支離滅裂な文の集積でしかないからである。観点を避けることはできない。避けようとする素朴な試みは、自己欺瞞とか、批判的でなく、無自覚的な観点の適用をみちびくだけである[5]+。

こうしたことは、「素材の無限性」——ショーペンハウアーはこう呼んだ——をともなう歴史叙述のばあいにとくにあてはまる。(6) とすれば、他の科学とおなじように歴史においても、観点を回避することはできない。とすれば、観点なしでやっていけると信じたとしたら、自己欺瞞や批判的な慎重さの欠如につながるにちがいない。といって、なんでもかんでも反証してかまわないとか、真理の問題を不注意に扱ってもよいということにはもちろんならない。事実にかんするどんな特殊な歴史記述も、その真偽の決定がどれほどむずかしいにせよ、端的に真か偽であろう。

このように見てきたかぎりでは、歴史の状況も、物理学といった自然科学の状況に類似していると言えるだろう。とはいえ、歴史のなかで〈観点〉が果たす役割を、物理学のなかで〈観点〉に帰せられる役割と比較してみると、大きな相違が見出される。すでに見たように、物理学では〈観点〉というものは、通常のばあい、物理理論のかたちをとって現れてくるから、新しい事実を探せばテストすることができる。ところが、歴史にかんするかぎり事情は決してそれほど単純ではない。

第二節

まず、物理学といった自然科学における理論の役割を少しばかりくわしく見てみよう。ここでは、理論はさまざまな、相互に関連した課題をもっている。理論は、科学を統一するのに役立つし、出来事を説明したり予測したりするのにも役立っている。さて、説明と予測の問題を論じるにあたっては、わたくし自身の著作のひとつから以下の箇所を引用することを許していただきたい。「出来事を〈因果的に説明する〉とは、それを記述する言明を法則と境界条件（初期条件とも呼ばれる）から演繹的に導出することである。（そのような言明は予測と呼ばれる。）たとえば、ある糸の切れたことを〈因果的に説明する〉というのは、その糸の引っ張り強度が1キログラムであるところで、2キログラムの荷重がかけられたと確定されたときである。こうした説明には、二つの異なった要素が含まれている。(1)一般的な自然法則の性格をもつ仮説が受容されている。いまのばあいではたとえば、〈糸はその耐えられる最大張力を超える張力にさらされるならば、いつでも切断される〉という仮説である。(2)まさに考察されている当該の出来事にかかわる特定の言明（初期条件）が受容されている。たとえば〈この糸にとって最大の張力は1キログラムである。この張力を超えると糸は切断される〉と〈この糸に付けられた重りは2キログラムである〉といったものである。したがって、一緒になってはじめて完全な〈因果的説明〉を提供するつぎのような二つの異なったタイプの言明が存在している。

(1)一般言明(仮説、自然法則)と(2)特称言明、つまり当該の事例(境界条件)にのみあてはまる言明。一般言明(1)から、境界条件(2)の助けを借りて、特称言明(3)(この糸は、この重りがつるされると切れるであろう)を導出することができる。この結論(3)は(特称または単称)予測と呼ばれる。——境界条件(あるいはより正確に言って、それらが記述する状況)は、通常、当該の出来事の〈原因〉と、そして、予測(あるいはより正確に言って、予測によって記述された出来事)は、〈結果〉と呼ばれる。よって、1キログラムの引っ張り強度の糸に2キログラムの重さが加えられたことが、糸が破断せざるをえなかった原因である、と言われる。(7)+」

因果的説明についてのこうした分析から、さまざまなことがらを知ることができる。第一に、原因と結果について絶対的な仕方で語ることはできないということだ。むしろ、ある出来事は、普遍的な法則を引き合いに出してのみ、べつの(結果として語られる)出来事の原因と言えるということである。しかし、これらの普遍的な法則は、一般的に(われわれの例でそうであるように)あまりにも些末なので、意識的に使用される代わりに当然視されてしまう。第二に、ある一定の出来事の予測を目的として理論を使用することは、そのような出来事の説明を目的として理論を使用することのべつの側面にすぎないということである。そして、予測された出来事とじっさいに観測された出来事との比較をつうじて理論はテストされるのであるから、われわれの分析は理論をテストする方法も示していることになる。理論を予測のため、説明のため、テストのために使うかどうかは、われわれの関心に依存するし、また、どのような言明がすでに与えられたもの、あるいは受け入れられたものとするかにも依存する。

このように、いわゆる理論的あるいは一般化科学（物理学、生物学、社会学など）のばあいには、関心は圧倒的に普遍的な法則や仮説にある。こうしたばあいでは、法則や仮説が真であるかどうかを知りたいのである。だが、それらが真であることを直接に確認できないので、偽なる仮説の排除という方法が使用される。このとき、関心はある程度まで、初期条件や予測によって記述される特称的な出来事、たとえば実験に限定される。実験などに関心が向けられるのは、主として一定の目的にとっての手段として、つまりそれ自体で興味深くもあれば、またわれわれの知識を統一する手段でもある普遍法則をテストするための手段と見ることができるからである。

応用科学のばあいでは、われわれの関心はあるべつなものに向けられている。橋を架けるために物理学を利用する技術者がとりわけ関心をもつのは、（初期条件で記述された）ある種の橋が一定の荷重に耐えられるかどうかといった予測である。普遍法則はかれにとっては手段であり、与えられたものとして受け入れられている。

したがって、純粋一般化科学は主として普遍的な仮説のテストに関心があるのに対し、応用科学は特定の出来事の予測に関心をもっているわけである。しかし、もっとべつの関心領域が存在する。それは、特称的、あるいは特定の出来事の説明である。そのような出来事、たとえばある交通事故を説明しようとするばあい、通常は暗黙のうちに、多くの些末だが普遍的な法則が仮定されている(骨は一定の圧力のもとで折れるとか、自動車が人体に一定の方法で衝突したばあいに骨が折れるに十分な圧力がかかる、など)。そして、関心は圧倒的にこうした些末な普遍法則と一緒になって当該の出来事を説明できる初期条件や原因に向けられる。こうしたばあいでは、通常、ある種の初期条件が仮説的に受け入れられている。そして、そうした仮説的に受け入れられた初期条件が真かどうかを判断するために、さらなる証言が集められる。つまり、そうした特称的な仮説をテストするために、(他の、通常はおなじように些末な普遍法則の助けを借りて)観察可能な事実と照らし合わせることのできる新しい予測の導出がなされる。

このような説明で使用されている普遍法則について悩む必要はきわめてまれにしか生じてこないのであって、生じてくるとすれば、たとえば想定外の化学反応といった、新奇の奇妙なタイプの出来事が観察されたときである。それらの出来事が、新しい仮説を考え出したり、テストすることにつながるのであれば、それは何よりも一般化自然科学の観点から関心をひいているのである。しかし、具体的な出来事やその説明に関心が向けられているときには、一般に、まさに必要とされる多くの普遍法則はすべて与えられたものとして受け入れられている。

さて、特称的な出来事やその説明にこのような関心をもつ科学は、一般化自然科学とは対照的に歴史科学と呼ぶことができよう。

歴史をこのように捉えるならば、歴史やその方法についてかくも多くの研究者が、関心をもつのはいわゆる普遍的な歴史法則ではなく、特定の出来事であると主張する理由があきらかになるだろう。なぜなら、われわれの歴史観からすれば、〈普遍的な歴史法則〉など存在しえないからである。一般化は端的にべつの関心領域に属するのであり、そのようなことは、特定の出来事とその因果的説明への関心からは、するどく区別されなければならない。歴史の課題は因果的説明にある。法則に関心がある者は、一般化自然科学（あるいは、この点では自然科学と類似している一般化社会学）に向かわねばならない。とすれば、なぜ、歴史とはしばしば〈事実としてあったがままの〉過去の出来事の総体であると言われるのかもあきらかであろう。こうした捉え方に対してはのちにいくつか反論を提起しようと思うが、ここに述べたことは、一般化科学に従事している人の関心とは対照的な、歴史家のもつ特称的なことがらへの関心を十分ただしく表現していると言えるだろう。またここで述べた見解は、なぜ〈一般化〉自然科学においてよりも、歴史のなかで〈無限の対象〉という問題に遭遇するのかも説明する。というのも、一般化自然科学での理論とか普遍法則は、ものごとの統一的把握や一般化を可能にし、個々の自然科学に対して、そこでの問題、関心と研究の焦点、論理的骨格、体系的な叙述を可能にする〈観点〉を導入するからである。それに対して、歴史のなかではそのような統一的理論は存在しないのであって、そこで使われる無数の些末な普遍法則は、単純に与えられたものとして受け入れられているにすぎない。それらはほとんど関心をひかず、素材を整理することもまったくできない。たとえば、一七七二年の第一次ポーランド分割を説明するにあたって、ポーランドは、ロシア、プロイセン、オーストリアの連合勢力に対抗できなかったのだと指摘するならば、暗黙のうちにつぎのようないくつかの些末な普遍法則を受け入れている。「ほぼ同等に指揮され、同等に装備された二つの軍隊のうちの一方が、兵員において圧倒的に勝るならば、他方が勝利をえることは決してない。」（ここで「決して……ない」と言うか「ほとんど……ない」と言うかは、『軍艦ピナフォア』〔コミックオペラ〕の船長にとってと同様、われわれの目的にとっては重要ではない。）このような法則は軍事力の社会学的法則とも呼べるが、あまりにも些末すぎて、社会学の研究者に深刻な問題を提起するとか注意をひくことはないのである。また、たとえばルビコン川を渡るというカエサルの決断を、かれの野心と精力によって説明しようとするならば、若干の非常に些末な心理学的一般化が使われているのであり、それが心理学者の注意をひくことはほとんどないのである。（じっさいには、大部分の歴史説明は、些末な社会学的・心理学的法則ではなく、第一四章でくわしく論述した状況の論理（Logik der Situation）を暗黙のうちに使用している。つまり、個人的な興味や目標、その他の状況要因（関係者が利用できる情報）といった初期条件を別にすれば、暗黙のうちに、一種の第一次接近として、まともな人はふつう多かれ少なかれ合理的かつ意図的に行動するという些細な一般法則が受け入れられている。）

第三節

したがって、そうした一般法則は、歴史の説明で使われているとはいえ、歴史に対して、選択と統一の原則も、〈観点〉も提供しないことがわかるだろう。しかし、非常に限定された意味でなら、つまり、歴史がなにごとかについての歴史に、たとえば、権力政治史、経済関係史、技術史、数学史といったものに限定されるなら、そのような観点は提供されるかもしれない。だが、原則的なことを言えば、それ以上の選択の原則、すなわち、同時に関心の中心でもある観点が必要である。そうしたもののいくつかは、たとえば、歴史にとっては、〈偉人〉の性格とか、〈国民性〉、あるいは、ある種の道徳観念や経済的条件などなどが重要であるといった、前もって抱かれていた、そしてある意味で一般法則に類似している観念によって提供されるだろう。ここで大事なのは、〈歴史理論〉なるものの多くは科学の理論とは大きく異なることを明確に認識することである。（そうした理論なるものは、おそらく〈擬似理論〉と呼んでおいた方が適切であろう。）というのも、（歴史地質学などの歴史的自然史を含めてもよいが）〔一般に〕歴史においては、入手できる事実はしばしば厳格に限定されているのであって、〔自然科学的理論の対象のように〕思いのままに反復させたり、ひき起こしたりできるものではないからである。しかも、それらの事実は前もって抱かれていた観点にしたがって集められている。いわゆる歴史〈資料〉なるものは、記録するに十分あたいすると思われたほど関心をひいた事実のみを記録しているため、しばしば前もって抱かれていた理論に合致する事実しか含んでいない。そして、それ以上の事実を意のままに扱うことはできないので、しばしばその説やその後につづく説をテストすることはできないのである。このようなテスト不可能な歴史理論は、不当にも科学の理論が自己循環的であると非難された意味で、まさに自己循環的であるとして非難されるだろう。それゆえ、科学の理論に対して、このような歴史理論は〈一般的解釈〉とか〈史観(Geschichtsauffassung)〉と呼んでおくことにしたい。

解釈が重要なのは、それが観点を表現しているからである。しかし、すでに見たように、観点はいつでも不可避であること、歴史においては、テスト可能で科学的な性格をもつ理論に出会うこともきわめてまれであることを考えるならば、ある歴史の捉え方がわれわれの手許にあるすべての資料と一致するからといって、それが確証されたと見なしてはならないことになろう。なぜなら、理論とデータとは相互的に循環するといった性格、また、おなじ資料に合致する多数の他の(おそらく両立不可能な)解釈がいつでも存在するという事情、さらに物理学であったらふつうになされるような選別実験のための新しいデータはほとんど利用できないという事情が考慮されねばならないからである(8)。歴史家は、しばしば自分たちの解釈とおなじように事実とよく合致するべつな解釈があることを見落としている。より多数の、より信頼できる事実の存在する物理学においてさえ、古い実験は、競合し両立不可能な二つの理論のどちらとも一致するのだから(たとえば、ニュートンの重力理論とアインシュタインのそれとのあいだでどちらかに決めるために必要となる恒星からの光が日蝕時に太陽の縁辺で湾曲する現象についての研究を考えよ)、くりかえし新たな選別実験が必要になることを考えれば、歴史資料のなんらかの系列が、ただひとつの仕方でのみ解釈できるという素朴な考えは放棄されよう。

とはいえ、当然のことながら、すべての解釈や歴史観が同等のメリットをもつわけではない。第一に、受容されている資料とまったく一致しない解釈がつねに存在する。第二に、資料による反証を避けるために、一定数の多かれ少なかれもっともらしい補助仮説の必要な解釈が存在する。第三に、べつの解釈ならば結びつけることができ、そして〈説明〉できるのに、多くの事実をうまく結びつけることのできない解釈が存在する。したがって、歴史解釈の分野でもかなりの進歩が可能である。さらに、〔一方における〕多少とも〈一般的な観点〉と、〔他方における〕歴史上の出来事を説明するにあたって、一般的な法則の役割ではなく、仮説的な初期条件の役割を果たす、上述で述べた特称的あるいは単称的な歴史的仮説とのあいだには、あらゆる種類の中間段階が可能である。それらはしばしば十二分にテストできるから、科学の理論と肩を並べることができる。しかし、それらの特称的仮説のいくつかは、解釈とか史観と呼んでおいた普遍的な擬似理論とよく似ており、したがって、ともに〈特称的解釈〉として分類できるだろう。なぜなら、そうした特称的解釈を支持する証拠は、一般的な〈観点〉を支持する証拠とおなじように、しばしば循環的であるからである。たとえば、ある一定の出来事にかんして手許にある唯一の資料が、それ自身の特称的解釈にぴったり適合する情報を提供することも珍しくはない。したがって、事実についてのわれわれの特称的解釈のほとんどは、もともとの事実選択で使用された解釈と合致せざるをえないという意味で循環的になる。しかし、もしそのような資料に対して、いままでの資料解釈とは根本的に異なる解釈を与えることができれば（たとえば、プラトンの著作に対するわたくしの解釈がそうであるように）、その解釈は、科学的な仮説とある種の類似性をもつだろう。しかし、思い出されねばならないが、ある解釈がやすやすと適用できるということ、またそれが知られているすべてを説明するという事実は、その解釈を支持するにはきわめて疑わしい論証であるということである。なぜなら、反証例を探し出せてはじめて、理論をテストできるからである。（このような事情は、さまざまな〔動機などをさらけ出してやるという〕〈暴露哲学〉の崇拝者、とくに心理分析者、社会分析者、歴史分析者などによって、ほとんどつねに見落とされてきた。かれらはしばしば、理論適用の安易さに抵抗できないのだ。）

わたくしは、さきに、諸解釈は両立しえないと述べたが、観点の結晶化として理解するかぎり、そうではない。だからたとえば、人間は（開かれた社会とかべつの目標に向かって）たえず進歩しているという解釈は、人間はたえず退歩したり後退したりしているという解釈とは相容れない。しかし、人類の歴史を進歩の歴史と見ている歴史家の観点は、必ずしも、そこには時として退行もあるという見解と相容れないわけではない。

つまり、自由に向かう人間の進歩の歴史(これには、たとえば奴隷制との闘争の歴史が含まれる)もあれば、他方で、(たとえば白人と有色人種の衝突のような出来事について語られる)人間の退歩と抑圧の歴史もある。どちらの歴史も書くことができるし、それら二つの歴史叙述は必ずしも相矛盾するわけではない。二つの異なる点から見たおなじ風景の二つの光景が相互に補完し合うように、それら二つの解釈がお互いを補完することは十分にありうることである。このような考え方はきわめて重要である。なぜなら、それぞれの世代にはそれぞれの困難や問題があり、そこからして固有の関心や観点をもつわけだから、それぞれの世代には、先行する世代の解釈を補完しながら、歴史をみずからの流儀で見、あらたに解釈する権利をもつわけである。結局のところ、われわれが歴史を学ぶのは歴史に関心があるからであり、(9)おそらくわれわれ自身の問題についてなにごとかを学びたいからであろう。しかし、客観性という適用できない考えに幻惑されて、自分たちの観点から歴史の問題を叙述することを躊躇してしまうなら、歴史はどちらの目的にも役立たなくなる。そして、観点を意識的かつ批判的に問題に適用するとき、われわれの観点が、素朴にも自分では解釈しておらず、過去を事実としてあったがままに述べるだけの客観性を達成したと信じこんでいる歴史家の観点に劣ってしまうなどと考えるべきではないのである。(とすれば、本書に見られるようなあからさまに個人的な発言であっても、正当性をもちうるし、歴史の方法に適うであろう。）大事なことは、自分の観点を知り、批判的であること、つまり、事実の叙述にあたって、無意識の、したがって無批判的な偏りを可能なかぎり避けることである。いずれにしても、解釈は、それ自身のためのものであらねばならない。解釈は、歴史の諸事実に光を当てる豊穣性、能力、そしてまた、日常の問題に光を当てるアクチュアルな関心や能力において貢献するのである。

要約しておこう。事実としてあったとおりの過去の歴史というものは存在しえない。存在するのは歴史の解釈でしかありえないし、そしてそのいずれにしても最終的ではないのであり、各世代は独自の解釈を形成する権利をもつ。しかし、それは権利であるばかりでなく、ほとんど義務でもある。というのも、ここには満たされるべき緊急の欲求があるからである。われわれは、自分たちの困難が過去とどのように関連しているのかを知りたいだけではなく、そうした知識を緊急に必要としている。そしてわれわれは、自分たちが感じ選んだ主要な課題を解決するための道筋を見たいと思っている。この欲求が合理的かつ批判的に満たされないとき、ヒストリシズム的な解釈が生み出されてくる。この欲求に押されて、ヒストリシストは、〈われわれはなにを自分たちにとってもっとも緊急な問題と見なすべきか、それはどのようにして生じ、どのようにして解決されうるのか〉という合理的な問いを、つぎのような非合理で、あきらかに事実的である問い、つまり〈われわれはどの道を進んでいるのか。われわれの時代は、どのような方向や傾向をたどっているのか。歴史がわれわれに果たすべく定めた本質的な役割はなにか〉という問いにおき換えているのだ。

ところで、ヒストリシストに対して、かれらなりの流儀で歴史を解釈する権利を否定してもよいのであろうか。誰にでもそのような権利があると言ったのはわたくしではなかったのか。答えは、ヒストリシストの解釈は特殊な解釈だということである。必要でもあり正当化されてもいる解釈や、われわれが受け入れざるをえないあれこれの解釈は、さきに述べたように、サーチライトにたとえることができる。われわれは、そうしたサーチライトの光を過去に投げかけ、その反射で現在を照らし出すことを望んでいる。ところが、それとは反対に、ヒストリシズム的解釈は、自分自身に向けられた光に似ている。それは、不可能とは言わないにしても、周囲を見ることを困難にし、行動を麻痺させる。この比喩を翻訳するとつぎのようになる。ヒストリシストは、歴史の事実を選択し、秩序づけているのはわれわれであることを認識していないのであり、〈歴史そのもの〉、つまり〈人類の歴史〉は、その固有の法則によって、われわれやわれわれの問題、われわれの未来、そしてわれわれの観点さえも規定していると信じているのだ。歴史解釈が、当面する現実的な問題や決定から生じてくる必要に応えねばならないことをヒストリシストは認識していないのであり、歴史の解釈への欲求のうちには、歴史を考察すれば人間の運命の本質をあらわにする秘密がえられるという深遠なる直感が表現されていると信じているのだ。ヒストリシズムは、人類がたどるべく定められている運命の道を探索する。それは(J・マクマレーが言うように)歴史をとく鍵、あるいは歴史の意味を発見しようとしている。

第四節

しかし、そのような鍵があるのだろうか。世界史に意味があるのだろうか。

ここでは〈意味〉という語の意味の問題にかかわろうとは思わない。ほとんどの人は〈歴史の意味〉や〈人生の意味〉が語られるとき、なにが意味されているのかを十分明確に理解していると思う[10]。そして、その意味で、つまり歴史の意味への問いがふつうに出されるときの意味で、わたくしは、世界史には意味がないと答える。

こう考える理由を述べるためには、まず、歴史の意味についての問いがたてられるとき、考えられている〈歴史〉はどのようなものなのかを述べておく必要があるだろう。これまで、〈歴史〉についてこれ以上の説明は必要ないかのように語ってきた。だが、もはやそうすることはできない。というのは、はっきりさせておきたいのだが、多くの人が、語っている意味での歴史は端的に言って存在しないからである。そして少なくともそれが、歴史には意味がないという理由のひとつでもある。

多くの人はどのようにして〈歴史〉ということばを使うようになったのであろうか。（ここでわたくしの言っている〈歴史〉とは、ある本が〈ヨーロッパの歴史〉そのものであるという意味ではなく、〈ヨーロッパの歴史にかんする〉本であるという意味での歴史のことである。）かれらはそれを学校とか大学で学ぶ。かれらは、それについての本を読むことで学習する。〈世界史〉とか〈人類史〉といったタイトルの書物で論じられていることを知って、歴史のなかに多かれ少なかれ一定の事実系列を見ることに慣れていく。かれらは、そうした事実系列が、人類の歴史を形成すると信じるにいたるのである。

しかし、すでに見たように、事実の領域は無限に豊かであり、したがって選択がなされざるをえない。われわれの関心に応じて、たとえば、芸術の歴史についてとか、あるいは言語の歴史についてとか、または食習慣の歴史について、さらには（たとえば、ハンス・ジンサーがその著『ネズミ・シラミ・文明』でおこなったように）腸チフスの歴史について書くこともできよう。たしかに、こうした叙述のどれひとつをとっても人類の歴史ではない（それらすべてを一緒にしたところでそうではない）。人類の歴史ということが語られるとき、そこで考えられているのはむしろエジプト、バビロニア、ペルシア、マケドニア、ローマ帝国などから現代に至るまでの歴史である。言い換えれば、人類の歴史が語られるといっても、考えられていることは、そして学校で学ばれたことは、政治権力の歴史なのである。

じっさいには、人類の歴史といったものは存在しない。あるのは、人間の生活のあらゆる側面にかかわる無数の歴史のみである。政治権力の歴史はそのひとつにすぎない。それが世界史の地位にまで高められている。しかし、これは人類を道徳的観点から捉える考え方すべてに対する侮辱である。それは、横領や略奪や毒殺の歴史を人類の歴史にしようとすることとほとんど変わりがない。なぜなら、権力政治の歴史は、国内および国際犯罪や大量虐殺（それを抑えようとする試みをふくめて）の歴史以外のなにものでもないからである。こうした歴史が学校で教えられており、何人かの最大級の犯罪者が英雄として讃えられているのだ。

しかし、人類の具体的な歴史という意味での普遍的な歴史はほんとうに存在しないのだろうか。そのような歴史は存在しえない。これが、すべての人道主義的立場に立つ者、とりわけすべてのキリスト者の返答でなければならない。人類の具体的な歴史は、あったとしたら、すべての人についての歴史であらねばならないだろう。それは、すべての人の希望、闘争、苦悩の歴史であらねばならないだろう。なぜなら、誰か他の人よりも重要な人などいないからである。そうした具体的な歴史を書くことはできないだろう。抜き出すことが必要だし、無視することも選択することも必要だろう。だが、それゆえにこそ多くの歴史に到達するのだ。そのなかに、人類の歴史として、〈世界史〉として讃えられてきた、国際的犯罪や大量虐殺の歴史もある。

では、たとえば宗教の歴史や詩の歴史ではなく、なぜ権力の歴史が選ばれたのか。それにはさまざまな理由があるだろう。ひとつの理由は、権力はわれわれ全員に影響を与えるが、詩はわれわれのごく一部にしか影響を与えないということである。他は、人間には権力崇拝の傾向があるということだ。しかし、権力崇拝が人類のもっとも邪悪な偶像崇拝のひとつであり、人間が隷属していたことの名残であることに疑いの余地はない。権力崇拝は恐怖から、つまり軽蔑されてしかるべき感情から生まれる。権力政治が〈歴史〉の核心にまで高められた第三の理由は、権力者が崇拝されることを望み、その願望を叶える手段をもっているという事実にある。多くの歴史家は、皇帝、将軍、独裁者に指図されて、またその監督のもとで執筆したのだ。

こうした見解を述べると、キリスト教の擁護者を含めて多くの人びとから強烈な反対を受けるであろう。それは承知のうえである。というのも、神は歴史のなかで自分自身をあらわにするという見解は、新約聖書中にはこの教義を支える文章はほとんど見当たらないにもかかわらず、しばしばキリスト教の教義の一部と見なされているからである。おなじことは、歴史には意味があるし、その意味とは神の目的であるという見解についても言える。したがってヒストリシズムは、宗教の不可欠の要素と見なされている。しかし、こうした見解は、合理主義者や人道主義者の立場からばかりでなく、キリスト教の立場から見ても、まったくの偶像崇拝、迷信であると主張したい。

こうした有神論的なヒストリシズムの背後にはなにが潜んでいるのか。ヒストリシズムは、ヘーゲルとともに、歴史——政治史——を芝居のようなものとして、あるいはよく言って一種冗長なシェイクスピア劇として捉えている。そして観客は〈歴史上の偉人〉とか抽象的意味での人類をこの劇の主人公と考える。そしてかれらは、〈誰がこの作品を書いたのか〉と尋ね、〈神〉と言えば敬虔な答えを与えたことになると考えている。だが、これは誤りである。劇は神によって書かれたのではなく（かれらはこのことを知っているのだが）、将軍や独裁者の監督のもとで歴史学の教授たちによって書かれたのであるから、かれらの答えは純粋に神を汚すものなのである。

わたくしは、キリスト教の観点からの歴史解釈も、他のあらゆる観点からの解釈と同等に正当であることを否定しないが、自由や平等といった西洋の文化の目標や理想の多くがキリスト教の影響に負うていることは強調されてしかるべきだと思う。だが同時に、自由の歴史に対する唯一合理的で唯一キリスト教的な態度は、人生を打ち立てていく責任はわれわれにあるというのとおなじ意味で、自由の歴史に対する責任を担うのはわれわれにほかならないこと、裁き手になれるのはわれわれの良心だけであって、世俗的な成功ではないことを承認することであると思う。神は歴史のなかで自分自身とその裁きをあらわにするという教えは、世俗的な成功がわれわれの行動の究極の裁き手であり正当性の最終根拠であるという教えと区別がつかない。それは、歴史こそがわれわれを裁くという教義、すなわち、未来の権力が正義である、つまりわたくしが〈道徳的未来主義〉[11]と呼んでおいたものとおなじことに帰着する。神はふつうに〈歴史〉と呼ばれているもののなかで、つまり、国際的犯罪や大量虐殺の歴史のなかでみずからをあらわにするという主張は、まったくのところ神を汚すことであり、未来の支配者や大量虐殺者に裁きを求めるようなものである。人間が生きていくなかで真実に生じること――それが、そうした残酷でもあれば子供じみてもいる事件によってわれわれの心の琴線に触れるように届けられることなどほとんどない。忘れ去られた、無名の個人の生、かれの悲しみと喜び、かれの苦悩と死――それらが、すべての時代を通して人間の経験の真実の内容である。歴史がそれを物語ることができるならば、たしかにわたくしは、歴史のなかに神の仕業を見るというのは冒瀆であるなどとは言わないであろう。しかし、そのような歴史は存在しないし、存在しえない。そして存在する歴史、つまり、大なる者と力ある者についての歴史は、せいぜい浅薄な喜劇であり、現実の背後で権力者によって演じられる茶番(オペラブッファ)である。(それは、人間の争いの舞台裏に潜んでいるオリンポスの権力者についてホメロスの描く茶番にひとしい。)それは、権力や成功を神のごとく崇め奉るという最悪の本能のひとつが、われわれにこれが現実なのだとして提示するものなのだ。そして、人間が、作ったのではなく、この捏造した〈歴史〉のなかに、一部のキリスト教徒は神の仕業を見ようとする！　かれらは、その矮小な歴史解釈を神の御前に提出して、神の御心がなんであるかを理解し、知っているとさえ言うのだ！　神学者カール・バルトはその著『われ信ず』のなかでつぎのように述べている。「われわれは〈神〉と口にするとき、自分自身なにを言っているのかわかっていないのであり、神に触れてもいず捉えてもいないのであって、むしろ勝手に考えだし作り上げた神の像――〈霊〉であろうと〈自然〉であろうと、〈運命〉であろうと〈観念〉であろうと――を思い浮かべているにすぎない。この点を認めることから始めなければならない。(12)」(バルトが「歴史において神がみずからをあらわにするという新プロテスタント派の教義」を「キリストの任務への許されない侵害」と特徴づけるとき、それは、このような態度に即応している。）しかし、キリスト教の観点から見ると、こうした試みの根底にあるのは、たんなる傲慢さではなく、より正確に言えば、反キリスト教的な態度である。なぜなら、キリスト教は、この世での成功はものごとを決するわけではないと教えているからである。キリストは〈ポンティウス・ピラトゥスのもとで迫害されたのだ〉。再度バルトのことばを引用しよう。「ポンティウス・ピラトゥスはどのように「わたしは信じる」にかかわってくるのか。さしあたり答えはまったく単純ながら、日付を示すためである。」成功者としてのポンティウス・ピラトゥスは、その当時の歴史に刻まれた権力を代表する人物であるが、ここでは、当該の出来事がいつ起こったのかを示す指標という純粋に技術的な役割を果たしているにすぎない。ではそれは、いかなる出来事であったのか。それは、権力政治上の成功とはなんのかかわりもなかった。その出来事は、一人の人間の苦しみ以外のなにものでもなかった。バルトは、〈苦しむ〉ということばは、キリストの死のみにかかわるのではなく、キリストの生涯全体を指すものであると強調している。かれはこう述べている。「イエスは苦しんでいる。だから、かれは勝てない、かれは勝利しない、かれは成功しない……かれにはなにもない……まさに……磔にされたということ以外なにごとも成し遂げてはいない。民衆との関係や弟子との関係についてもおなじことが言えよう。[13]」バルトの著作からこうした引用をすることで示したいのは、歴史のなかでの成功を崇拝することは、わたくしの〈合理主義的〉あるいは〈人道主義的〉な観点ばかりではなく、キリスト教の精神とも相容れないように思われるということである。強力なローマの征服者の歴史的行為ではなく、（セーレン・キルケゴールのことばを使うなら）「少数の漁師が世界にもたらしたもの[14]」が、キリスト教にとっては決定的に重要なのである。しかし、あらゆる有神論的歴史解釈は、顕著に示されていることなのだが、歴史のなかに、つまり、権力と歴史的成功の歴史のなかに、神の意志のあらわれを見ようとしているのだ。

このように〈歴史のなかで神が顕現する〉という教義を攻撃すると、おそらくつぎのように反論されることだろう。地上におけるキリストの失敗した人生が最終的に最大の精神的勝利として人類に知らされたのは、なんといっても成功、キリストの死後の成功であったし、また、キリストの生を証したて、正当化したのはかれの教義の成果であり、「最後尾の者が先頭を行く者になり、先頭を行く者が最後尾の者になる」という予言を首肯させたのもまた成功であったのではないか、と。換言すれば、神がみずからの意志をあらわにしたのは、キリスト教教会の歴史上の成功をつうじてであった、と。しかし、これはもっとも危険な擁護の仕方である。そこでは暗黙のうちに、教会の世俗的な成功がキリスト教を支持する論拠になると見られているわけだが、これは信仰の欠如を示すものである。初期のキリスト者たちにとっては、この種の世俗からの励ましなどなかった。（かれらは、良心が権力を裁くのであって、権力が良心を裁くのではないと信じていた。[15]）キリスト教教義の成功の歴史が神の意志をあらわにすると主張する人びとは、その成功がほんとうにキリスト教精神の成功であったのかどうか、また、教会が勝利したときよりも迫害されていたときの方が、この精神は勝利していたのではないかと自問すべきである。この精神をより純粋なかたちで体現しているのはどちらの教会なのか、殉教者の教会か、それとも異端審問をする勝ち誇った教会なのか。

こうした点すべてを承認し、キリストのメッセージは事実として柔和な人びとに向けられていたのだと主張するのだが、そのメッセージはヒストリシズムのメッセージなのだと考える思想家が多数存在するように思われる。こうした見解のきわだった主張者はジョン・マクマレーである。かれはその著『歴史への手がかり』のなかで、キリスト教の教義の本質は歴史予言にあると見、この教義の創始者こそ〈人間本性〉の弁証法的法則の発見者であると考えている。マクマレーは、この法則によれば、政治の歴史は必然的に〈社会主義的な世俗的共同体〉をみちびかざるをえないと主張する。「人間本性の根本法則を破ることはできない。……柔和なる者が地を相続するであろう。[16]」しかし、希望に代えて確実性をおくこのヒストリシズムは、道徳的未来主義につながるにちがいない。〈法則を破ることはできないのである〉。したがって、心理的な理由からしてつぎのように確信できるとされる。われわれがなにをなそうとも同一の結果が生じるのであり、ファシズムでさえ最後にはその社会主義的な世俗的共同体をみちびかざるをえないのであり、したがって、最終的な結果はわれわれの道徳的な決定に依存しないのであるから、われわれ自身の道徳的責任について頭を悩ます必要はない、と。科学的な理由から〈先頭を行く者が最後尾の者になり、最後尾の者が先頭を行く者になる〉と確信できると言われるなら、良心を歴史予言でおき換えたこととどこが違うのか。この理論は〈著者の意図に反して〉危険なほどにつぎのような勧告に近づくのではないか。〈蛇のように賢くなれ、そしてキリスト教の創始者が語ったことを心に留めておけ。なぜなら、かれは人間本性についての偉大な心理学者であり歴史の偉大な予言者なのだから。適切な時に柔和なる者の隊列に加われ。なぜなら、人間本性の呵責なき科学的法則によれば、それこそが躍り出るもっとも確実な方法であるから!〉このようなシニカルな歴史解釈は、成功崇拝を含んでおり、その意味するところは、柔和なる者は勝利者や戦勝者の側にいるので正当だということである。こうした解釈は、マルクス主義を人間本性の心理学や宗教的予言のことばに翻訳したものであろう。それは、キリスト教の創始者がヘーゲルの

――おそらくより卓越した――先駆者であるという事実のうちにキリスト教の最大の功績を見る解釈なのである。

わたくしは、成功を崇拝すべきではない、成功はわれわれの裁き手たりえない、成功に幻惑されてはならないと主張した。そしてとりわけ、こうした態度をとることで、自分が思うところの真のキリスト教に即応していることを示したつもりである。だが、そのときわたくしは誤解されてはならない。こうした注釈を述べたのは、非世俗的な態度を擁護しようとしてのことではない[17]。わたくしは、キリスト教が〈現世的でない〉のかどうかを知らないが、ひとつだけたしかなことがある。キリスト教は、自分たちの信仰を示すことのできる唯一の方法は、苦しんでいる人や困窮している人に実際的な(世俗的な)援助をさしのべることである、と説いているということだ。そして、権力、名声、富という意味での世俗的な成功を極端に控え、それどころか軽蔑さえするという態度に、この世で最善を尽くし、受け入れると決めた人間的な目標を明確な意図をもって――歴史が正当化してくれるだろうからではなく、それらの目標そのもののために――成功させるべく推進する試みを結びつけるのは可能だということである。

キルケゴールがヘーゲルにくわえた批判のなかには、こうした見解のいくつか、とりわけ、ヒストリシズムとキリスト教とは両立しないとする考えを力強く支持するものが見出される。キルケゴールは、自分を育てたヘーゲル主義の伝統から完全に解放されていたわけではなかったが[18]、ヘーゲル的ヒストリシズムがじっさいにはなにを意味するのかを誰にもまして明確に理解していた。キルケゴールはつぎのように書いている。「ヘーゲル以前に歴史を説明しようとした哲学者はいた。そして、そのような試みを見るたびに、神の御心には実のところ微笑が浮かんだ。とはいえ、人間としての正直なきまじめさがあったので、神が高笑いすることはおそらくなかったであろう。しかし、ヘーゲルときたことには――ギリシアふうに考えさせていただきたい――神々はどれほど体を揺すって笑ったことか！　ものごとすべての必然性をことごとく理解し、どんなことでもべらべらと唱えられるというおぞましい教授。おぉ、神々よ、なんたることか。[19]+」そして、キルケゴールは、無神論者ショーペンハウアー[20]がキリスト教の弁護者ヘーゲルに加えた攻撃を示して、こうつづけている。「ショーペンハウアーを読むことは言い表せないほど楽しかった。かれの言っていることはまったく真であり、また、ドイツ人には許そうと思うのだが、ドイツ人のみがそうであるように遠慮がない。」しかし、キルケゴール自身の表現は、ショーペンハウアーの表現に劣らず遠慮がない。というのも、かれはヘーゲル主義の特徴をつぎのように描いているからである。「あらゆるやりたい放題のなかでも、精神をとめどなく腐敗させることはもっとも嫌悪すべきものである。」

そして、個人は「精神の淫らさ、馬鹿げた無思慮さ」に溶けていく者だからとして「尊大さというカビ」について語っている。

じっさい――われわれの知的教育も、道徳教育も腐敗している。それは才気煥発さを称賛するのだが、まさにそれによって堕落している。つまり、語られたこと（およびなされたこと）を批判的に考察する代わりに、ものごとが語られる仕方を称賛するだけなのであるから。それは、われわれ全員が役者である歴史の舞台で、壮麗さを示すというロマンチックな観念をつうじて堕落している。どんな行動をするにしても観客の目を忘れないように教育されているのだ。

他者の重要性との関係のもとで、自分自身の重要性を健全に評価するためには教育はどうあったらよいのかという問題の全体が、こうした名声と運命の倫理学によって徹底的に混乱させられている。そしてそのような混乱をもたらしている倫理学を維持していこうとしている教育システムは世界史上の古典的大人物やかれらのロマンチックな権力思想に、また、ヘラクレイトス由来のロマンチックなホルデ〔群れ〕の道徳に足場をおいているのだ。問題の全体が、根本において権力崇拝にもとづく道徳に影響されて混乱している。個人主義と博愛主義[21]との醒めた結合の代わりに――つまり、たとえば〈真に大切なのはもろもろの個人だが、だからといって自分こそがかけがえもなく大切だと結論するわけではない〉という立場の代わりに――エゴイズムと集団主義とのロマンチックな結合が当たり前とされているのだ。つまり、〈自己〉の意義、その情緒生活、〈自己表現〉、したがって、〈人格〉と集団とか集合体とのあいだの緊張がロマンチックなまでに誇張されている。このような集合体が、いまや他者、他人の場所に取って代わってしまい、合理的な人格的な関係を許容しないのである。〈支配せよ！――さもなければ、服従せよ。〉――この立場のスローガンは根本においてこう語っている。運命と格闘して、名声にあたいする偉人、つまり英雄になるか（ヘラクレイトスは「没落が大きければ大きいほど、名声もそれだけ大きい」と言っている）、さもなければ、〈大衆〉に属し、指揮に服し、集団のより高い大義に身を捧げよ、というのだ。自己と集団のあいだの緊張の意義をこうまで誇張することには、神経症的でヒステリックな要素がある。こうしたヒステリー、文明の重荷に対するこのような反応が、英雄崇拝の倫理、支配と服従の倫理のもつ強い感情的吸引力〔魅力〕の秘密であることに疑いはない。(22)

こうした問題の根底には、（第九章と第二四章で見たように）ほんとうの困難が控えている。政治家は、幸福といった積極的価値のために戦うべきではなく、悪との戦いに自己を限定すべきであることはかなり明白である。対するに、教師は原理的にべつの立場にいるということだ。たしかに教師は己の尺度である〈より高い〉価値を生徒に押しつけ、ようとすべきではない。しかし、かれはそうした価値への関心を搔き立てるようにすべきではある。教師は生徒の魂のために配慮すべきである。（ソクラテスは友人たちに、友の魂のために配慮しなさいと言ったとき、かれはじっさいにかれらのために配慮していたのである。）したがって、教育にはたしかにロマンチックな、あるいは美的な要素が存在する。それは、政治のなかにはいりこんではならない要素である。しかし、これは原理的にはただしいとはいえ、われわれの教育システムには適用し難い。なぜなら、それは、第二四章で強調しておいたように、教師と生徒のあいだの友情関係を前提としているからである。その関係のもとでは、両者のいずれにとっても、関係を継続するか、終了するかは自由であらねばならない。（ソクラテスは仲間を選び、仲間たちはかれを選んだ。）たしかに、われわれの学校では生徒数の多さが、これを不可能とはいわないにしても、難しくしている。したがって、ここでは、より高い価値観を伝えていこうとする組織的な試みは、すべて失敗するばかりでなく、強調しておかねばならないが、害をおよぼす——それらは、達成しようとした理想よりも、より具体的で公共的なものを害するに至る。そして、なによりも預かった者をだれであれ傷つけてはならないという原則は、医学とおなじように教育においても根本となるべきことである。〈危害をくわえてはいけない！〉（したがって、〈若者たちに、われわれから独立し、自分自身で選択できるようにするために、かれらが緊急に必要としているものを与えよ！〉）これは、われわれの教育システムにとって最高度に価値のある目標であろう。これは、控えめなものとして聞こえるだろうが、達成するには遠大な道のりのある目標である。その代わりに、〈人格のまったき発展〉といったいわゆる〈高い〉目標は、ファッションであり、典型的にロマンチックな目標であり、現実には無意味な目標である。

ロマン主義に影響されているのだ。そうしたロマンチックな考えは、すでにプラトンにおいて見たように、いつでも、個人主義はエゴイズムとおなじであり、博愛主義は集団主義とおなじだとする考えをみちびく。（つまり、個人のエゴイズムが集団のエゴイズムで代替される。）しかし、これでは、主要な問題――他者の重要性との関連で、いかにして自分自身の人格の重要性を健全に評価するかという問題――の明確な定式化への道が閉ざされてしまう。われわれはただしくも、前途の目標、つまり献身し、犠牲を払うことができる目標を選択しなければならないと感じているので、それを満たす〈歴史的使命〉をもった集団こそが目標でなければならないと結論してしまう。身を犠牲にしなければならないと語られ、また同時に、それをすることで卓越した行為をしたのだとこころの底から思いこむ。犠牲を払わなければならない――だが、名声と名誉をえるであろう、と言われる。〈主役〉となって、歴史の舞台で英雄となり、小さな賭け金で大きな見返りをえられるというのである。だが、これは、ほんとうに重要なのはごく少数の者だけで、国民のことなど誰も気にかけていなかった時代のいかがわしい道徳である。これは、政治の、また知性の貴族として、歴史の教科書に載せられる機会をもった人たちの道徳である。しかし、それは決して、正義と平等のために働く人びとの道徳ではない。なぜなら、歴史的名声はまっとうなものではありえないし、ごく少数の人びとのみが獲得しうるにすぎないからである。おなじように価値のある人、あるいはそれ以上に価値のあるじつに多くの人びとがいつでも忘れ去られたままであろう。

ヘラクレイトスの倫理学は、後世の人びとだけがより高い報酬を提供できるという教えであった。これは、いますぐの報酬を探し求めろという教えよりも、少しはまともであると言えるかもしれない。だが、それはわれわれが必要とするものではない。われわれが必要とする倫理は、成功と報酬を拒否する倫理である。そして、そのような倫理は発明される必要はないものである。それは新しいものではない。それは、少なくともキリスト教がその初期に教えていた。それはふたたびわれわれの時代の産業や科学にもとづく協働によって教えられている。幸いなことにロマンチックなヒストリシズム的名声の道徳は衰退しつつあるように見える。無名戦士たちがそれを示している。犠牲は匿名でなされたときに、それ相応のもの、あるいはそれ以上の価値をもつことが気づかれ始めている。われわれの道徳教育は、こうした洞察にしたがわなければならない。われわれは、名声をえるとか、恥辱を避けるためではなく、この仕事をし、この仕事のために犠牲を払うことを学ばなければならない。(われわれはみな、励まし、希望、報い、さらには叱責を必要としているが、それはまったく別問題である。)われわれは、歴史叙述によって作り出された意味においてではなく、自分たちの仕事、自分たちでおこなっていることにおいて正当化を見出さなければならない。

歴史に意味はない。これがわたくしの主張である。だが、こう主張したからといって、なにもなしえないとか、政治権力の歴史を恐怖の念をもって受け入れざるをえないとか、あるいは残酷なジョークとして受け入れざるをえない、ということにはならない。なぜなら、われわれは、自分たち自身の時代に解決しようとする権力政治の問題を視野に入れて、歴史を解釈することができるからである。われわれは、開かれた社会へ向けての、理性の支配へ向けての、正義、自由、平等へ向けての、国際犯罪の取締りへ向けての闘争という観点から、権力政治の歴史を解釈することができる。歴史には目標がないとはいえ、目標を課すことはできる。また、歴史には意味がないとはいえ、意味を与えることができる。

ここでふたたび出会っているのは、自然と協定の問題である。(23) 自然も歴史もわれわれになにをすべきかを告げることはできない。事実は、自然の事実であれ歴史の事実であれ、われわれに代わって決定を下すことはできないし、選択されるべき目標を規定することもできない。自然や歴史に目的や意味を導入するのはわれわれである。人間は平等ではないが、平等な権利のために戦うべきだと決定することができる。国家といった人間のつくった制度は合理的ではないが、より合理的にするために戦うと決定することはできる。われわれ自身も、またわれわれの通常のことばも、理性的というよりも全体としておおはばに感情的なものである。だが、少しでも合理的にしようと試みることはできる。言語を(われわれのロマン主義的教育理論家なら言うかもしれないが)自己表現の手段としてではなく、合理的な理解のための手段として使うように自分自身を訓練することはできる。[24] 歴史そのもの——もちろん、ここで言及しているのは権力政治の歴史であって、人類の発展という存在しない歴史のことではない——には、目標も意味もない。だが、われわれは目標と意味を与えようと決定することはできる。われわれは歴史を、開かれた社会を支持しその敵に反対する闘いとすることができるし、それに応じて歴史を解釈することができる。最終的には、〈生きる意味〉についてもおなじことが言えるだろう。生の目的をどうすべきかを決定し、自分の目標を決めるのは自分自身である。[25]
わたくしは、この事実と決定の二元論を根本的なものと考えている。[26] 事実そのものにはなんの意味もなく、それは、われわれの決定によってのみ意味をもちうるのである。ヒストリシズムは、この二元論を乗り越えようとする多くの試みのうちのひとつにすぎない。それは、恐怖から生まれた。というのも、それは、自分が選んだ倫理上の規準にほんとうに責任を負うのは自分自身であるという洞察をまえにして尻込みしているからである。しかし、そのような恐怖から生まれた試みは、ふつうにはまさに迷信と呼ばれるものだろう。というのも、それは、種をまかなかったところで刈り取りができると思い込んでいるからだ。それは、歴史とともに歩んでいけばすべてがうまくいくし、いくにちがいないと、換言すれば、根本的な決定をみずから下す必要はない、と説得しようとする。またそれは、責任を歴史に、したがって、われわれをはるかに凌駕した悪魔的諸力の戯れに転嫁しようとする。それは、われわれの行為を、それら諸力の隠された意図のうえに、神秘的な霊感や直感のなかでのみ明かされるもくろみのうえに基礎づけようとする。またそれは、星占いや夢に触発されて、宝くじで自分のラッキーナンバーを選ぶ人の道徳的水準とおなじところにわれわれとわれわれの行動をおく。(27)+ ギャンブルとおなじように、ヒストリシズムは自分の行動の合理性や責任への絶望から生まれた。それは、退化した希望、退化した信仰であり、道徳的な熱狂と成功の蔑視に基礎をおく希望と信仰を、擬似科学由来の確信でおき換えようとする試みである。確信を与えてくれるものなら、星占いの擬似科学であろうと、〈人間本性〉とかわれわれの歴史的な運命についての擬似科学であろうと、なんでもよいのである。

ヒストリシズムは、合理的に支持できないばかりでなく、良心に訴えるあらゆる宗教と矛盾する、と主張しておきたい。というのも、良心に訴える宗教は、歴史に対する合理主義的な立場と一致するからである。そうした宗教は自分たちの行動に対して、またそうした行動が歴史の流れにおよぼす反作用に対して、無限の責任があることを強調するからである。まことにわれわれは、希望を必要とする。希望なしに行動し、生きることは、われわれの力を超えている。しかし、われわれはそれ以上のものを必要とはしないし、期待してもならない。われわれは確実性を必要とはしない。とくに宗教は、夢や願望充足の代用品であってはならない。それは、宝くじ券を所有するとか、保険会社との契約書をもつこととおなじと見なされてはならない。宗教におけるヒストリシズムは、偶像崇拝や迷信の要素である。

このように事実と決定の二元論を強調するなら、それによって〈進歩〉のような観念への立場も規定されることになろう。歴史は進歩するとか、あるいは必然的に進歩すると信じるとしたら、歴史には意味があり、その意味は歴史のなかに発見されるのであって、歴史に与える必要はないと考えている人とおなじ過ちを犯している。なぜなら、〈進歩〉

とは、一定の目標に向かって、すなわち、人間としてのわれわれがもつ目標に向かって、進んでいくことだからである。〈歴史〉がそれをなしうるわけではないのであって、それをなすのは、人間としての個人のみである。そうしうるのは、自由とそれに伴う進歩が依存する民主的諸制度を擁護し、強化することによってのみである。進歩はわれわれにかかっているのであり、われわれの警戒心、努力、目標の明確な把握、そして決定にさいしてのリアリズム(28)に依存している。この事実がよりよく理解されるにつれて、われわれは多くのことをよりよく成し遂げることができるだろう。

予言者を装うのではなく、みずからの運命の創造者にならねばならない。自分たちの課題をなしうるかぎりよく果たすことを学ばねばならないし、誤りを感じとり見つけ出すことにも努めなければならない。そしてひとたび、権力史がわれわれの裁き手であるという考えから抜け出すなら、つまり、歴史はわれわれを正当化するだろうかといった問題とは縁を切ることができるならば、いつかは権力をわれわれの統制下における日が来るかもしれない。そのようにして、われわれは歴史を正当化できるようになるかもしれない。歴史はそのような正当化を緊急に必要としている。

付録

I　事実、規準そして真理。相対主義へのさらなる批判

（一九六一年）

われわれの時代における哲学上の主たる病は、知的相対主義であり、道徳上の相対主義である（後者は少なくともその一部を前者に負うている）。相対主義――あるいは、懐疑主義といってもかまわないが――ということで、わたくしは、てみじかに言って、競合する理論間での選択は恣意的であってかまわないという理論を理解している。というのは、こうした理論によれば、客観的な真理といったものは存在しないとか、存在するとしても、真、あるいは（真でないとしたら）他の理論よりもいっそう真に近づいている理論といったものは存在しえないとか、あるいは、二つ、またはそれ以上の競合する理論が存在するとしても、それらのうちのひとつが他よりも優れているかどうかを決定する方途や手段はないということになるからである。(1)

この付録ではまず、真理への接近というわたくし自身の理論によっておそらく強化さ

れたと思われるアルフレッド・タルスキの真理論（索引でタルスキの項目も参照せよ）を服用するならば、この病の治療にかなりの貢献ができるという考えを述べたいと思う。そのさいには、他の著作[2]で述べておいた非権威主義的認識論といった治療薬も必要になるかもしれない。また本付録では、とりわけ、道徳や政治の分野での規準にかかわる状況は、ある意味で事実にかかわる状況と類似していることを（第一二節以下で）示したいと思っている。

第一節　真　理

相対主義を支える論証のうちのあるものは、〈真理とはなにか〉という問いには答えがないことを確信している尊大な懐疑主義者の口調で提起される問いから生じてくる。しかし、このピラトゥスの問いには、単純で合理的な方法で答えることができる。――主張、言明、文、信念は、それが事実と一致したときに、正確に真である[1]、と。

ところで、文が事実と一致するということで、なにが言われているのであろうか。この第二の問題は、懐疑主義者や相対主義者にとっては、第一の問題と同様に答えの出せない問題であろう。答えは、そう思われるほどむずかしくはないのであって、簡単に答えることができる。どんな裁判官でも、証人は(事実との一致という意味での)真理がなにを意味するかを知っていると見なしているということを思い出してみればよいのだ。じっさい、答えは些末といっていい。

ある意味で――つまり、タルスキからここではつぎの点が問題になっているのだということを学んでしまえば――些末である。すなわち、われわれは、文と事実にかかわっているのであり、そして文と事実のあいだに成立する一致の関係を語っているのだということ、それゆえ、第二の問題についてのわれわれの解決策は、文と事実に、またそれらのあいだに成立するなんらかの関係にかかわるか、あるいはそれらについて語らざるをえないということである。つぎのような例を考えてみよう。

〈シュミットは午前一〇時一五分直後に質屋に入った〉という文は、シュミットが午前一〇時一五分直後に質屋に入ったとき、そのときに正確に事実と一致する。

この傍点を付されたパラグラフを読んで、まず気づくのはその些末さであろう。しかし、その些末さを離れてあらためてもうすこしくわしく見てみると、(1)文への言及があること、(2)事実への言及があること、したがってそれは、(3)言及された文が言及された事実に一致していると言えるとき、正確にそのときに成立するきわめて明白な条件を確定していることがわかる。

この傍点を付されたパラグラフは、なにかしら興味深いことを含むにはあまりにも些末であまりにも単純すぎると考える人には、わたくしがすでに触れた事実、すなわち、誰もが（思弁をめぐらすことは許されていないというかぎりで）真理とか事実との一致がなにを意味するのかを知っているのだということを思い出してもらいたい。

この傍点を付されたパラグラフで表現されている考えがただしいことは、つぎの第二の傍点を付されたパラグラフによって明白になろう。

証人が語った〈シュミットは午前一〇時一五分直後に質屋に入った〉という主張は、シュミットが午前一〇時一五分直後に質屋に入ったとき、正確にそのときに真である。

この第二の傍点を付されたパラグラフも、またしてもきわめて些末である。にもかかわらず、それは、〈真である〉という述語を証人によって発せられたあらゆる文に適用するための条件を完全に定式化している。

このパラグラフは、つぎのように定式化した方がいいだろうと考える人も多いかもしれない。

証人がおこなった〈わたくしは、シュミットが午前一〇時一五分直後に質屋に入ったのを見た〉という言明は、証人が、シュミットが午前一〇時一五分直後に質屋に入ったのを見たとき、そして正確にそのときに真である。

この第三の傍点を付されたパラグラフを第二のパラグラフと比較すると、第二のパラグラフはシュミットとかれがしたことについての主張が真であるための条件を述べているが、第三のパラグラフは証人とその者がしたこと(見たこと)についての主張が真であるための条件を述べていることがわかる。しかし、二つのパラグラフの違いはここだけである。どちらのパラグラフも言及されている二つの異なった文が真であるための完全な条件を定式化している。

目撃者は自分がほんとうに見たものの主張にとどまるべきであるというのは、証言供述のルールに属する。この規則を遵守することで、裁判官はしばしば真実の供述と虚偽の供述とを区別しやすくなる。このように、真理を求め、見出すという観点からものごとを考察すれば、第三の傍点を付されたパラグラフは第二のパラグラフよりも優れていると言えるかもしれない。

しかし、われわれの現在の課題にとっては、事実問題としての真理の探求や事実問題としての真理の発見の問題(認識論的または方法論的な問題)と、われわれが真理とか事実との一致について語るときになにを意味しているのか、なにを言おうとしているのかという問題(真理の論理的または存在論的な問題)とを混同しないことが絶対的に必要である。後者の観点からすると、第三の傍点を付されたパラグラフは、第二の傍点を付されたパラグラフにくらべてなんら優位性はもっていない。どちらも言及する二つの異なる文が真であるための条件を完全に定式化している。

したがって、二つのパラグラフのそれぞれは、特定の文が真であるための条件を示すことで間接的であるとはいえ、「真理とはなにか」という問いにまったくおなじように答えている。そして、おのおのは、それぞれに異なった文が真であるための条件を示している。

第二節　判定規準

真理〔真であること〕とはなにを意味するのか——どのような条件下で文は真と呼ばれるのか——を理解することは、それはそれでひとつのことであり、それに対して、ある文が真か偽かを決定する手段——決定のための判定規準——をもつことは、それはそれでまったくべつなことである。一方は他方から明確に区別されなければならない。この点を理解することが重要である。

この区別はきわめて一般的であり、これから見るように、相対主義を評価する上でたいへん重要である。

たとえば、〈よい肉〉と〈悪くなった肉〉がなにを意味するのかはわかっていても、少なくとも目の前にある肉が〈よい肉〉なのか〈悪くなった肉〉なのか、どうやって判断すればよいのかわからないばあいがある。これは、よい肉の〈良さ〉の判定規準がないと言うときに意味されていることである。まったく同様に、どんな医師も〈結核〉が意味するところを多かれ少なかれ正確に知っているが、それを明確に認識できるとはかぎらない。そして、こんにちでは、他の手段とともにほとんど決定的であると言ってよいさまざまな検査方法——判定規準——があるとはいえ、六〇年前には、医師にはたしかにそのような優れた検査方法も判定規準もなかった。だが当時にあっても、医師は肺結核について語るときなにを意味しているのか——ある種の微生物による肺の感染症——を十分に知っていたのである。

ある判定規準——一義的な決定方法——があれば、すべてをより明確に、より具体的に、より正確にできるであろう。したがって、正確さを求める多くの人たちが判定規準を要求したのも納得がいく。それを入手できるならば、かれらの要求は合理的である。

しかし、ある人が結核に罹患しているかどうかを決定する判定規準が所有される以前においては〈Xは結核に罹患している〉という文は無意味であるとか、肉がよいか悪くなっているかを決定する判定規準が所有される以前においては一片の肉が悪くなっているかどうかを考えることには意味がないとか、信頼できるウソ発見器が所有される以前においては、Xは意識的にウソを言ったとか、ウソをついた〈可能性〉さえを考慮すべきでない――そもそも、〔ウソ発見器がないので〕そうした可能性はないわけだから――とか、無意味であると言ったとしたら、なにが意味されているのかわからないであろう。あるいは、真理の判定規準が所有される以前においては、ある文について真であると言ったところで、なにが意味されているのかはわからないだろう、と信じるとしたら、それは誤りである。

したがって、結核やウソや真理の判定規準――信頼できるテスト――がなければ、〈結核〉や〈ウソ〉や〈真〉ということばではおよそなにごとも意味しえないと主張する人たちは、たしかに間違っている。そうではなく、〈結核〉とか〈ウソ〉が意味しているところを――おそらく大まかにでも――最初に確定してからでなければ、結核やウソのテストは構築しえないということである。

結核の検査手続きが発展する過程で、あきらかにこの病気について多くの新しいことが学ばれた。その結果として、〈結核〉という語の意味は、新しい知識の影響のもとで変化したのであり、判定規準が確立された後では、もはやその意味をおなじくしない。すると、〈結核〉は、その判定規準で定義できるようになったと言う人もでてくるであろう。

だからといって、それ以前においてもなにごとかは意味されていた――もちろん、それについて知るところは少なかったわけであるが――という事実が変わるわけではない。また、判定規準や明確な定義がある病気は（あったとしても）ほとんどなく、したがって（あったとしても）信頼できる判定規準はほとんどないという事実が変わるわけでもない。（しかし、それらが信頼できないのであるならば、〈判定規準〉とは呼ぶべきではない。）

一ポンド紙幣が本物かどうかの証明に役立つ判定規準はないかもしれない。しかし、おなじ通し番号の一ポンド紙幣が二枚見つかったとしたら、たとえ判定規準がなくても、少なくとも一枚はニセ札であると主張できる十分な理由があるわけだ。そして、この主張は、真札の判定規準がないからといって意味がなくなるわけではない。

要約しておこう。語の意味を把握するためには、その語のただしい利用方法や用い方の判定規準をもっていなければならないと主張する理論は間違っている。実際上、そのような判定規準は存在しない。

第三節　判定規準の哲学

ここに述べたばかりの考え、つまり、結核であれ、ウソであれ、生命であれ、真理であれ、なにについて話しているのかを知るためには判定規準をもたなければならないという考えは、公然たると隠然たるとを問わず、多くの哲学の基礎となっている。このような哲学を〈判定規準の哲学〉と呼んでおきたい。

判定規準の哲学の根本的な要請を満たすことは一般的に言ってできないので、判定規準の哲学の採用は、多くのばあい、あきらかに幻滅を招くであろう。そして幻滅はしばしば相対主義や懐疑主義をみちびく。

かくも多くの人びとに〈真理とはなにか〉という問いに答えられないと感じさせているのは、真理の判定規準を求めよという要請ではないかと思われる。しかし、健康の判定規準がないからといって健康の概念が無意味になるわけではないのとおなじように、真理の判定規準がないからといって真理の概念が無意味になるわけではない。病気の人は、判定規準がなくても健康になろうと努力することができる。誤った人は、真理の判定規準がなくても、真理を求めて努力することができる。

そしてどちらのばあいにも、表現の意味をあまり気にすることなく、端的に健康や真理を求めて努力することができる。かれら(および他の人たち)も当座の目的にとって十分なことは理解しているのだ。

真理にかんするタルスキの仕事の直接的な成果は、つぎのような論理学の定理である。

真理の一般的な判定規準はありえない（ある種の貧しい種類の人工言語体系をのぞいて）。このような成果は簡単に証明でき、その証明には、事実との一致という意味での真理の概念が利用される。

ここには、興味深く、哲学的に非常に重要な成果がある。（それは、とりわけ権威主義的認識論[3]の問題との関連で重要な成果である。）ところが、こうした成果は、判定規準のない概念――真理概念のばあいには――の助けを借りて証明されているのだ。判定規準が確立されるまで概念を真剣に受け止めてはならないという判定規準の哲学の不合理な要求は、それゆえ、偉大な哲学的意義をもった論理学的な成果の達成をあらゆる時代において妨げてきたのである。

（さらに以下のようなコメントも付けくわえておきたい。真理の一般的な判定規準が存在しえないという証明は、数論という狭い領域でさえ真であるが証明できない文が（しかも無限に多く）存在するというゲーデルの有名な証明からの些末な帰結としてえられるし、さらにそこからは、算術を無制限に使用する科学には真理の判定規準がないし、そうした科学が経験的な分野を包括しているばあいには、ますますもって判定規準などない、と結論できるということである。）

第四節　可謬主義

ここに示されているのは、懐疑主義や相対主義のいくつかの現代版がいまだに間違っているだけでなく、時代遅れでもあるということだ。それらは、表現〔語〕の意味と、そのただしい用い方を判定する規準との論理的な混同にもとづいている。この混同を解消するための手段は、約三〇年前から用意されているというのに。

懐疑主義も相対主義も真理の核を含んでいることは認めよう。その真なる核とは、まさに真理の一般的な判定規準は存在しないということである。しかしだからといって、競合する理論間の選択は恣意にまかされるという推論が正当化されるわけではない。それが意味しているのは、まったく単純なことながら、われわれの決定はいつでも間違いうるということ、われわれはしばしば真理を捉えるとはいえ、真理を捉え損なうということであり、確信はもちえず（そして、さまざまな箇所で、たとえば拙著『推測と反駁』の第一〇章で示したように、高い確率をもった知識といったものさえ存在しないのであり）、われわれは誤りうる〔fehlbar 可謬的である〕ということである。

誤りうるということは、よく知られているように、端的な真理以外のなにものでもない。人間が知恵を絞り努力するところで，可謬性を免れている分野はほとんどない。長いあいだ，十分に根拠があるとか，たしかであるとさえ思っていたことも，突然，まったくただしくなく（これは偽ということだが），修正が必要であることが判明する。

この点についてのとりわけ印象深い例は，重水と重水素（デューテリウム重水素は，一九三一年にハロルド・C・ユーリーによってはじめて分離された）の発見である。この発見以前においては，化学の分野では，水（H_2O）とそれを構成する化学元素の知識ほど，確実で確固たるものはなかった。そのうえ水は，実験的物理測定の基本単位のひとつである，〈絶対的〉メートル法体系における質量測定の単位としてのグラムの（〈操作的〉）定義にも使用されていた。強調しておきたいが，水についての知識は，他のすべての物理的測定のための堅固な基礎として使用できるほど安全であると考えられていたのだ。しかし，重水が発見されたあとでは，化学的に純粋な化合物と考えられていたものが，事実としては，化学的には区別がつかないが，物理的には，密度，沸点，凝固点――〈水〉は，これらすべてを定義する標準化された基礎として使用されていた――が，非常に異なる化合物の混合体であることがあきらかになったのである。

この歴史的な出来事は典型的であり，科学的知識のどの部分がいつ崩壊するかは予測しえないことがわかる。科学の確実性や科学の権威を信じることは，たんなるかくあって欲しいという思考にすぎない。科学は人間の営みだから、科学は誤りうるのである。

しかし、知識の可謬性――あるいは、知識のすべてが推測からなる知識であり、その一部はきわめて厳密にテストされた仮定からなるというテーゼ――によって、懐疑主義や相対主義を支持してはならない。われわれは誤りうるし、誤りからわれわれを救いうる真理の判定規準がないという事実から、理論間の選択は恣意にまかされるとか、合理性に欠けるといったことが帰結するわけではないし、ましてや、学ぶことも真理に接近することもできないとか、さらには知識が成長しえないとなるわけではない。

第五節　可謬主義と知識の進歩

ここでは、〈可謬主義〉という名称で、つぎのような考え、あるいは、事実を承認することを指したい。すなわち、われわれは誤りうるのであり、確実性を追求（あるいは高い確率を追求）するといったことさえ誤った努力である、と。だからといって、真理の追求が誤りであると言っているのではない。反対である。誤りの観念は、仕損じたことを示す標準（Standard）としての真理の観念を含んでいるのだ。〈可謬主義〉が語っているのは、真理は探求できるし、また見つけ出すこともできるが（非常に多くのばあいに見つけ出せたと思うが）、真理を見つけてしまったと全面的に確信することは決してできないということである。誤る可能性は、若干の論理的数学的証明のばあいには無視できるほどで小さいとはいえ、いつでも存在するのだ。

だが可謬主義は、決して懐疑主義的な、あるいは相対主義的な結論をひき出す誘因となるものではない。この点は、歴史上知られている人間の誤りやすさの例はすべて――既知の司法上の誤審例をふくめて――知識の進歩の例であることを考えてみれば、明白になるだろう。誤りの発見はすべて、知識の真の進歩を意味している。ロジェ・マルタン・デュ・ガールが『ジャン・バロワ』のなかで言っているように、「真理を見つけられないところがわかるならば、それには意義がある」ということなのだ。

重水の発見は、われわれが重大な誤りを犯していたことを示したが、それは知識における進歩であるだけでなく、他の進歩と結びついて、さらに多くの進歩をもたらした。われわれは、自分たちの失敗から学ぶことができる。

この根本的な洞察は、じっさいあらゆる認識論や方法論の基礎である。というのも、それはどのようにすればより体系的に進めるか、よりすみやかに学べるかの手がかりを与えてくれるからである。（それは、必ずしも技術にとって利益となるばかりではない。）真理を求める個々の探求者すべてにとって、どうすればよりすみやかに進歩しうるかという問題は喫緊の課題である。）その手がかりは、単純なことに、間違いや誤謬は発見されなければならないという事実のうちにある。換言すれば、自分たちの理論を批判――反駁――することを試みなければならないということである。

批判こそは、間違いや誤謬を発見し、そこから体系的に学ぶことに至る唯一の道であると言えよう。

第六節　真理への接近

こうした考察においては、知識の進歩――真理への接近――という観念が決定的に重要である。直感的には、この観念は、真理の観念そのものとおなじくらい明瞭である。文は事実と一致するとき真である。文は、他の文よりもよりよく事実に一致していれば、それら他の文よりもいっそう真理に接近している。

しかし、この考えは直感的には十分に明確であり、一般人や科学者からその正当性が問題にされることはほとんどないとはいえ、真理の考えと同様、一部の哲学者(最近ではたとえばウィラード・ヴァン・オーマン・クワイン(4))から不法なものであるとして攻撃された。したがって、ここでは、パウル・ヴァインガルトナーとゲルハルト・シュルツが、最近タルスキの結果(とわたくしのアイデア)を利用し、論理的に明確な手段を用いて、真理への接近という観念の定義を与えることに成功したと述べておきたい。したがって、真理への接近という概念や知識の進歩に懐疑的になる理由はほとんどない。そして、いつでも間違いうるとはいえ、われわれは多くのばあい(とくに二つの理論間での選別実験のばあい)に、事実として真理に接近したかどうかについてはかなり明白なイメージをもつことができる。

ある文aがべつの文bよりも真理に接近しているという考えは、すべての文は真か偽かのどちらかであり、第三の可能性は存在しないというもうひとつの観念と矛盾するものではないと明言しておきたい。より真理に接近しているという考えは、偽の文も、多くの真理を含んでいるという事実を考慮に入れているにすぎない。かりにわたくしが、〈いまは三時半だ。――三時三五分発の列車には間に合わない〉と言ったとしよう。そのとき(たとえば、三時三五分発の列車は四分遅れたので)三時三五分発の列車に乗り遅れなかったとしたら、この文は偽であったろう。しかし、わたくしのもとの文には依然として多くの真理――多くの真なる情報――が含まれている。そして、〈(たまに遅れはするが)三時三五分発の列車は遅れるはずはないとすればだね〉と付言して、その真理内容を増大させておくこともできていただろう。とはいえ、そうした付言は暗黙のうちに自明なこととして前提されており、ふつうは十二分に理解されているだろう。(わたくしが自分の文を発したとき、まだ三時二八分であって、三時三〇分ではなかったので、わたくしの文は偽であった可能性もある。しかし、そのときでも、この文は多くの真理を含んでいる。)

惑星の軌道をきわめて正確に記述するヨハネス・ケプラーの理論のようなものであっても、ケプラーの楕円からの逸脱が生じるため、偽の理論となるわけだが、それでも多くの真なる情報を含んでいると言えるだろう。そして、アイザック・ニュートンの理論は(ここでは偽であると仮定するとしても)、知られているかぎりで、ケプラーの理論をはるかに上回る、圧倒的に多くの真なる情報を含んでいる。したがって、ニュートンの理論はケプラーの理論よりもはるかによい接近になっている。つまり真理に近づいている。とはいえ、だからといってそれが真になるわけではない。それは、真理により近づいているかもしれないが、偽なる理論であるかもしれないのだ。

第七節　絶対主義

多くの人は、ただしいことではあるのだが、哲学上の絶対主義の考えには嫌悪を抱い

おなじく、なんらかの知識の情報源(知的直感や感覚的知覚など)を、権威として、あるいは真理を保証するものとして、または真理の判定規準として、導入することだからである。

第九節　批判的方法は可能か

しかし、どんな知識の情報源にも現実にはなんの権威もないと主張したら、そもそもどのようにしてなんらかの理論を批判できるのであろうか。どんな批判もなんらかの想定から出発するのではないか。したがって、どんな批判でも、その妥当性はそこにおける想定が真であることに依存するのではないか。批判それ自体が妥当でないことがあきらかになったばあい、理論に対する批判の価値はどこにあるのだろうか。批判が妥当であることを示そうとしたら、まずその批判の根底にある想定を証明したり、正当化する〔基礎づける〕必要があるのではないか。そして、なんらかの想定を証明するとか正当化するといったことは、まさに誰もが試みている(しばしば、失敗に終わるわけだが)ことではないだろうか。そしてわたくしはそれを不可能であると宣言しなかったか。しかし、不可能だとしたら、(妥当な)批判もまた不可能ではないか。

こうした問いかけとかそれへの答えが、ここで主張された見解を(試行的にでも)受け入れる道を塞いでいるのだと思う。こうした問いかけからわかるように、批判的な方法もまた論理的に見ると他の方法と同類なのだと簡単に片づけられてしまうのであろう。批判的方法も、想定をたてることなしには機能しないから、その想定を証明したり、正当化しなければならなくなるはずだというわけである。しかし、われわれの議論の眼目は、正確に言って、なにものも確実なものであるとか、確からしいとしてさえ証明したり正当化したりすることはできないのであって、批判に耐えている理論で満足しなければならないということである。

ここで取り上げた反論はあきらかに重要である。それらは、なにものも批判を免れないし、批判を免れていると見なされるべきではないという原則――このような批判的方法の原則でさえ例外ではない――がいかに重要であるかを示している。

としたら、それらの反論は、わたくしの立場に対する興味深く重要な批判であることになる。しかし、それらの批判は、それ自身、批判されうるのであり、論駁できる。

第一に、あらゆる批判はある種の想定から出発することは認めねばならないとしても、必ずしも、妥当な批判であるためには、そうした想定が、証明され、正当化されていなければならないわけではない。なぜなら、そうした想定は、たとえば、批判される理論の一部であることもあるからである。(こうしたばあいは〈内在的批判〉と言われる。)

あるいはそれは、批判される理論の一部ではないとしても、ごく一般的に受け入れられた想定であるかもしれない。そのばあいの批判は、批判される理論が(その擁護者にとっては明確ではなかった)一般的に受け入れられている若干の見解と矛盾することを示すものとなる。このような批判は、たとえそれが失敗であったとしても、非常に重要である。なぜなら、批判される理論の擁護者たちに、一般的に受け入れられている見解に疑問を抱かせ、それが重要な発見につながる可能性があるからである。(興味深い例は、ポール・ディラックの反粒子理論の出現である。)

あるいはそれは、競合する理論という性質をもつ想定であるかもしれない。(これを〈内在的批判〉と区別するために〈超越的〔外在的〕批判〉と呼んでおこう。)こうした想定は、たとえば、独立した批判やテストができる仮説や推測である。このとき、提示された批判は、二つの競合する理論間である種の選別テストをせよという挑戦になるだろう。

これらの例は、批判にかんするわたくしの理論に対してここで取り上げた重要な反論が、支持しえない独断――批判は「妥当」であるためには、証明された、あるいは基礎づけられた想定から出発しなければならない――にもとづいていることを示している。

これらのほかに、批判は妥当ではないとしても、重要で、啓発的で、実り豊かであることもある。妥当でない批判を反駁するために使用された論証は、時に理論に新たな光をあて、その理論を支持する〈試行的にでも受け入れる〉論証として使用することもできよう。そして、このように批判に対して擁護できる理論は、批判的な論証によって支えられていると言うこともできるわけである。

より一般的なことを言えば、理論に対する妥当な批判は、理論が解決しようとしている問題を解決できていないと述べることにあるだろう。批判をこのような観点から考えるならば、批判はたしかに一定の想定群に依存する〈つまり、内在的である〉必要はなくなる。そしてそれは、議論されている理論のなかにはまったく現れない想定〈すなわち、いくつかの〈超越的〉想定〉のいくつかが、最初に批判を触発したということもありうるだろう。

第一〇節　決　定

ここに述べてきた見解からすれば、理論は一般的に証明されたり、正当化されうるものではないことになる。そして理論は、批判的な論証によって支持されることはあっても、その支持が究極的であることはない。したがって、それらの批判的な論証は、その理論を試行的にでも受け入れさせるに足るほど十分に強いものであるかどうか，言い換えれば，批判的な論議に照らして，その理論を競合する理論よりも望ましいとさせるかどうかをくり返し問わなければならないことになる。

こうした意味で，批判の方法には決定が入り込んでくる。しかし，いずれにしても決定は試行的なものであり，批判に服する決定である。

そのようなものとして決定は，非合理主義の，また反合理主義の，あるいは実存主義の哲学者が〈決定〉とか〈暗闇への飛躍〉と呼んできたものとはするどく対立するものである。それらの哲学者たちは，おそらく，（前節で否定しておいた）なんらの想定もない批判は不可能であるという論証から強い印象を受けて，われわれの主張はすべて直感的な決定――暗闇への飛躍――にもとづかねばならないという理論を展開した。それは，根源的な決定，目を閉じての飛躍であらざるをえないのである。なぜなら，われわれは，想定をたてることなしには，つまり，すでにある根源的な立場を受け入れてしまっていることなしには，〈知る〉ことはできないので，この根源的な立場自体は知識にもとづくことはできないからである。それはむしろ選択――われわれがなにも見ることなく，あるいは本能によって，あるいは偶然にまかせて，あるいは神の恵みによって下した，運命的でほとんど取り返しのつかない選択なのである。

前節で取り上げた反論は拒否したわけであるが、そのさいには、決定にかんする非合理主義者の捉え方は誇張であり、過剰な劇化であると示しておいた。われわれが決定を下さねばならないのはあきらかである。しかし、それは、論証や論拠に耳を傾けずに、自分の過ちから学ぶことをせずに、またわれわれの見解に反対する他者の意見に耳を傾けずになされる決定ではないし、最終決定である必要はないというかぎりでの決定である。批判を考慮するという決定でさえ、最終決定である必要はない。（合理主義そのものは合理的ではない——本著第二四章の意味で——と言えるのは、非合理性の闇への取り返しのつかない飛躍はしないという決定についてのみである。）

ここで素描した批判的な認識論は、あらゆる認識論の大問題、すなわち、われわれはかくも多くのことを知っているにもかかわらず、ほとんど知っていないのはどうしてなのかという問題に光をあてるだろう。くわえて、いわば自分自身の靴ひもを引き上げるようにして、無知の泥沼からゆっくりと自分自身を引き上げることができたのは、どのようにしてなのかという問題にも。答えは、推測で仕事をし、批判によって推測を改善することによって、ということである。

第一一節　社会的政治的問題

この付録の前節で素描した認識論からは、われわれの現在の社会状況、つまり権威主義的な宗教がみずから招いた衰退によってかなり影響されている状況を評価するうえで、重要な帰結を引き出せるように思われる。権威主義的な宗教の衰退は、相対主義とニヒリズムを広範に広めたのであり、あらゆる信仰、つまり人間の理性を信じること、ひいては自分自身を信じることさえも衰退させたのであった。

しかし、ここで述べた議論からすれば、そのような絶望的な結論を引き出す理由はまったくない。相対主義的な、またニヒリズムにもとづく(さらには〈実存主義的〉な)論証は、すべて誤った論理的思考にもとづいている。あわせて気づかれることであるが、そうした哲学は理性を受け入れながらも、理不尽なことに、全か無かを要求しており、〈人間の条件(conditio humana)〉を理解していない。言い換えると、人間には知的にも道徳的にも成長していく能力があることをまったく理解していないのである。

この誤解の痛烈な例——認識論的状況の不十分な理解から引き出された絶望的な帰結——として、フリードリヒ・ニーチェの『反時代的考察』の一節(アルトゥール・ショーペンハウアーにかんするエッセイの第三節)を引用しておきたい。

「いたるところで読むことができるのだが、たしかに、［カント後に］……精神のあらゆる領域で革命が起きていると言われている。だが、わたくしにはまだそうは信じられない……しかし、カントが大衆に影響をおよぼし始めるようになったら、それは、すべてを嚙みやぶり粉々にする懐疑主義と相対主義のかたちで気づかれることだろう。そして、もっとも活動的で高貴な精神においてのみ……たとえばハインリヒ・フォン・クライストが……体験したように、代わっていっさいの真理に衝撃を覚え絶望する気持ちがあらわれてくるだろう。「最近になって」と、かれは激情的につぎのように書いている。「カントの哲学を知るようになったのだが、いまその中からひとつの考えを――それは、自分よりも、あなたをより深く、痛烈に震撼させるかもしれないのだが、それを恐れずに――あなたに伝えなければならない。われわれが真理と呼んでいるものがほんとうに真理なのか、それともわれわれにとってそう見えるだけなのか、を決定できないというのだ。われわれにとってそう見えるだけであるならば、ここに集めた真理は死後には存在しないし、墓場にまでついてくる所有物を手に入れようとする努力はすべて無駄である。こうした思想の尖端があなたの心臓を突き通さないばあいは、もっとも聖なる内奥までそれによって傷ついたと感じた他者を笑ってはいけない。わたくしの唯一至高の目標は

地に落ち、もはやなにも残っていない。」」[S. 355f.]

わたくしも、クライストのことばが痛烈であるというニーチェに同意する。また、物それ自体についての知識をえることは不可能であるというカント説についてのクライストの解釈が熟考されたものであることにも同意する。だが、それはカント自身の見解とは衝突するだろう。なぜなら、カントは科学の可能性を信じていたからであり、真理を見つけ出すことができると信じていたからである。(アプリオリな自然科学が存在するというパラドックスを説明する必要から、かれは主観主義を受け入れたのであるが、それはまさにクライストを震撼させるものであった。)くわえて、クライストの自暴自棄は、少なくとも部分的には失望の結果——すなわち、単純な(自明性といった)真理の判定規準に対する過度に楽観的な信念が崩壊せざるをえなかったことの結果である。この哲学的な絶望は、その歴史がどのようなものであれ、誤解から生じている。真理は(デカルト主義者やベーコン主義者が考えていたように)みずからをあらわにするわけではないし、そして確実性はえられないとはいえ、人間の状況は、知識にかんするかぎり絶望にはおよばない。反対に、驚くほど力づけてくれるものなのだ。ここで、われわれは、自分たちの住む美しい世界を知り、したがって自分自身を知るという恐ろしいまでに困難な課題を抱えている。そして、われわれは誤りうるとはいえ、自分たちの理解力が、われわれの大胆な夢に現れた以上にこの課題にかなりよく適合していることに驚くのだ。われわれは事実として、誤りから試行錯誤をつうじて学ぶ。しかし同時に、知るところ、いかに少ないかも学ぶ。それは、登山において、一歩登るごとに未知の世界への新たな展望が開け、登り始めるときにはその存在を予感さえしていなかった新たな世界が広がってくるのに似ている。

したがってわれわれは、学ぶことができ、たとえ決して確実性をもって知ることができないにせよ、知識の成長に貢献できる。学ぶことができるのだから、理性に絶望する理由はない。また、決して知ることができないのだから、自己満足していいことにもならない。自分の知識が明日には古びてしまうかもしれないと知っていたら、ほとんど自慢することもないだろう。

この新しいタイプの推測的知識は、権威主義的な宗教の喪失に取って代わるには、あまりにも抽象的で洗練されすぎていると言えるかもしれない。そうかもしれない。しかし、知性や知識人の力を甘く見てはいけないだろう。相対主義、ニヒリズム、知的絶望を広めたのは、知識人、つまりフリードリヒ・A・フォン・ハイエクが言うところの〈観念の古物商〉であった。一部の知識人――一部の啓蒙された知識人――が、ニヒリズム騒ぎはじっさいには空騒ぎだったという朗報を広めることに成功しない理由はない。

第一二節　事実と規準の二元論

本著の本文では、事実と決定の二元論について述べ、L・J・ラッセルにならって(参照、第一巻第五章注(5)(3))、こが言明と提案の二元論として提示できることを示そうとした。これれには、事実を主張する言明も、対策を推奨する提案(およびそれに付随する原則や規準)も、合理的に議論できることを思い出させてくれるという利点がある。提案についての討論のあとで到達された(たとえば行動原則を採用するかどうかについての)決定は、試行的にとられた、または留保条件つきのものであり、多くの点で、事実を主張する言明をもっとも扱いやすい仮説として受け入れるという決定(これも同様に、試行的にとられた、または留保条件つきのものであるわけだが)に非常によく類似していると言えよう。

だが、重要な相違点もある。ある対策や規準を受け入れてはどうかという提案、それらについての討議、そしてそれらを受け入れるという決定は、そうした対策や規準を作り出すことだと言える。それに対して、仮説を提案し、それについて討議し、それを受け入れるという決定——あるいは、言明を受け入れるという決定——は、おなじ意味で事実を作り出すわけではない。だからこそ、〈決定〉ということばは、一方で規準を受け入れることと、他方で事実を受け入れることとの相違を表現できるだろうと推測したのであった。だが、事実と決定の二元論ではなく、事実とふるまい方(Verfahrensweise)との二元論とか、事実と規準との二元論とかを語っておいた方があきらかに明解だったであろう。

ことば遣いの問題は別として、なにものにも還元されえないものとしての二元論はじつに重要である。どのような事実であれ、どのような規準(たとえば、われわれの対策の根底にある倫理的原則)であれ、なににもまして重要なのは、二つを区別し、なぜ規準が事実に還元されないのかを明確に把握することである。

第一三節　提案と言明

したがって、規準と事実のあいだには決定的な非対称性がある。提案を(少なくとも試行的に)受け入れるという決定は、それに含まれている規準を(少なくとも試行的に)作り出すが、それに対して言明を受け入れるという決定によって事実が作り出されるわけではないということである。

もうひとつの非対称性は、規準はいつでも事実にかかわっており、事実は規準によって評価されるが、この関係を逆転することはできないということである。

われわれは、事実、とりわけ変更可能な事実に直面するたびに、それが特定の規準と両立するかどうかを問うことができる。したがって、この問いは、規準の採否がみずからの好悪で決められることが多いとはいえ、そうした好悪の問題とはまったくべつであることを理解することが重要である。提案された規準の採否に際しては、好悪が重要な役割を果たすとはいえ、採用されない他の多くの規準が通常は存在するであろう。それらのおのおのによって事実を判断したり評価することも可能なのである。したがって、当該の事実と(受け入れられた、あるいは拒否された)規準とのあいだの評価関係は、論理的に見たとき、好悪といった心理的関係とはまったく異なることがわかる。(好き嫌いは規準ではなく、人と時点で変化する事実である。)それ以上に、好悪は、他のあらゆる事実とおなじように評価の対象となりうる事実である。

同様に、一定の規準がある個人やある社会によって受け入れられた、あるいは拒否されたという事実は、事実として、どんな規準からも、もちろん、受け入れられた、あるいは拒否されたどんな規準からも区別されなければならない。そしてそれは、(変更可能な)事実として、(べつの)規準で判断され、評価されるのである。

こうしたいくつかの理由から、規準と事実、したがって提案と言明は、明確かつ決定的に分離されるべきである、ということになる。しかし、ひとたび分離されてしまうならば、事実と規準との非類似性のみならず、類似性についても考えることができよう。

第一に、提案と言明が類似しているのは、それらについて討議したり批判したりして、なんらかの決定に達することができるからである。第二に、両者には規制観念(regulative Idee)のようなものがあるからである。事実の領域には、文や言明と事実との一致という観念、つまり真理の観念がある。規準や提案の領域では、規制観念はさまざまなことばで記述されるし、〈適切〉とか、〈ただしい〉とか、〈よい〉といった多くのことばで表現されている。提案については、ただしい(または、間違っている)とか、おそらくよい(または、悪い)と言えるだろう。そのさい考えられているのは、適用すると決定した一定の規準に合致している(または合致していない)といったことだろう。しかし、規準についても、ただしいとか間違っていると、あるいは、よいとか悪いと、また妥当であるとか妥当でないと、高潔であるとか低劣であると言うことができる。したがっておそらく、そこに含まれる提案も受け入れられるべきだとか受け入れられるべきではないと考えられている。したがって、〈ただしい〉とか〈よい〉といった規制観念の論理的状況は、事実との一致という観念の論理的状況とくらべると、いささか明瞭でないことは認められねばならないだろう。

本著で示そうとしたのは（参照、第一巻でのカント追悼講演）、これは、論理上の困難であり、規準についての宗教的な体系を導入すれば、克服できるといったものではないということである。神とかその他の権威あるものがわたくしに一定の行動を命じるという事実があるとしたところで、それは、この命令がただしいという保証にはならない。なんらかの権威が示す規準を（道徳的に）よいもの、あるいは悪いものとして受け入れるかどうかを決めるのは個人としてのわたくしなのである。神の命令がよいものであるばあいにのみ、神はよいのである。神の命令はただ神の命令であるがゆえによいと言うのは、神はわれわれによいことやただしいことを要求するのみであると、（自己責任で）初めから決定しているのでないかぎり、重大な誤り——じつのところは、権威主義を非道徳的なかたちで受け入れること——であろう。

これは、他律とは反対の、自律についてのカントの考えである。これからすれば、権威とか、ましてや宗教的権威にうったえたところで、絶対的な〈ただしさ〉や〈善〉という規制観念は、絶対的な真理という規制観念の論理的状況とは異なる、という困難を免れることはできない。この相違は認められねばならない。この相違が、いま述べたような事実、すなわち、われわれは規準を提案し、議論し、受け入れることで、ある意味で規準を作っているという事実に対して責任を負うのである。

こうした点はすべて認められなければならない。とはいえ、絶対的真理――つまり、事実との一致――という観念を、規準の領域にとっての一種のモデルとして利用することができる。それをつうじて、事実の領域で絶対的に真なる言明、あるいは少なくとも真理に接近している言明を探すことができるように、規準の領域でも絶対的にただしい、あるいは妥当な提案――あるいは少なくともよりよい、あるいはより妥当な提案――を探せることがあきらかになるだろう。

これは重要な点である。しかし、わたくしは、このモデルを、探すことを超えて発見(Finden)に適用することは間違っていると考える。なぜなら、絶対的にただしい、あるいは妥当な提案が探されるべきであるとはいえ、絶対的真理の判定規準が存在しえないことに劣らず、絶対的なただしさの判定規準は存在しえないのだから、それを最終的に発見したと語ることはできないからである。幸福の最大化が、かつては判定規準と見なされた。それに対してわたくしは、苦患の最小化を、ただし、決して判定規準としてではなく、提案した(この提案は、功利主義におけるいくつかの考えを改善していると思う)。わたくしはまた、回避可能な苦患の軽減は公共政策の課題のひとつとすべきである(これは、公共政策のなんらかの問題を苦患最小化の計算で決めるべきという意味ではない)が、幸福の最大化は民間の努力に委ねられるべきであると提言してきた。(わたくしに対する批判者は、苦患最小化の原則が判定規準として使用されると、不条理な結果がもたらされると示したが、わたくしはかれらに同意するし、他のどのような道徳的判定規準についてもおなじことが示されるのではないかと疑っている。)

しかし、絶対的な道徳的ただしさの判定規準は存在しないとはいえ、この分野でも進歩は可能である。事実の領域とおなじように、探索し発見することは可能である。たとえば、つぎのような例を挙げることができよう。残酷な行為はつねに〈悪〉であること、可能ならばそれは避けなければならないこと、黄金律〔他人にしてもらいたいことを他人になせ〕は、他者を可能ならばその者たちがしてもらいたいと望むように扱うことで改善できるだろうということ、また、不正をなすよりも不正を蒙った方がよいというソクラテスの洞察。これらは、規準の領域における探索し発見することの初歩的かつきわめて重要な例である。

こうした発見は、なにもないところ(無)から規準を生み出すとも言えるだろう。事実の発見の領域とおなじように、自分の靴ひもを引っ張ることで自分自身を引き上げねばならないのだ。これは、われわれは過ちや批判を通して学ぶことができるということ、事実の領域おいてと同様、規準の領域においても学ぶことができるということを示す、信じられないような事実である。

第一四節　$-1\times-1=1\times1$ではあるが、二つの誤りが二つのただしさとなるわけではない

いったん真理の絶対理論を受け入れたならば、真なる事実と妥当な規準のあいだの類似性を用いて、知的相対主義と道徳的相対主義の両方を支えている古くからの、真摯ではあるとはいえ誤った論証を反駁することが可能になる。わたくしの念頭にある誤った論証とは、他者がわれわれとは大きく異なった考えや信念をもっていることの発見にもとづくものである。自分たちのものがただしいと主張するわれわれとはそもそもなにものなのか。すでにクセノファネスは二五〇〇年前につぎのように歌っていた(ディールス=クランツ第一巻 B16 および B15. 訳はわたくしのもの)。

だんご鼻で色黒と、こうエチオピアの人びとは神々を見る。
しかし、青い目で金髪と、こうトラキア人は神々を見る。
しかし、牛も馬もライオンも、手を持っていたら、

人のように手を持ち、画いたり、描いたり、像を刻んだりしたら、
馬はその神々を馬に似せて、牛は牛に似せて
描き、神のすがた、かたちを、
自分自身の形態に似せて作り出すであろう。他のすべてのものもまた。

このように、われわれはみずからの伝統や出自に応じて、自分自身の観点から、自分たちの神々とその物質的・道徳的世界を見ているのであり、われわれの誰にせよ、この主観的な偏見を逃れてはいない。

このような論証は数え切れないほどのバリエーションで展開されてきた。人種、国籍、歴史的背景、時代、言語、階級利害、社会的環境、あるいは個人の背景知識は、客観性を達成するための克服できない、あるいはほとんど克服できない障害であると主張されてきた。

こうした議論が依拠している事実は承認されねばならないものだし、じっさい、われわれはすべての偏見から自由になることはできない。しかし、だからこそ、この議論そのものも、その相対主義的結論も受け入れる必要はない。というのも、第一にわれわれは、一歩一歩ではあるが、批判的な思考によって、そして何よりも批判に耳を傾けるこ

とで、こうした偏見のいくつかから離れていくことができるからである。たとえば、クセノファネスにとっては、みずから成し遂げた発見は、ものごとをすこしでも偏見を離れて見る助けとなった。第二に挙げるべきは、非常に異なる文化的背景をもつ人びとが、真理に接近することに興味をもち、お互いに話を聞き、学びあう意欲をもつならば、お互いに実りある討論をなしえるという事実である。文化的、言語的な壁はあっても、乗り越えられないものではないことがわかるのだ。

あらゆる領域でクセノファネスの発見から恩恵を引き出すなら、それには大きな意義がある。われわれは、狭量な思い上がりを放棄し、批判に対してみずからを開く必要がある。しかし同様に、かれの発見、批判へ向けてのこの一歩を、誤って相対主義への一歩と解釈しないことにはもっとも大きな意義がある。二つの党派が意見を異にするときは、片方が間違っているか、もう一方が間違っているか、あるいは両方とも間違っているか、である。批判主義者はこう考えるわけだ。それは、相対主義者なら考えるかもしれないが、両者ともひとしくただしいという意味ではない。どちらもおなじように間違っている――そうである必要はないけれども――ことも当然ありうることなのだ。しかし、こんにち、おなじように間違っているということは、おなじようにただしいことだと語る多くの人は、たんにことばや比喩をもてあそんでいるにすぎない。

自分自身に対して批判的になること、つまり他者はただしい、われわれ自身よりもただしいかもしれないと考えることを学ぶなら、それは大きな一歩前進である。しかし、そこには大きな危険もある。相手も自分もただしいと考えてしまうかもしれないということだ。しかし、こうした態度は、われわれには謙虚で自己批判的と思えるにしても、思われるほど謙虚でも自己批判的でもない。なぜなら、われわれ自身と相手方双方が間違っている可能性も高いからである。したがって、自己を批判することが己の怠惰を言いつくろう弁解と見なされたり、相対主義を受け入れるのだといった言い訳とされることがあってはならない。そして、二つの誤りからひとつの正しさが生じてくるわけではないように、論争においてともに誤っている二つの党派があったら、それらはともにただしい二つの党派となるわけではない。

第一五節　知識の情報源としての「体験」と「直感」

事実の領域とおなじように規準の領域でも、間違いから——そして批判をつうじて——学ぶことができるという事実には根本的な意義がある。しかし、〈批判〉に依拠するだけで十分なのだろうか。経験の権威に、あるいは(とくに道徳的規準の領域では)直感の権威に依拠する必要もあるのではないだろうか。

事実の領域では、われわれは自分たちの理論を批判するだけでなく、実験や観察された経験に依拠しながら理論を批判する。哲学者、とくに経験主義の哲学者のなかには、感覚、とくに視覚は、経験を構成する最終〈データ〉をもたらす知的情報源であると考える者もいる。とはいえ、経験の権威のようなものに依拠できると信じるとしたら、それは重大な誤りである。このようなイメージで考えるのは完全に間違っている。実験や観察された経験でさえも、〈データ〉から成っているのではない。むしろ経験は、推測の織物のようなものから成り立っている。つまり、受容済の伝統的、科学的、また非科学的な伝承とか偏見などを織りなしている推察、期待、仮説などからの織物として成り立っている。したがって、純粋な実験あるいは観察にもとづく経験、つまり期待や理論に汚染されていない経験といったものは、文字通り存在しない。純粋な〈データ〉は存在しないし、批判にさいして依拠できるような経験的に与えられた〈知識の情報源〉といったものも存在しない。日常の経験であれ、科学的な経験であれ、〈経験〉というものは、『ウィンダミア卿夫人の扇』（第三幕）のなかで機知に富んだオスカー・ワイルドが考えていたことと非常によく似ている。

ダンビー　「経験」というのはね、誰もが自分の犯した誤りにまとわせる名前だよ。
セシル・グレアム　誤りは犯すべきじゃないね。
ダンビー　誤りがなかったら、人生は退屈だろうよ。

誤りから学ぶ――誤りがなかったら、人生は退屈だろうよ――というのは、〈経験に対する希望の勝利〉についてのジョンソン博士の有名なジョークにおける〈経験〉の意味でもあるし、あるいは「しかし、英国の指導者たちは、……〈愚者が学ぶ唯一の学校、つまり経験の学校〉で学ばなければならない」というC・クーパー・キングの発言（かれの著書 *The Story of British Army*, 1897, S. 112 f.）における意味でもある。

したがって、少なくとも〈経験〉という語の一般的な用法のいくつかは、経験主義学派の哲学者たちによる伝統的な分析よりも、わたくしが〈科学的経験〉や〈通常の経験的知識〉と考えるもののもつ性格とはるかによく合致するように思われる。そして、こうしたことはすべて、〉empeiria〈の本来の意味〈〉peiraō〈の本来の意味としての、試す、テストする、調査する〉とも合致するように思われるし、したがって、〈試行（experientia）〉と〈実験（experimentum）〉とも一致している。しかし、このように語の由来に触れたとはいえ、これは、論証と見なされてはならないし、日常語の用い方についての指摘とも語源についての指摘とも受け取られるべきものではない。それらは、経験の構造についてのわたくしの論理的な分析からなにが浮かび上がってくるかについての説明を意図したものにすぎない。この分析によれば、経験、とりわけ科学的経験というものは、積極的な試行、しばしば誤った推測とそのテスト、そして誤りからえられた結果なのである。（この意味での）経験は〈知識の情報源〉ではないし、〈権威〉をもつわけでもない。

したがって、経験に依拠した批判に権威がそなわっているわけではない。批判とは、疑わしい結果を証明された結果、あるいはわれわれの感覚（または所与）の証拠に対比させることにあるのではない。それはむしろ、いくつかの疑わしい結果を、他の、しばしばおなじように疑わしい——だが、当面、問題はないと考えられている——結果と比較することにある。だが、それらとて、新しい疑念が生じたならば、たとえば、ある種の実験は新しい発見をみちびくかもしれないといった予感とか推測にもとづいて、いつでも疑問を呈されるものなのだ。

道徳上の規準についての知識をえるにあたっての状況もまったく類似しているように見える。

この領域でも、哲学者たちは、こうした知識の権威ある情報源を探し、主として二つのものを見つけた。第一は、快と苦の感情、もしくは、ただしいこと、あるいは間違っていることについての〈事実知についての認識論での知覚に類似した〉道徳的感覚や道徳的直感である。第二は、カントが〈実践理性〉と呼んだものである。（これは、〈純粋理性〉や事実知についての認識論における〈知的直感〉の能力に類似している。）そして、こうした道徳的知識の情報源のすべてが、あるいは一部だけが実在するのかどうかについて、また、それらに権威があるのかどうかについて、くりかえしはげしく論争されたのである。

この問題は見せかけの問題であると主張したい。大事な点は、なんらかのこうした能力が〈存在する〉かどうかという問題――非常に漠然としているうえに疑わしい心理学的問題――ではないのであって、それらは権威ある〈知識の情報源〉たりうるのかどうかということである。もちろん、権威ある情報源というときには、当然のことながらそれが、〈データ〉とか、われわれの考察にとっての他の妥当な出発点とか、あるいは少なくとも、われわれの批判にとって最終的な参照フレームを提供してくれるものということが考えられているわけであるが。わたくしは、事実についての知識にかんする認識論においても、規準についての知識にかんする認識論においても、その種のなんらかの権威ある情報源があるということ自体を否定する。またわたくしは、われわれの批判的思考にとってはこの種のなんらかの最終的な参照フレームが必要であるということも否定する。

規準についてなにごとかを学ぶというとき、どのようにして学ぶのであろうか。この領域では失敗からどのようにして学ぶのであろうか。まずは、他人を模倣することによって学ぶのであり(ちなみに、これは試行錯誤の方法による学習である)、そして、行動の規準を、あたかもそれが固定された「所与の」ルールからなっているかのように見ることを学ぶのである。そのあとになって、われわれは、そのもとで間違いを犯したこと——たとえば、人びとに苦痛を与えたこと——を(おなじように試行錯誤によって)見つける。おそらくこのようにして黄金律を学んだのであろう。そしてただちに、その人の態度、背景的知識、目標、規準を見誤って判断していたことを悟るのである。そしておそらくわれわれは、自分たちの失敗から、ソクラテスのように、黄金律を超えていくことを学ぶのであろう。

そうした発展が生じるためには、共感や想像力のようなものが、欠かせないであろう。しかし、それらは、事実知の領域での感覚とおなじように、権威をおびた知識の情報源ではない。そしてただしいことと間違っていることについて直感のようなものも、この発展においては重要な役割を果たすのかもしれないとはいえ、いずれにしても権威をおびた知識の情報源ではない。なぜなら、こんにちこそ、自分たちがただしいとはっきり見ていても、明日にはひどい誤りを犯したと学ぶかもしれないからである。

〈直感主義〉とは、われわれには、真理を〈見る〉ことを可能にする知的直感といった能力のごときものがあり、われわれが真理として見たものはじっさいにも真理であるにちがいないと教える哲学学派の名称である。したがってそれは、権威をおびた一定の知識の情報源があると説く理論でもある。反直感主義者は、通常、このような知識の情報源の存在を否定したのだが、感覚知覚といったべつの権威をおびた情報源の存在をしばしば主張した。どちらも間違っている。それには二つの理由がある。第一にわたくしは、真理を見ているというきわめて強い確信をともなう知的直感のようなもの——これは、直感主義の反対派が異論を唱える点であるが——は存在すると主張したい。第二にわたくしは、このような知的直感は、ある意味では不可欠なものであるとはいえ、しばしば危険なまでにわれわれを道に迷わせる、と主張したい。とすれば、一般的に言って、真理を見ていると確信している多くのばあいに真理を見ているわけではないのだ。われわれは誤りから、この重要なだが危険な直感に不信を抱くことを学ばなければならない。

では、なにを信頼すべきなのだろうか。なにを受け入れるべきなのだろうか。答えは、なにを受け入れようと、ただ試行的に信頼するだけにし、われわれが所有しているのはせいぜい真理（また、道徳的善）の一部にすぎないこと、さらに、事実にかんしてばかりでなく道徳的規準にかんしても、少なくともどこかでなんらかの誤りを犯していること、あるいはなんらかの誤った判断を下していることをいつでも忘れてはならないということであろう。さらに自分の直感を(たとえ試行的にでも)信頼するとしたら、それが、空想を確認しようとした多くの試行の結果、つまり、多くの誤り、多くのテスト、多くの疑い、そして徹底的な批判の結果であるばあいにすべきであるということである。

こうしたタイプの反直感主義(または、こう言う人も少なからずいるかもしれないが、直感主義親近派)は、古いタイプの反直感主義とは根本的に異なることがわかるであろう。そして、この理論が本質的な構成要素として含んでいるのは、すでにお気づきのことと思うが、われわれは――おそらく永遠に――所見においても行動においても、絶対的な真理や絶対的な道徳的ただしさの規準を獲得しえないであろうという考えである。

こうした議論に対しては、倫理的知識や倫理的経験の性質にかんするわたくしの見解は、受け入れられるにせよ、そうでないにせよ、依然として〈相対主義的〉または〈主観主義的〉であると反論されることであろう。なぜなら、それは絶対的な道徳上の規準を定めていないからである。せいぜいそれが示しているのは、絶対的規準という考えは規制観念であって、すでに改心している人たち、すなわち、真の妥当なあるいはよい道徳的規準についてなにごとかを学び、それらを熱心に探求しようとしている人たちにとって有用であるにすぎないということであろう。わたくしの答えは、この点にかんするかぎり、絶対的な規準とか倫理的規範の体系が——純粋に論理学の助けによって——〈確立〉されたところで、なんの違いもないということである。なぜなら、論理的に絶対的な規準とか倫理的規範体系の妥当性の証明に成功したなら、誰に対してもどのように行動すべきかを論理的に証明しうるということになるだろうが、そのばあいでも、それを無視し、〈あなたの〈べきである〉やあなたの道徳上のルールには——あなたの論理的な証明とかあなたのより高度な数学に興味をもてないように——ちっとも興味をもてない〉と答える者もいるだろうからである。したがって、論理的な証明でさえ、こうしたことがらを真摯に受け止め、学ぼうとする人だけが倫理的な（あるいはそれ以外の）議論に感銘を受けるのだという根本的な状況を変えることはできない。議論をもって、議論をまじめに受け止めるようにと——あるいは、自分の理性を尊重するようにと——強制することはできない。

第一六節　事実と規準の二元論およびリベラリズムの理念

事実と規準の二元論は、リベラルな伝統の基礎のひとつであると主張したい。というのも、この伝統の本質的な部分は、この世界に存在する不正を認識し、その犠牲になっている者たちを助ける決意だからである。ということは、事実と規準とのあいだには衝突、あるいは少なくとも乖離があるし、ありうるということである。事実は、ただしい(あるいは妥当な、あるいは真なる)道徳上の規準を満たしていないことがありうる――とりわけ、妥当すべき法システムの採用と執行にかかわる社会的あるいは政治的事実についてはその可能性があると言えよう。

言い換えれば、リベラリズムは、とくに政治や立法の領域において、これまで以上に優れた規準の探求がなされうると信じるという意味で、事実と規準の二元論にもとづいていると言えよう。

しかし、この事実と規準の二元論は、一部の相対主義者によって否定されてきた。かれらはつぎのような議論で反論していた。

(1)提案――したがって規準――を受け入れたということは、社会的、政治的、歴史的事実である。

(2)ある受け入れられた規準を、まだ受け入れられていない他の規準で測り、欠陥があると判断されたばあい、その判断(誰がおこなったかは別として)も、おなじように、社会的また政治的また歴史的事実である。

(3)この種の判断が社会的・政治的運動の基礎となるならば、これもまた歴史的事実である。

(4)この運動が成功し、その結果、古い規準が改革されたり、新しい規準におき換えられたりすれば、これも歴史的事実である。

(5)したがって、と――相対主義者(このばあいは道徳的実定主義者とも呼べる)はこう論じる――事実の領域のなかに、社会的、また政治的、また歴史的事実のみを含めるのであれば、事実の領域を超える必要はなくなる。したがって、事実と規準の二元論はまったく存在しない。

わたくしはこの結論(5)は誤りであると考える。それは、わたくしが真であると認める前提(1)から(4)までからは帰結してこない。(5)を拒否する理由はきわめて単純である。ここに述べられたような発展――つまり、ある規準を改革するためのプログラムを受け入れたことにもとづく社会運動――が、「よい」ものだったか「悪い」ものだったかをいつでも問えるということだ。こう問いかけることで、(1)から(5)までの一元論的な議論が閉じようとしている、規準と事実の間の深淵はふたたび開かれてしまう。

いま述べたことから、ただしくも、一元論的な立場――事実と規準の同一性を説く哲学――は危険であると結論することができるだろう。なぜなら、規準をいま存在している事実と同一視しないとしても、また現行の権力を正義と同一視しないとしても、それは必然的に未来の権力を正義と同一視することにつながるからである。なぜなら、一元論者によれば、特定の改革運動がただしいか誤っているか（あるいはよいか悪いか）という問題は、反対の傾向をもつべつの運動によってしか定式化できないからである。つまり、これらの対立する運動のうち、どちらが最終的に社会的、政治的、歴史的事実としての規準を貫徹することに成功したか、という問題以外はたてられないということだ。

換言すれば、ここに描かれた哲学——事実と規準の二元論を〈超越〉して、一元論的なシステム、つまり事実のみが存在する世界を確立しようとする試み——は、規準を既存の権力もしくは未来の権力と同一視することにつながる。それは、本書第二二章で述べ、批判しておいたように、道徳的実定主義や道徳的ヒストリシズムをみちびくであろう。

第一七節　ヘーゲル再論

ヘーゲルにかんする章はあまたの批判を受けた。その批判の大部分は受け入れることができない。それらは、ヘーゲルに対するわたくしの主要な反論に答えていないからである。わたくしの反論とは、ヘーゲルの哲学は、カントのそれと比較して（わたくしはいまでも、この二つの名前をならべて置くことはほとんど冒瀆だと感じている）、知的まじめさと知的正直さの恐ろしいまでの衰退例であるということ、かれの哲学的な議論はまじめに受け止められるべきではないということ、かれの哲学はコンラート・ハイデンが「無責任の時代」と呼んだものを生み出すにあたって主要な役割を演じ、また、現代における『知識人の裏切り』(わたくしが示唆しているのはジュリアン・バンダの重要な本[ドイツ語訳 *Der Verrat der Intellektuellen*, 1988]〔宇京頼三訳『知識人の裏切り』未來社、一九九〇年〕である)を用意したということである。これはいままでに二つの世界大戦をもたらすことに貢献したのだ。

忘れてならないのは、わたくしは本著を戦争への奉仕として理解していたということである。わたくしは、ドイツで起こったことの多くについて、ヘーゲルとヘーゲル主義者の責任を確信していたので、(哲学者として)この哲学がえせ哲学であることを示す義務があると感じていた。

本書が執筆された時期が、おそらく、わたくしの楽観的な思い込み(これはショーペンハウアーに帰することができる)を説明してくれるだろう。わたくしは、戦争という恐ろしい現実は、相対主義といった知識人のオモチャが本来なんであるかを証明するだろうし、このことばだけの大騒ぎも消滅するだろうと思い込んでいたのだ。

たしかにわたくしは楽観的すぎた。現実には、わたくしの批判者のほとんどは、なんらかのタイプの相対主義を自明のものとしていたのであり、わたくしが本気で相対主義を拒否しているなどとはいささかも思い至らなかったようだ。

若干の事実誤認をしたことは認める。ハーバード大学のH・N・ロッドマン氏は、第二巻上の七四ページの後ろから三行目で「四年」と書くべきだった〔本書では「数年前」と表記されている〕ところを、「二年」と書き間違えていると伝えてきてくれた。またかれは、この章にはより深刻な──明確ではないとはいえ──歴史的な誤りがいくつかあると考えられること、また、かれの意見では、低俗な動機をヘーゲルに帰すことはいくつかの事例では歴史的に正当化されないことを伝えてきてくれた。

そのようなことは、わたくしよりも優れた歴史家にも生じたことであるとはいえ、(わたくしにも起こったと見なすが)非常に残念なことである。しかし、ほんとうに重要な問題は、これらの間違いは、ヘーゲル哲学とその壊滅的な影響力についてのわたくしの評価に影響をもたらすのだろうか、ということである。

この問いに対するわたくし自身の答えは〈否〉である。わたくしがヘーゲルをこのように見るようになったのはかれの哲学のゆえであって、かれの伝記のゆえではない。いまだにまじめに受け止めることのできない哲学をスケルツォのスタイルで攻撃したことに対して、まじめな哲学者たちが怒ったことにはじっさいいまでも驚いている。わたくしは、ヘーゲルにかんする章をスケルツォのスタイルで表現することを試みたのだ。したがって、軽蔑と恐怖が入り混じった気持ちでしか見ることのできないこの哲学の滑稽さ加減をさらけ出してみたいと思ったのである。

こうしたことは、本書ではっきりと指摘しておいたことであり、また、わたくしには、忌まわしい仕事をした哲学者のお話を深く研究する時間が際限なくあったわけでもない(5)し、そうする気もなかった。それははっきりと指摘しておいたことである。そうしたわけで、ヘーゲルのことをいまだに真剣に受け止めている人はごく少数だろうと見なし、その調子で書いたのである。そして、わたくしの口調は、ヘーゲル支持に立つ批判者たちには効き目はなかったが、それでも、わたくしの読者のうちには、この諧謔を理解してくれた人もいただろうと思っている。

しかし、こうしたことはさして重要ではない。重要なのは、ヘーゲル哲学に対するわたくしの態度は正当なものであったのかどうかという問題であろう。ここでは、この問いに答えるにあたって役立つかもしれないことを述べておきたい。

わたくしは、ほとんどのヘーゲル主義者は承認するだろうと考えるのだが、ヘーゲル哲学の根底にある動機と意図のひとつは、すでにカントによって主張され、自由主義の理念の哲学的基礎をなしていた（そして、すべての社会改革政策の基礎である）事実と規準の二元論に取って代わり、〈超越する〉ことであっただろうと思う。

事実と規準とのこのような二元論を超越することが、理念的なものと実在的なものとはおなじであると、正義と権力とはおなじであると説くヘーゲル的同一哲学の（おそらく明確な、おそらくベールに包まれた）目標である。すべての規準はヘーゲルにとって歴史的なものである。それらは歴史上の事実であり、理念的なものと実在的なものの発展と同一でもある理性の発展における段階なのである。事実以外にはなにも存在しないし、そして社会的事実や歴史的事実のいくつかが同時に規準なのである。

ヘーゲルの議論は、根本において、わたくしがここで、そして前節で定式化し（そして批判した）ものであった――ヘーゲルだけが、それを驚くほど曖昧で、不明確で、したがって多くの人にとっては見たところ魅惑的なかたちで提示したのである。さらに、わたくしは、この同一哲学は、（いくつかの〈進歩的〉な提案と、それが含んでいたさまざまな〈進歩的〉運動とのいくつかの穏やかな共感とを示していたにもかかわらず）ドイツにおける自由主義運動の崩壊に大きく手を貸したと主張したい。この運動は、カント哲学の影響下に、フリードリヒ・シラーやヴィルヘルム・フォン・フンボルトといった重要な自由主義的思想家を輩出し、シラーの『ドン・カルロス』やフンボルトの『国家権力の限界を確定するための試論』などの重要な作品を生み出していた。ところが、ドイツの知識人は、カント、シラー、フンボルトに反対し、ヘーゲルに票を入れたのだ。

これが、わたくしの第一の、そして根本的な告発である。第二の告発は、第一の告発と密接に関連するが、ヘーゲルの同一哲学は、ヒストリシズムや、権力と正義との同一視に貢献することで全体主義的な思考を奨励したということである。

わたくしの第三の告発は、ヘーゲルの議論——これは、〈大哲学者〉なる者に期待される以上のものではありえないが、かれにある程度の繊細さを要求したことはあきらかである——は、論理的な誤りやトリックであふれていて、傲慢な受け狙いで提示されているということである。これは、知的責任と誠実さにかんする伝統的な規準を掘り崩し、最終的には沈下させた。そしてこれはまた、全体主義的なえせ哲学者の台頭を許し、さらに悪いことには、断固とした知的抵抗を失敗させたのである。

これらが、第一二章で十分に明確に定式化しておいたと信じるのだが、ヘーゲルに対するわたくしの主たる反論である。しかし、たしかにわたくしは、そこでは根本の問題——事実と規準の同一哲学——を、なすべきであったほど十分明確には分析していなかった。したがって、わたくしは、この付録で償いをした——ヘーゲルに対してではなく、ヘーゲルによって害を受けた人、まだ害を受ける可能性のある人に償いをしただろうと思う。

第一八節　結　語

ふたたび本書を閉じようとするにあたって、わたくしは、その不完全さを以前にもまして意識している。不完全さは、一部には、たしかに自分本来の関心と見なすものを超えでていた視野からきている。また一部には、文字通りわたくしの個人的な誤りやすさからきている。まことにわたくしが可謬主義者であるのはいわれのないことではない。

しかし、自分の個人的な誤りやすさを十分に意識しているとはいえ、いま言おうとしていることにかんして言えば、わたくしは社会哲学者に可謬主義的アプローチを推奨できると考えている。そのアプローチは、本質的な点で人間の思想すべてがもつ批判的で、したがって革命的な性格——われわれは、データの集積ではなく、失敗から学ぶという事実——を承認している。しかし、このアプローチは、ほとんどすべての問題が、また、われわれの思考のすべての(非権威主義的な)情報源が伝統に根ざしていることを承認しているし、また批判するのは、ほとんどいつでも伝統であることも承認している。したがって、批判的な(そして進歩的な)可謬主義は、伝統的な思考と革命的な思考双方の評価を可能にする、緊急に必要な視野を開くのである。さらに重要なことは、それは、暴力や戦争によってではなく、批判的な議論をつうじて革命を生じさせるのが思想の役割であり、剣ではなくことばで戦いを挑むのが西洋合理主義の偉大な伝統であることを示してくれるということである。それゆえ、われわれの西洋文明は本質的に多元的である。必ずしもその目的(平和、法治国家)においてではないが、その想定や仮説において多元的である。またそれゆえに、一元的な社会目標は、自由の死、すなわち思想の自由、自由な真理の探求、そしてそれに伴う人間の合理性と尊厳の死を意味するだろう。自由だけが人間の責任を可能にする。しかし、責任がなければ、なによりも知的責任がなければ、自由は失われる。

再度、相対主義に戻ろう。この付録の最初のテーマは、真理の探求者は、(たとえば)正確に南に行きたいと念じている船乗りの立場とほとんどおなじである、ということであった。かれはたえず方向を修正しなければならない。というのも、方向がほとんどいつでも南極点からずれるからだ。しかし、南極点は絶対的である――たとえ航路が完全にただしいことはまれでしかなく、しばしば三〇度以上ずれることさえあるとしても。まったくおなじことが、真理探求におけるわれわれの誤り修正についても言える。

訳　注

〔1〕ドイツ語の"genau dann"は、英語では"if, and only if"として「……のとき、そしてそのときにのみ」と訳されるのが通例であるが、本書ではgenau dannをそのまま訳すことにした。必要十分関係を表わしていることに変わりはない。

Ⅱ　シュヴァルツシルトのマルクス本についての論評

（一九六五年）

レオポルト・シュヴァルツシルトのマルクスにかんする本『赤いプロイセン人』（*Der rote Preusse*, Stuttgart 1954）を知ったとき、本書を執筆してからすでに二〇年以上経っていた。シュヴァルツシルトのマルクスを見る目は無慈悲で敵意に満ちており、かれを可能なかぎり暗い色で描いている。しかし、この本は、おそらく必ずしも公平とは言えないのだろうが、マルクスが本書で描かれたよりもはるかに人間的でも、自由を愛する者でもなかったことを示す文書的証拠を、とりわけマルクスとエンゲルスの書簡から採録している。シュヴァルツシルトの描くところ、かれは〈プロレタリア階級〉を主として自分の個人的な野心を満たすための道具とした人物である。これはおそらく、証拠が許すよりもことがらを苛酷に表現するものであるだろうとはいえ、シュヴァルツシルトが提供した証拠がうちのめすものであることは認めねばならない。

注

第二〇章　資本主義とその運命

(1)『資本論』三巻の唯一完全な英訳はほぼ二五〇〇ページにおよぶ。くわえて、ドイツで『剰余価値論』というタイトルで出版された三巻がある。そこには、マルクスが『資本論』のなかで利用しようとした歴史資料の大部分が含まれている。

(2) 参照、第一六章と第一七章で導入し説明しておいた、拘束なき資本主義と介入主義との対比。(参照、第一六章注(10)、第一七章注(22)、第一八章注(9)およびそこでの本文箇所。)

ウラジミール・I・レーニンの主張については、参照、『カール・マルクス』[*Ausgewählte Werke*, Bd. I, 1915/1966, S. 49]。強調はわたくしのもの。興味深いことに、レーニンもほとんどのマルクス主義者も、マルクス以来社会が変わってしまったことに気づいていないようだ。W・I・レーニンは一九一四年に「現代社会」[S. 38]について、あたかも自分の社会であると同時にマルクスの社会であるかのように語った。しかし、『共産党宣言』は一八四八年に発表されていたのだ。

(3) このパラグラフにおけるすべての引用は『資本論』(*Das Kapital*[『全集』第二三巻]S. 654 f.)からである。

(4) 参照、第一九章注(3)でのこれらの表現についてのコメント。

(5) よりよいであろう—敗北主義的な、階級意識を危険にさらす思考の発展はおそらく可能性が低くなるだろうから。参照、第一九章注(7)の本文。

(6) 『資本論』(*Das Kapital, op.cit.*, S. 657)。

(7) 二つの箇所は、『資本論』(*Das Kapital*, S. 661 および 668)からである。

(8) ヘンリー・B・パークスが述べているように。参照、第一九章注(19)。

(9) 労働価値論はもちろん古くからある。価値論についてのわたくしの議論は、いわゆる〈客観的価値論〉に限定されていることを忘れないでいただきたい。ここでは、〈主観的評価説〉または〈選択行動論〉と呼んだ方がよいと思われる、いわゆる〈主観的価値論〉については批判するつもりはない(参照、第一四章注(14))。ジェイコブ・ヴァイナーは親切にも、マルクスの価値論とデイヴィッド・リカードの価値論とのあいだのほとんど唯一のつながりがマルクスの誤解から生じていること、そしてリカードは、労働が資本よりも大きな創造力をもつとはどの箇所においても主張しなかったと教えてくれた。

(10) マルクスは、自分の〈価値〉と市場価格とのあいだにはなんらかの対応関係が存在すると信じて疑わなかった。この点は、わたくしには確かなように思える。かれは、ある商品の価値は、その生産に必要な平均的な労働時間数がおなじ他の商品の価値と、同一であると説いた。もし金が二つの商品のうちのひとつであるならば、その重量は金で表現された他方の商品の価格と見なすことができ、貨幣は（法律上）金にもとづいているので、いま述べたように、商品の価格をえることができる。

マルクスは、市場における実際の交換比率は、価値比率を中心に変動するのであり（とくに、『資本論』（*Das Kapital, op.cit.,* S. 138 の重要な注 80 を見よ）、それに応じて、貨幣で表わした市場価格も、買い求められる商品と金との価値比率のまわりを変動すると説いている。「価値が価格へ変わることによって」とカール・マルクスは、ややぎごちない仕方でつぎのように言う（『資本論』（*Das Kapital,* S. 117）、強調はわたくしのもの）。「これは、商品とその外に存在する貨幣商品」（すなわち金）「との交換比率として……出現する。」「ただし、この比率においては、商品の価値だけでなく、所与の状況下で売却しうる多寡も表わされている。」言い換えれば、価格は変動しうるということだ。「価格と価値の大きさとの量的不均衡、つまり価格が価値から乖離する可能性は、したがって価格形態そのものに内在する。これはその形態の欠陥ではなく、逆に、そうしたものを生産様式の適切な形態にしていく。そこでは、規則が、不規則性をやみくもに均していく法則としてのみ貫徹される。」わたくしには、マルクスがここで語っている〈規則性〉とは価値のことであり、〈みずからを表わした〉あるいは〈主張した〉価値は、実際の市場価格の平均値にすぎず、したがって、これらは価値の近傍で振動すると考えていたことは明白であると思える。

わたくしがこうした点を強調するのは、それがしばしば否定されてきたからである。たとえば、G・D・H・コールは、K・マルクスの『資本論』英語版の〈序文〉(*Capital*, S. XXV)でつぎのように書いている(強調はわたくしのもの)。「マルクスは……通常、商品は現実には、市場の一時的な変動の結果としてその〈価値〉に応じて交換される傾向をもつかのように語っている。しかし、かれはきっぱりとこうしたことを言うつもりはないと言っているし、『資本論』第三巻では、価格と〈価値〉との避けがたい乖離を十分に明確化している。」しかし、マルクスが変動をたんなる〈一時的なもの〉とは考えていなかったことはたしかである。とはいえ、かれは、商品はたしかに市場の変動に服するが、〈価値〉に応じて交換される傾向があるという主張に固執しているのだ。ここで引用しコールが言及した一節からもわかるように、マルクスは、価値と価格の乖離についてはまったく語っておらず、変動と平均について記述しているのだ。『資本論』第三巻では、立場がやや異なっている。そこ(第五〇章)では、〈価値〉の代わりに〈生産価格〉という新しいカテゴリーが登場しており、商品の生産価格は、その生産コストと平均された剰余価値との合計である。しかし、ここでもマルクスの考え方の特徴をなしているのだが、生産価格という新たなカテゴリーは、平均値の調整装置としてのみ現実の市場価格と関係させられるのである。生産価格は市場価格を直接的に決定するのではなく、現実の価格がその近傍で揺らいだり変動する平均値として現れる(第一巻における〈価値〉のように)。これは、つぎの箇所(*Das Kapital*[『全集』第二五巻]S. 868)に示されている。「市場価格は、こうした規制的役割を果たす生産価格よりも上昇したり下落したりするが、これらの変動は互いに打ち消し合う……ここでは、ケトレーが社会現象について示したように、規制的役割を果たす平均が支配する。」またK・マルクスは、ここで(*op.cit.*, S. 871)、規制的役割を果たす価格、すなわち「市場価格が……その近傍で揺れる価格」についても語っている。そしておなじページで競争の影響について語りながら、「自然価格……すなわち、競争によって規制されるのではなく、逆に規制する価格」に関心があると述べているのだ。〈自然〉価格という語は、マルクスが発見したいと望んでいたのは本質であり、その出現形態は振動する市場価格(参照、本章注(23))であることを明確に示している。これから目を転じても、マルクスは、そうした本質なるものが価値としてあるのであれ生産価格としてあるのであれ、市場価格の平均として出現するという見解を一貫して堅持していることがわかる。『資本論』第三巻(*Das Kapital*, III. Bd., S. 654 f.)を見よ。

(11)　G・D・H・コール(G. D. H. Cole, *op.cit.*, S. XXIX)は、マルクスの剰余価値論をことのほか明快な表現を用いつつ「経済理論への顕著な貢献」と呼んでいる。ところが、F・

エンゲルスは、『資本論』第二巻の序文で、この理論がマルクスに由来するのではないこと、マルクスは決して自身をこの理論の原作者とは考えていなかったこと、ただその歴史に(かれの著作『剰余価値論』で、参照、本章注(1))携わったにすぎなかったことを示している。エンゲルスは、マルクスの手稿から引用して、マルクスがアダム・スミスとディヴィッド・リカードによるこの理論への貢献を論じていたことを示し、(『資本論』(*Das Kapital*[『全集』第二三巻]S. 614)で言及されている)パンフレット『国民の貧窮の根源と救済』から広範囲に引用して、マルクスの労働と労働力の区別とは別に、教説の主要なアイデアがすでに存在していたことを示している。(参照、『資本論』第二巻([『全集』第二四巻]S. 18-21)。)

(12) マルクスは、第一の部分(参照、*Das Kapital, op.cit.*, S. 230 f.)を必要労働時間と呼び、第二の部分を剰余労働時間と呼んだ。

(13) 参照、『資本論』第二巻へのF・エンゲルスの序文(*Das Kapital*, S. 19 f.)。

(14) マルクスによる剰余価値説の導出は、もちろん、〈形式的な〉自由とか〈形式的な〉正義などに対するかれの批判と密接に結びついている。参照、とくに第一七章注(17)と(19)、およびその本文の箇所。参照、次注の本文も。

(15) 『資本論』(*Das Kapital*, S. 667)。前注で示した箇所も見よ。

(16) 参照、本章注(18)(および注(10))の本文。

（17）参照、とりわけ『資本論』第三巻第五〇章（*Das Kapital*, III. Bd., *op.cit.*, S. 860 ff.）。

（18）この引用については、『資本論』（*Das Kapital*, I. Bd., S. 668）を見よ。それは「したがって相対的過剰人口は……」ということばで始まり、（本章）注（7）の本文に直接つづく箇所である。この一節は、需要と供給の問題に関連して、また、両方とも背景、〈本質〉をもたねばならないというマルクスの教説との関連で興味深い。参照、本章注（10）と（20）。

（19）この文脈では、当該の現象——産業化（または〈初期資本主義〉、参照、注（36）と本文）が急速に広まった時代の貧困——が、ただしいならばということになるが、マルクスの搾取とその原因にかんする理論のうちに多大の関連箇所をもつ仮説によって最近、説明を与えられたことに言及しておくべきだろう。それは、二つの純粋な貨幣制度（金制度と信用制度）についてのヴァルター・オイケンの理論に基礎をおき、かれの方法を利用して、歴史上のさまざまな経済制度を純粋な制度の混合物として理解しようとする理論のことである（参照、W. Eucken, *Die Grundlagen der Nationalokonomie*, 1940/1990, S. 132 ff.）。この方法にもとづいて、レオンハルト・ミクシュは最近、論文〉Die Geldordnung der Zukunft〈, in *Zeitschrift für das gesamte Kreditwesen*, 1949, 第七刷 S. 155 ff.」のなかで、信用制度は強制された投資、すなわち、消費者には貯蓄と節約が強制されることを指摘している。ミクシュは、「強制された貯蓄によって生み出された資本は、消費をあきらめざるをえなかった人のものではなく、起業家のものである」と断言している[S. 156]。

もしこの理論が受容できるのであれば、マルクスの分析(ただし、かれの「法則」や予言はそうではないが)はおおはばに正当化されるだろう。なぜなら、本来ならば労働者に属するが、資本家が「横領」し「収用」しているマルクスの剰余価値と、ミクシュの「強制された貯蓄」、すなわち、貯蓄を強制された消費者のものではなく、企業家の所有物となる貯蓄とのあいだには、わずかな違いしかないからである。ミクシュ自身は、これらの結果が一九世紀の経済発展(と社会主義の台頭)の多くを説明すると示唆している。

強調しておかねばならないが、ミクシュの分析は、競争システムの不完全性から関連する事実を説明するのに対し(かれは、「その後、じつに巨大な力をもつに至った経済的な貨幣創造の独占」について語っている)、マルクスは、自由市場、すなわち競争という仮定を用いてそれらを説明しようとしたのであった。(付記しておきたいが、もちろん「消費者」と「産業労働者」を完全に同一視することはできない。)しかし、説明がどうなるのであれ、(ミクシュが〈耐え難いほど反社会的〉と呼んだ)事実は残る。しかし、マルクスはそれらを当然のこととは思わず、説明しようと力を尽くした。それはマルクスの功績である。

(20)　参照、本章注(10)、とりわけ「自然」価格にかんする一節(注(18)と本文も)。興味深いことに、『資本論』第三巻中に、本章注(10)で引用した箇所(*Das Kapital*, III. Bd., *op. cit.*, S. 825. 強調はわたくしのもの)からそう遠くないところに、そして似たような文脈において、つぎのような方法論的コメントが見出される。「……ものごとの現象形態と本質とが直接一致していれば、いっさいの科学は余計なものとなる。」これは、もちろん、本質主義そのものにほかならない。この本質主義が形而上学のすぐ近くにあることは、本章注(24)で示すつもりである。

マルクスが――とくに第一巻でくり返されているのだが――価格形態について語るとき、かれはあきらかに〈現象形態〉を念頭においている。そのさい、本質とは価値のことである。(参照、第一七章注(6)と本文も。)

(21)『資本論』(*Das Kapital*, S. 85 ff.)つまり、商品のフェティシズム的性格とその秘密。

(22)参照、『資本論』(*Das Kapital*[『全集』第二三巻]S. 640 ff. 参照、S. 310も)。そこにはつぎのような要約がある。「労働生産性が二倍になり、労働日の分け方が従前どおりであるときには、労働力と剰余価値との価格は変わらないであろう。それらおのおのは二倍になった使用価値を表わすのみであろう。労働力の価格は変わらないままであるとはいえ、それはその価値以上に高まるであろう……。このように、労働力の価格は労働生産力の増大につれて着実に下落するが、そこには同時に労働者の生計手段の絶えざる増大が付随する。」

(23)一般的には生産性が多少とも増大するのであれば、金鉱山会社の生産性も増大しうるであろう。その意味は、金は他の商品とおなじように、その価値を労働時間で表わすと安くなるということであろう。したがって、おなじことは、金ばかりでなく他の商品についても言えるであろう。そして、マルクスが(参照、前注)労働者の実質所得の額が増加すると言うとき、これは理論的には金での所得、すなわち所得の貨幣価値にもあてはまることになる。(したがって、『資本論』におけるK・マルクスの分析(*Das Kapital*, S. 547 f.)については、前注で要約だけを引用しておいたが、〈価格〉を語るかぎりでただしいとは言えない。なぜなら、〈価格〉は金で表わされた〈価値〉であり、金生産を含むあらゆる生産分野でおなじように生産性が向上したばあいには、価格は一定であるからである。)

(24) マルクスの価値論の奇妙な点は、(J・ヴァイナーによれば、英国古典派の理論とは異なって)人間の仕事を他のいっさいの自然過程、たとえば動物の仕事とは根本的に異なるものと見なしている点にある。ここに明示されているのは、この理論は最終的には、人間の苦しみと人間の生命は、すべての自然過程とは根本的に異なるという教えに基礎をおく道徳的な教説であるということである。この教えは、人間労働神聖説と呼ぶことができよう。さて、わたくしはこの理論が道徳的な意味でただしいこと、すなわち、われわれはこの理論にしたがって行動すべきであることを否定しはしない。しかし、わたくしはまた、経済分析は、分析者が意識していない道徳や形而上学また宗教の教義にもとづいてなされるべきではないとも考える。第二二章で見るように、たしかにマルクスは意識的に人道主義的な道徳を信じず、そうした信念を抑え込んでもいたが、そうしたものを想定しないでも済むところ、すなわち抽象的な価値論のなかに道徳上の基礎を構築していたのだ。これは、もちろん、かれの本質主義と結びついている。あらゆる社会的・経済的関係の本質は人間の労働なのである。

(25)　介入主義については、参照、第一七章注(22)、第一八章注(9)。(本章注(2)も見よ。)

(26)　経済的自由へ適用したときの自由のパラドックスについては、参照、第一七章注(20)。そこでさらに言及しておいた。

自由市場の問題には、本文では労働市場への適用との関連でのみ言及しておいたが、大きな重要性がある。本文中で述べたことを一般化すると、自由市場という考えの逆説的な性格があきらかになろう。じっさい、国家が介入しなければ、独占、トラスト、組合などの他のなかば政治的な組織がはいってきて市場の自由を虚構にしてしまうだろう。他方で、経済システム全体は、消費者のニーズの充足をもってその唯一の合理的な目的としているわけであるが、慎重に保護された自由市場なしには、この目的を達成できないことを理解することが何よりも重要である。つまり、消費者が選択できないとき、消費者は生産者が提供するものを受け取らざるをえないわけだが、そのとき、消費者ではなく、個人の生産者であれ、国家であれ、マーケティング部門であれ、生産者が市場の支配者であるなら、生産者は、消費者のニーズと願望に奉仕する代わりに、最終的には、消費者が生産者にとってのお金の湧くところ、ごみを受け取ってくれるバケツ以外のなにものでもなくなってしまう状況が発生せざるをえないであろう。

ここにはあきらかに、ピースミール社会工学の重要な問題がある。市場はコントロールされなければならないが、それは消費者の自由な選択を侵害しないように、また、生産者が否が応でも消費者の寵愛を得ねばならないという必要から解放されるように、コントロールされなければならない。こうした意味での経済的自由を目指さない経済〈計画〉は、危険なまでに全体主義につながるであろう。（参照、F・A・フォン・ハイエク『自由と経済システム』(F. A. von Hayek, *Freedom and the Economic System*, Public Policy Pamphlets, 1939/40)。

(27) 参照、本章注(2)および本文。

(28) 本文では、このように、主に生産拡大を目的とした機械と生産強化を目的とした機械とを区別したが、それは議論をより明確にするためであった。それとは別に、議論をこのようなかたちでおこなえば、議論は改善されるだろうという期待がある。

わたくしはここに、K・マルクスのうちで、景気循環(Kzと略す)およびそれと失業(Alと略す)との関連にかかわるもっとも重要な箇所のリストを挙げておきたい。『宣言』S. 471 (Kz) ——『資本論』(Ausg. d. Marx-Lenin-Instituts) S. 118 (貨幣危機＝一般恐慌), S. 652 (Kzと通貨), S. 667 f. (Al), S. 675 (Kz), S. 676 (Alに依存するKzと循環の自動性), S. 704 f. (相互依存関係にあるKzとAl), S. 706 (Al). ——参照、また、『資本論』第三巻、とくに第一五章第三節「人口過剰下での資本の過剰」(KzとAl)、および第二五～三二章(Kzと通貨、参照、とくに『資本論』(*Das Kapital*, III. Bd.[『全集』第二五巻]S. 115 ff.))。また、第一七章注(17)で一文を引用しておいた『資本論』第二巻の一節も見よ。

(29) 参照、『困窮原因調査のために任命された貴族院秘密委員会への証拠調書』(一八五七年)。これは、『資本論』第三巻(*Das Kapital*, Bd. III[『全集』第二五巻]S. 427 f.)に引用されている。

(30) 参照、たとえば、*The Economic Record* 第一七巻(一九四一年)と第一八巻(一九四二年)に収録されたC・G・F・シムキンによる「予算改革」と「ニュージーランドのための予算改革」という二つの論文(C. G. F. Simkin, 〉Budgetary Reform〈 および 〉Budgetary Reform for New Zealand〈)(第一巻第九章注(3)も見よ)。これらの論文は、景気循環を阻止する政策を論じ、スウェーデンの施策について簡単に報告している。

(31) H・B・パークス『マルクス主義——検死』(H. B. Parkes, *Marxism — A Post Mortem* [1940]、とりわけS. 220 f., Anm. 6)。

(32) 引用は、『資本論』(*Das Kapital*, Bd. III[『全集』第二五巻]S. 827 f.)からである。

(33) わたくしがここで考えている理論——J・ヴァイナーが知らせてくれたのだが、ジェームズ・ミルによって完全な、あるいはほぼ完全なかたちで、提唱されていた——をマルクスはしばしば示唆している。かれはその理論と戦っているが、自分の考えの完璧な明瞭化には成功していない。てみじかに言うと、問題になるのは、〈動かなくされた〉(あるいは、マルクスの言うところでは、「不変」)資本は、賃金において生産され支払われてきたのだから、あらゆる資本は最終的には賃金に還元されうるという教説である。あるいは、マルクスの術語で言えば、固定資本は存在せず、可変資本のみが存在する、ということである。

H・B・パークス(H. B. Parkes, *op.cit.* S. 97)は、この教説をたいへん明確にかつ単純化して述べている。「すべての資本は可変資本である。これは、外部から機械や原材料を買わずに、農業や鉱業から完成品に至るまでの生産工程全体を管理下においている産業を考えてみるとあきらかになる。こうした産業の全生産コストは賃金である。」そして、経済システムは全体として、機械(固定資本)がつねに賃金(可変資本)で支払われているこのような仮想の産業と見なすことができるので、固定資本の全体は、可変資本全体のうちの一部とならざるをえない。

わたくし自身は、かつては、この議論はただしいと確信していたのだが、マルクスの立場を弱めることができるとは思わない。(これはおそらくわたくしがパークスの卓越した批判に賛同できない唯一の重要箇所である。)その理由はこうである。仮想された産業がその機械を——交換し、必要な改善を施すばかりでなく——増加させると決定したばあい、この過程は、利潤の投資による典型的なマルクス主義的資本蓄積過程と考えられるだろう。

この投資の成功度を測定するためには、投資後の年月において利潤が比例して増加したかどうかが考察されなければならない。そうした新しい利潤の一部は再投資されることもあろう。利潤が投資された(あるいは利潤が固定資本に転化されて蓄積された)年月は、可変資本のかたちで支払われていたわけである。しかし、ひとたび投資されてしまうと、それらは以後の年月においては、新たな利潤に比例的に貢献すると期待されるため、固定資本の一部と見なされる。そうでないときには、利潤率は低下し、投資の失敗ということになる。したがって、利潤率は、投資の成功度の尺度であり、新たに追加された固定資本の生産性の尺度である。それは、もとは可変資本のかたちで支払われていたのだが、マルクス的な意味での固定資本となり、利潤率に影響をおよぼすにいたったのである。

(34) 参照、『資本論』第三巻(*Das Kapital*, III. Bd., S. 228)。「それ」(=資本)「によって産み出された利潤の絶対量は、したがって成長し、利潤率はしだいに低下するにもかかわらず、しだいに成長しうる。資本主義的生産のもとでは、一次的な変動をわきにおけば、そうでありうるばかりでなく、そうであらざるをえない。」

(35) このパラグラフでの引用は、『資本論』(*Das Kapital*[『全集』第二三巻]S. 640 ff.)からである。[引用はS. 670, 671, 674, 675, 673 f. およびS. 675.]

(36) H・B・パークスの要約は、『マルクス主義――検死』(H. B. Parkes, *Marxism — A Post Mortem*, *op.cit.*, S. 102)にある。

革命は貧困に依存するというマルクスの説は、前世紀になって、事実として貧困が増大した国家で革命が勃発したことにより、ある程度確認されたと言っておくべきだろう。しかし、マルクスの予測とはうらはらに、それらの国では資本主義はまだ発展していなかったか、農業国か、資本主義が原始的な発展段階の国であったかのいずれかである。H・B・パークスはこの主張を裏づけるリストを提出している(参照、*op.cit.*, S. 48)。産業化の進展とともに革命の傾向は低下するように見える。したがって、ロシア革命は、時期尚早と解釈されるべきではなく(先進国は革命には熟れすぎてしまったと解釈されるべきでもなく)、むしろ、戦争のもたらす貧困と敗北の可能性によって複合化された、資本主義の幼年期に典型的な貧困および農民の貧困の産物として解釈されるべきである。上記の注(19)も見よ。

(37)『資本論』(*Das Kapital*, III. Bd., S. 248)。

この箇所への脚注で、マルクスはデイヴィッド・リカードに対しアダム・スミスがただしいと主張している。

マルクスが示唆していると思われる箇所は、本文のやや後半で引用しておいた(*Wealth of Nations*, 1776, ドイツ語訳 *Wohlstand der Nationen*, 1999, S. 502)。

マルクスは、『デイヴィッド・リカード著作集』(*The Works of David Ricardo*, London 1846, S. 73, Anm. 36)からの箇所を引用している。さらに特徴的な箇所[*Über die Grund-*

sätze der politischen Ökonomie, 1994, S. 251]では、D・リカードは、スミスが「資本利潤率の決定は非常に困難である」と注釈したと主張している。

(38) 一八五八年一〇月七日付マルクス宛F・エンゲルスの手紙[『全集』第二九巻 S. 358]。

(39) この戦線変更については、参照、第一九章注(31)と本文。

(40) ウラジミール・I・レーニン『資本主義の最高段階としての帝国主義』(Wladimir I. Lenin, *Der Imperialismus als höchstes Stadium des Kapitalismus* [1917/1989], S. 123)。

(41) これは、H・B・パークス(*Marxism — A Post Mortem*, S. 213 f., Anm. 3)がまとめたマルクスのある種非常に憂鬱なコメントに対する(きわめて不十分ではあるとはいえ)言い訳と見なせるものであろう。——憂鬱であるというのは、それらは、マルクスとエンゲルスは、人びとの願うほどほんとうに自由をたかく評価していたのか、また、かれらがヘーゲルの無責任さとそのナショナリズムから、かれらの一般的な教説から予期されるところを超えた影響を受けてはいなかったか、という疑問を投げかけるからである。

(42) F・エンゲルス『反デューリング論』(*Anti-Dühring*, S. 261)。「資本主義的生産様式は、人口の大多数をますますプロレタリアに変えることで、この変貌を……可能にする力をふるわざるをえない。」『共産党宣言』[『全集』第四巻]の箇所は、S. 472. つづく箇所は、『フランスの内乱』(*Der Bürgerkrieg in Frankreich* [*Werke*, Bd. 17], S. 361)。

(43) この驚くほど素朴な一節は、*Der Bürgerkrieg in Frankreich*, *op.cit.*, S. 341 に見られる。

(44) この政策については、参照、(第一九章注(14)および(35)~(37)でも引用しておいた)カール・マルクス『一八五〇年三月の中央委員会の同盟員への呼びかけ』。本章注(26)も。(さらにつぎの箇所([『全集』第七巻]S. 253 f.)も見よ。強調はわたくしのもの。)「……小ブルジョアが鉄道と工場の購入を提案するなら、労働者は、これらの鉄道と工場を、反動派の所有物として、補償なしに、端的に国家による没収を要求しなければならない。民主派が比例課税を提案するなら、労働者は累進課税を要求する。民主派が穏健な累進課税を求めるなら、労働者は大企業が滅びるほど急激な増大率の課税を主張する。民主派が国債の規制を要求するなら、労働者は国家の破産を要求する。したがって、労働者の要求は、いたるところで民主党の譲歩と措置に左右されざるをえない。」これが共産主義者の戦術である。これについてマルクスは「かれらの鬨の声は『革命を永続的に!』であらねばならない」と言っている。

第二二章　予言の評価

(1) 参照、第一七章注(22)、第一八章注(9)および本文。

(2) 『反デューリング論』[『全集』第二〇巻 S. 242]で、フリードリヒ・エンゲルスは、シャルル・フーリエが資本主義的生産様式の欠陥に満ちた循環をずっと以前に発見したと述べている。[参照、『経済学哲学草稿』*Ökonomisch-philosophische Schriften*, 1980, S. 55 ff.]

(3)『資本論』(*Das Kapital*, Bd. III[『全集』第二五巻]S. 269)。

(4) 参照、たとえばH・B・パークス『マルクス主義――検死』(H. B. Parkes, *Marxism — A Post Mortem* [1940], S. 102 ff.)。

(5) この問いは未解決のままにしておきたい。

(6) この点は、同僚であるC・G・F・シムキンによって討論のなかで強調された。[参照、これはいまでは、Colin Simkin, *Popper's Views on Natural and Social Science*, 1993, S. 160 ff. に収められている。]

(7) 参照、第一四章注(11)の本文、ならびに第一七章注(17)の末尾。

(8) H・A・L・フィッシャー『ヨーロッパの歴史』(H. A. L. Fisher, *A History of Europe*, Bd. I (1935), 序言S. V[ドイツ語訳 *Die Geschichte Europas*, 1. Bd., 1951, S. 5])。この箇所は、第二五章注(27)でより詳細に引用しておいた。

第二二章　ヒストリシズムの道徳論

(1)「公式キリスト教」に対するセーレン・キルケゴールの闘いについては、参照、とりわけかれの著『士師の書』(一九〇五年)。[参照、たとえば、『日記』(*Die Tagebücher*, 4. Bd.,

1970, S. 110–116)。]

(2) ジョゼフ・タウンゼント『救貧法論――人類の幸福を祈る者著』(Joseph Townsend, *A Dissertation on the Poor Laws, By a Well-Wisher to Mankind* (1786/1971, S. 23 f.))。これは『資本論』(*Das Kapital*[『全集』第二三巻]S. 676 および Anm. 90)で引用されている。

K・マルクスは、S. 672 の Anm. 87 で、「礼儀ただしく機知に富んだアベ・ガリアーニ」を類似の見解を主張する者として引用している。[フェルディナンド・ガリアーニ(Ferdinando Galiani, *Über das Geld*, 1999, S. 122 f.)はつぎのように書いている。「わたくしは、人間のもつ天賦の才の価値は、無生物のそれとおなじで、つまり希少性と有用性というおなじ基盤のうえに成り立つ、と見なしている。人間は摂理によってさまざまな職業のための前提条件をもって生まれ、その頻度は不均等に分布しているが、驚くべき英知にもとづいて、人間の欲求に正確に対応している。」ポパーが引用した文は、第七版 S. 433 では、イタリア語版 *Della Moneta* (1803) の S. 78 によるとつぎのようになっている。"Non è dunque l'utilità che sola dirige i prezzi, perchè Iddio fa che gli uomi che esercitano mestieri di prima utilità nascone abondantemente"]

西欧諸国でもキリスト教はまだ、閉じた社会へ還帰しようとすることから、つまり、反動と抑圧を説教し擁護することから完全に脱却していない。この点は、スペイン内戦に対するイング司祭の偏見にとらわれたファシスト擁護的な態度に対するH・G・ウェルズの卓越した論争の書(『戦争と平和の常識』(H. G. Wells, *The Common Sense of War and Peace*, 1940, pp. 38-40)からあきらかになろう。ウェルズの本を挙げたが、にもかかわらず、わたくしは、たとえば世界連邦委員会についてのかれの批判的または建設的な発言、とくにp. 56 ff. で導入されている完全な権力をもつ世界委員会の考えには賛同したくはない。この考えに含まれるファシスト的危険性は、巨大と思われる。)他方で逆に、共産主義と親和的な教会の危険もある。参照、(第一巻の)第九章注(12)。

(3) 参照、S. Kierkegaard, *op.cit.*, S. 172.

(4) しかし、S・キルケゴールは、マルクスにもあてはまるのだが、ルターについて「ルターによる修正は……もっとも洗練された種類の世俗性と異端をもたらす」といったことを述べた(*op.cit.*, S. 147)。[参照、『日記』(*Die Tagebücher*, 5. Bd., 1974, S. 172)も。そこでは「もっとも洗練された」の代わりに、「もっとも念入りに選ばれた」と言われている。]

(5) 参照、『フォイエルバッハにかんするテーゼ』の第一一テーゼ(*These über Feuerbach* (1845))[『全集』第三巻S. 7およびS. 535]。参照、第一三章注(11)と(14)。

(6) 参照、第一三章注(14)および本文。

(7) 参照、拙著『ヒストリシズムの貧困』[1987]第一九節S. 45 ff.

(8) フリードリヒ・エンゲルス『反デューリング論』(Friedrich Engels, *Anti-Dühring*[『全集』第二〇巻]S. 86 f.)

(9) 同書、S. 86 f. と S. 248 f.

(10) L. Laurat, *Marxism and Democracy* (1940), p. 16.（強調はわたくしのもの。）

(11) これら二つの引用は、*The Churches Survey Their Task* (1937), S. 130 と Adolf Loewe, *The Universities in Transformation* (1940), S. 1 からである。本章の結論については、参照、H・B・パークスがそのマルクス主義批判の最後の文で表明した見解(*Marxism — A Post Mortem*, 1940, S. 208)も。

第二三章　知識社会学

(1) カール・マンハイムについては、とりわけかれの著『イデオロギーとユートピア』(*Ideologie und Utopie* (1929/1985))を見よ。〈社会的居場所〉という表現も〈全体イデオロギー〉という表現もともにマンハイムに由来する。〈社会学主義〉と〈歴史主義〉という表現は前章で言及しておいた。〈社会的居場所〉という考えはプラトン的である。

マンハイムの『復興の時代における人間と社会』(*Man and Society in an Age of Reconstruction*, 1941)［ドイツ語版 *Mensch und Gesellschaft im Zeitalter des Umbaus*, 1935/1958］は、ヒストリシズム的傾向とロマン主義的、さらには神秘主義的なユートピア主義やホーリズムを融合させた著作である。これについての批判は、拙著『ヒストリシズムの貧困』第三部、とくに第二一節から第二三節 S. 51 ff. で述べておいた。

(2) 参照、『弁証法とはなにか』(『推測と反駁』*Vermutungen und Widerlegungen* (2000) とくに S. 470)におけるわたくしの解釈。

(3) この表現は、K・マンハイム(参照、『イデオロギーとユートピア』*Ideologie und Utopie, op.cit.,* S. 73)に由来する。「自由に浮遊する知性」については、*op.cit.,* S. 135 を見よ。そこでは、この表現はアルフレッド・ウェーバーに帰せられている。伝統にゆるくつなぎ止められている知性という理論については、*op.cit.,* S. 134-143 とくに S. 134 を見よ。

(4) 後者の理論(あるいは、むしろ実践)については、参照、第一一章注(51)と(52)。

(5) 参照、拙稿『弁証法とはなにか』(一九四〇年)、現在は『推測と反駁』(*Vermutungen und Widerlegungen,* S. 474)。参照、第一一章注(33)。

(6) 精神分析法とウィトゲンシュタインの方法との類似性については、John Wisdom, 〉Other Minds〈 (in *Mind,* Vol. 49 [1940] S. 370 注)が言及している。「〈他の人がなにを感じているかをほんとうに知ることはできない〉という疑いは、こうした情報源のうちのひとつ以上から来ている。懐疑的な兆候についてのこうした過大評価は治療を複雑にする。(ウィトゲンシュタインとのアナロジーを拡張すると)治療は精神分析での治療と比較できよう。治療は診断にあり、診断は、症状の可能なかぎり完全な記述にあるというかぎりでだが」などなど。〈言うまでもなく、〈知る〉ということばを通常の意味で使うなら、当然ながら他人がなにを感じているのかを知ることは決してできない。それについては仮説を立てることしかできない。これが、いわゆる問題なるものを解決する。ここで疑念について語るのは間違いであり、疑念を意味分析的な治療で取り除こうとするのはさらに大きな間違いである。）

（7）これは、精神分析家が個人心理学者について語ると思われることであり、おそらくその通りだと思われる。参照、ジグムント・フロイト『精神分析運動の歴史』(Sigmund Freud, *Zur Geschichte der psychoanalytischen Bewegung* [1914], in *Gesammelte Werke*, 10. Bd. [1999], S. 94)。フロイトは、アルフレッド・アドラーがつぎのような発言をしたと伝えている（これは、劣等感が主要な役割を果たすアドラーの個人心理学的図式に適合する）。「あなたの影のなかで全人生をすごすことがわたくしの大きな喜びであるとお思いか。」これは、少なくとも当時のアドラーが、自分の理論を自分自身に適用することには成功していなかったことを示唆しているように思われる。しかし、おなじことはフロイトにも言えるだろう。精神分析の創始者は誰一人として精神分析を受けていない。こうした反論に対して、かれらは通常、自分で自分自身を精神分析したと答えてきた。しかし、かれらは他の者がこのような弁明をしたとしても決してそれを受け入れなかったであろう。――そして、じっさいその通りであった。

（8）科学の客観性についての以下の分析については、参照、拙著『探求の論理』（邦訳、『科

学的発見の論理』*Logik der Forschung* [10. Aufl. 1994]第八節、第二版以降S. 18 ff.)。

(9) この箇所で、カント主義者をヘーゲルの信奉者とおなじように言及したことに対してはカント主義者に謝罪したい。

(10) 参照、第八章注(23)および第一一章注(39)(第二パラグラフ)。

(11) 第一一章注(34)以下。

(12) K・マンハイム『イデオロギーとユートピア』(K. Mannheim, *Ideologie und Utopie*, *op.cit.*, S. 166)。

(13) 最初の引用については、参照、*op.cit.*, S. 166. 第二の引用については、*op.cit.*, S. 165 f.

(14) フリードリヒ・エンゲルス『反デューリング論』(Friedrich Engels, *Anti-Dühring*[『全集』第二〇巻]S. 106)。「ヘーゲルは、自由と必然性の関係をただしく述べた最初の人物である。かれにとって自由とは、必然性の洞察である。」G・W・F・ヘーゲル自身の愛玩観念は、『論理学』(*Die Wissenschaft der Logik*[『著作集』第八巻]S. 158, S. 303)に見出される。「必然性の真理は、それゆえ自由である」というものである。『歴史哲学』(*Philosophie der Geschichte* [『著作集』第一二巻]S. 32)では、「自己意識、つまり自由の原理についてのキリスト教の原理」について語られている。その直後(*op.cit.* S. 33)には、つぎのように書かれている。「同時に、それは自分自身のうちに無限の必然性を含む、自身における自由であり——その概念からすれば、自分自身についての知識であるから——

まさにみずからを意識させ、現実へ向かわせる」などなど。

第二四章　神託まがいの哲学と理性への反逆

(1) わたくしはここでは〈合理主義〉ということばを〈非合理主義〉に対置して用いているのであって、〈経験主義〉に対置して用いているのではない。ルドルフ・カルナップはその著『世界の論理的構築』(Rudolf Carnap, *Der logische Aufbau der Welt* (1928/1998), S. 260)でつぎのように書いている。「合理主義ということばは、いまではほとんどのばあい、……現代的な意味で、つまり非合理主義に対置されるものとして考えられている。」

わたくしは、〈合理主義〉ということばをいま述べたような仕方で使うが、〈経験主義に対比される〉その第二の意味を重要視していないからそうしているのではない。逆に言えば、この対比が哲学のもっとも興味深い問題のひとつを特徴づけると考えている。だが、その問題をここで論じるつもりはない。またわたくしは、〈デカルト的な意味での〉〈合理主義〉ということばに対しては、経験主義との対比を表現するために、〈主知主義〉とか〈知的直感主義〉といったべつのことばを代わりに使うべきではないかと思う。また、わたくしは〈理性〉や〈合理主義〉ということばを定義しているわけでもない。わたくしはそれらをラベルとして使用しているのであって、使われることばになにものも依存しないように注意しているつもりである。参照、第一一章、とくに注（50）（カントへの言及については、第一二章注（56）と本文を見よ）。

（2）《わたくしはこれを自分の講義「伝統の合理的理論に向けて」で試みた。（初出、*The Rationalist Annual*, 1949, S. 36 ff. 現在は拙著『推測と反駁』の第四章（*Vermutungen und Widerlegungen* [2000], S. 175 ff.））》

（3）参照、プラトン『ティマイオス』51e（ならびに、第一一章注（33）でのさらなる指摘）。

（4）参照、第一〇章、とくに注（38）〜（41）および本文。

ピタゴラス、ヘラクレイトス、パルメニデス、プラトンでは、神秘主義的な要素と合理主義的な要素が混在している。とりわけプラトンは、〈理性〉を強調したにもかかわらず、ソクラテスから引き継いだ合理主義がほぼ押し流されてしまうほどに非合理主義を自分の哲学に組み込んでいる。ここから、新プラトン主義者はプラトンのうちにみずからの神秘主義を基礎づける機会をえた。その後の神秘主義のほとんどはこの源にさかのぼる。［参照、Peter Dinzelbacher (Hg.), *Wörterbuch der Mystik*, 1989/1998, S. 367 ff. および S. 425 ff.］

おそらく偶然の一致なのだろうが、それにしても驚くべきことがある。西ヨーロッパと中央ヨーロッパの地域とのあいだには、依然として文化的な境界線が存在するということだ。それは、アウグストゥスのローマ帝国の管轄下に属することのなかった地域、つまり、ローマ文明というローマの平和に浴することのなかった地域とかなり正確に相覆う。まさにこうした〈野蛮人の〉地域には、神秘主義を発明こそしなかったものの、それに向かう傾向があった。クレルヴォーのベルナールは、ドイツで最大の成功を収めた。そこではのちに、マイスター・エックハルトの神秘主義やその学派、またヤコブ・ベーメの神秘主義も栄えた。

スピノザは、デカルト的主知主義と神秘的傾向とを結合しようとして、神秘的な知的直感の理論を再発見した。それは、はるかのちに、カントの強い抵抗にもかかわらず、フィヒテ、シェリング、ヘーゲルによるカント後の「観念論」をみちびいたのであった。第一二章で簡単に示唆しておいたのだが、現代の非合理主義はほとんどすべてヘーゲルにさかのぼる。（参照、本章注（6）、（29）～（32）および（58）、第一一章注（32）／（33）、およびそこで与えておいた神秘主義へのさらなる言及。）

（5）〈機械的活動〉については、参照、本章注（21）と（22）。

（6）わたくしは、つづく見解を捉えるために、〈放棄する〉ということばを用いるつもりである。(1)そのような仮定が虚偽であること、(2)それがたまたま真であるとしても、非科学的であること（あるいは許されないこと）、(3)それが無意味であること、あるいはたとえば、L・ウィトゲンシュタインの『論考』の意味で、〈無意味〉あるいは〈意味がない〉がないこと。参照、第一一章注（51）および本章注（8）(2)。

〈批判的〉合理主義と〈非批判的〉合理主義との区別に関連して、ドゥンス・スコトゥスやカントの教説は、〈批判的〉合理主義へ接近しているものとして解釈できると言っておきたい。(わたくしの念頭にあるのは、〈意志の優位〉――これは、非合理的な決定の優位と解釈することもができるが――というかれらの教説である。)

(7) 本注および以下の注では、パラドックス、とりわけウソつきのパラドックスについて若干のコメントを述べておきたい。述べるにあたって、いわゆる〈論理的〉また〈意味論的〉パラドックスは、もはや論理学者にとってはたんなるオモチャ以上のものではないことをはっきりさせておきたい。たしかにそれは、数学の発展にとって重要であったばかりでなく、他の思考過程にとってもことのほか重要なものであった。それらと自由のパラドックスのような問題とのあいだには、すでに見たように(参照、第一七章注(20)、第七章注(4)(6))、政治哲学において非常に重要な役割を果たすある種のつながりがある。本注の(4)で示すつもりだが、主権についてのさまざまなパラドックスは(参照、第七章注(6)と本文)、ウソつきのパラドックスと非常によく類似している。この種のパラドックスを解決するための(パラドックスがもはや起こらないような言語システムを構築することから成り立つ)現代の方法についてはここでは触れない。――それは、本書の範囲を超えてしまうであろう。

(1) ウソつきのパラドックスは、さまざまな仕方で述べることができる。そのひとつはつぎのようなものだろう。誰かがある日つぎのように言ったとしよう。〈こんにちわたくしが語ったことはすべてウソである〉、もっと正確に言えば〈こんにちわたくしが立てた主張はすべてウソである〉――そしてこの日かれがおこなった主張はこれだけである、と。さて、かれは真実を語ったのかどうか問うてみよう。すると、つぎのようなことがわかる。かれが真実を語ったと仮定すると、かれが語ったことの内容を考えて、かれは真実を語らなかったという結果がえられる。そして、かれが偽なる文を語ったのだと仮定すると、語ったことからして、かれは真実を語ったのだと結論しなければならない。

(2) パラドックスはしばしば〈矛盾〉とも呼ばれる。しかし、こうした言い方は誤解を招きかねない。ふつう矛盾(または自己矛盾)というのは、たんに論理的に偽なる文である。例、〈プラトンは昨日は幸せだった、かつ、プラトンは昨日は幸せでなかった〉といった文は偽であると仮定すれば、もはや困難は生じない。ところが、パラドックスとは、真であると見なしても、偽であると見なしても、困難に巻き込まれるもののことである。

(3) しかし、パラドックスに近い文もあるが、よく見れば自己矛盾にすぎないものもある。たとえば、〈すべての文は偽である〉という文をとり挙げてみよう。この文が真であるとすると、その内容からして、この文は偽であることが帰結する。しかし、偽であるとするなら、なんの問題も生じない。なぜなら、そこからはすべての文が偽ではないこと、言い換えれば、いくつかの、少なくともひとつは真なる文が存在することが帰結してくるからである。このような結果は無害である。というのは、そこからはこのもとの言明が真なる文に属するということは帰結してこないからである。(ただし、これは〈すべての文は偽である〉とか〈すべての文は真である〉といった文を定式化できるパ、ラ、ド、ッ、ク、ス、の、な、い、言語を構築できるという意味ではない。)

だから、〈すべての文は偽である〉という文は、じっさいにはパラドックスではないのだが、親切心を示してやって〈ウソつきのパラドックスの一形式〉と呼んでおこう――あきらかに似ているのだから。そして、このパラドックスの古いギリシア的定式化(クレタ人のエピメニデスは〈すべてのクレタ人はウソをつく〉と言う)は、このことば遣いからすれば、むしろ〈ウソつきのパラドックスの一形式〉、すなわちパラドックスというよりもむしろ矛盾である。(参照、次注および本章注(54)も。)

(4) 簡単にではあるが、ここでは、ウソつきのパラドックスと、さまざまな主権のパラドックス――たとえば、もっとも優れた者、もっとも賢い者、あるいは多数派が支配すべきであるといった原則――との類似性を示しておきたい。(参照、第七章注(6)と本文を参照。)

クーパー・H・ラングフォードは、さまざまなタイプのウソつきのパラドックスを記している。そこにはつぎのようなものがある。AとBの二人によってなされるつぎの二つの主張を考えてみよう。

Aは言う、〈Bの言っていることは真である。〉

Bは言う、〈Aの言っていることは偽である。〉

すでに述べた方法を使えば、これら二つの文のどちらもパラドックスを生み出すことは容易にわかる。さて、つぎの二つの文を考えてみよう。最初の文は、もっとも賢い者が支配すべきであるという原則である。

(A)原則は言う、(B)のもとでもっとも賢い者が言うことは法律であるべきである。

(B)もっとも賢い者は言う、(A)のもとで原則が言うことは法律であってはならない。

(8) (1)いっさいの前提を回避するという原理は、(本章注(7)(3)の意味で)「ウソつきのパラドックスの一形式」であり、それ自体で自己矛盾していることは、つぎのように述べてみれば容易にわかるであろう。ある哲学者が、論証をすることなく、〈論証をすることなく受け入れられた原則はなんであれ認められない〉という原則を導入して研究を開始するとする。さて、この原則が真であると仮定してみよう。すると、その言っていることからしてあきらかに研究を開始することはできないであろう。(これとは反対の仮定からは困難は生じない。)〈理想的だが実行不可能な助言〉というコメントは、たとえばエドムント・フッサールが提唱したこの原則に対してなされる通常の批判である。ジョン・レアード(『最近の哲学』(John Laird, *Recent Philosophy*, 1936, S. 121))は、この原則についてつぎのように書いている。それは「フッサールの哲学の主要な特徴である。だが、成功するかどうかはおぼつかない。なぜなら、前提というものはいつでも忍び入る術を心得ているのだから。」ここまでは全面的に同意できるが、つぎのコメントはいただけない。「……いっさいの前提を回避するというのは、不注意な世界では非現実的であることはあきらかだが、理想的な助言ではあろう。」(参照、第二五章注(5)も。)

(2)ここでは、本章注(7)(3)の意味での〈ウソつきのパラドックスの一形式〉であり、したがって自己矛盾するいくつかの〈原則〉をさらに取り上げてみよう。

(a)社会哲学の観点からすると、つぎのような〈社会学主義の原理〉(および類推的に〈歴史主義の原理〉)は興味深い。それらはつぎのように述べることができよう。〈いかなる文も絶対的に真ではなく、すべての文は必然的に語り手の社会的(あるいは歴史的)生息地に相関する。〉あきらかに、これには注(7)(3)での考察が実質的に変更なしに妥当する。こうした原理が真であると仮定すると、この原理は真ではなく、その語り手の社会的・歴史的な生息地に相関しているにすぎないことが帰結してくる。参照、本章注(53)と本文も。

(b)この種の例のいくつかは、L・ウィトゲンシュタインの『論考』(L. Wittgenstein, *Tractatus* [1921/2001])に見出される。そのうちのひとつは、ウィトゲンシュタインのつぎのような文(参照、第一一章注(46))である。「真なる文の全体が自然科学の全体である」(命題四・一一 S. 41)。ところで、この文は自然科学に属さない(メタ科学、すなわち科学について語る理論に属する)のだから、みずからは真でないと主張していることになり、したがって矛盾している。

また、この文がつぎのL・ウィトゲンシュタイン自身の原理（『論考』［命題三・三三二 S. 28］）、すなわち、「いかなる文もそれ自体についてなにかを語ることはできない」を損なっていることは火を見るよりもあきらかである。

〈しかし、いま引用したばかりの原理――「W」と呼んでおこう――でさえ、ウソつきのパラドックスの一形式であることがあきらかになるのであり、みずからが真ではないことを主張しているのだ。（したがって――ウィトゲンシュタインは信じていたわけだが――これは、「タイプ理論の全体」、すなわち、バートランド・ラッセルがみずから発見したパラドックスを回避するために提唱した理論――この理論にしたがえば、あらゆる文のような表現は、真の文、偽の文、無意味な表現または文まがいの三クラスに分類される――の要約とか代用にはとうていなりえない。）なぜなら、ウィトゲンシュタインの原理Wについては、つぎのように再定式化できるからである。

（W＋）自分自身につけられている名前を含むか、あるいは自分自身が属する範囲を領域とする個体変項を含むことで、自分自身を参照しているすべての表現（とくに文のように見えるすべての表現）は、文ではなく、（無意味な文まがいである）。

さて、W＋が真であると仮定してみよう。すると、W＋は、表現であり、すべての表現にあてはまるという事実から、W＋は文ではありえない――したがって、W＋は、必然的に真ではない——ということが帰結する。

したがって、*W*+が真であるという仮定は受け入れがたいのであり、*W*+は真ではありえない。しかし、だからといってこの文が偽であらざるをえないことになるわけではない。なぜなら、偽であると仮定しても、無意味である(または、意味がない)と仮定しても、すぐさま困難に巻き込まれるわけではないからである。

L・ウィトゲンシュタインは、おそらく、つぎのように書いたとき、この点はわかっていたというかもしれない(*op.cit.*[命題六・五四 *S.* 115]、参照、第一一章注(51)(1))。「わたくしの文は、わたくしを理解する人が最後には意味がないと認識することで、その意味があきらかになる。」いずれにせよかれは、*W*+を偽ではなく、無意味と見なしたがっていたのだと想定してもよいだろう。だがわたくしは、*W*+は無意味ではなく単純に偽であると考える。より正確に言えばこうである。*W*+のように、自分自身の無意味さを主張する文を、自分自身について語る手段をもっており、そして〈文〉とか〈非文〉といった分類を表わす表現の名前が生じてくる、形式化されたあらゆる言語(たとえば、クルト・ゲーデルの決定不可能な文を表現しうるようなあらゆる言語)のなかで、形式化するならば、それは自己矛盾的であり、ことば本来の意味で無意味でもパラドックスでもないものとなろう。そう形式化されたものは一定の表現すべてについて、それらは文ではない(ただしく形成された言表形態ではない)と語っているのであるから、[それ自身としては]有意味な文ということになろう。そして、こうした主張は、〈ただしく形成された言表形態であるということ〉(あるいは、そうではないということ)は表現の性質であるという理由だけからして、真か偽であって、無意味ではないであろう。たとえば、〈すべての表現は無意味である〉という文をとりあげてみよう。この文は、自己矛盾しているが、本来の意味でパラドックスではないことはあきらかであろう。そして、おなじことは、「表現 x は無意味である」という文において「x」にこの表現の名前を代入するときにもあてはまるであろう。J・N・フィンドレーのアイデアに手を加えれば、つぎのように書ける。〈ここ以下の表現における変項 x に、みずからが引用される際の名前を代入してえられる表現は文ではない〉から生じる表現は、この表現の変項にみずからが引用される際の名前が代入されるならば文ではない。

そして、この文そのものは自己矛盾する文であることがあきらかになるだろう。(〈文ではない〉の代わりに二度とも〈偽なる文である〉と書くならば、ウソつきのパラドックスがえられ、〈証明不可能な文である〉と書くならば、J・N・フィンドレーの記述のもとでゲーデルの定理がえられる。)

要約しておこう。第一印象とは対照的に、自分自身が無意味であることを帰結としてもつ理論は、無意味ではなく偽であることがわかる。〈無意味〉という述語は、〈偽〉という述語とは対照的に、パラドックスを生じさせないからである。そしてウィトゲンシュタインの理論は、それゆえに、かれが信じているように無意味なのではなく、単純に偽(より正確に言えば、自己矛盾)なのである。

(3)実証主義者のなかには、言語の表現を(i)真なる文、(ii)偽なる文、(iii)無意味な表現(より良く言えば、ただしく形成されていない文)に分割することは多かれ少なかれ〈自然〉であり、そしてまた——最後に分類された表現は無意味であるのだから——パラドックスや同時に形而上学的体系を取り除くと主張する者もいる。以下の例は、この三分割では不十分であることを示すはずである。

将軍つきの防諜将校が、(i)〈将軍の箱〉、(ii)〈敵の箱〉(これは、敵のスパイに盗みやすくなっているもののことである)、(iii)〈反故〉とレッテルの貼られた箱を三つ扱っているとしよう。かれは、正午までに到着したすべての情報を、(i)真か、(ii)偽か、(iii)無意味かに応じて、この三つの箱に分類するように指示されている。

しばらくのあいだ、かれが受け取る情報は、簡単に分類できるものであった。(ここには、自然数論にかんする真なる文、またおそらく論理学の文、たとえば〈一連の真なる文から、妥当な推論規則を使って偽なる文を導出することはできない〉といった定理Lなども含まれる。)正午直前に最後の郵便で届いた情報Mは、つぎのようなものであり、彼を少し混乱させる。〈将軍の箱のなかにある、またはそれに割り当てられるべきすべての文の全体から、妥当な推論規則によって、「0=1」という文を妥当な仕方で導出することはできない〉将軍つきの将校は、最初、Mを(ii)に入れるべきではないのかと戸惑う。しかし、Mが敵に貴重な真なる情報を与えるだろうと気づいて、結局、Mを(i)に入れることにした。

しかし、これは重大な間違いであることが判明する。なぜなら、将軍つきの記号論理学者は将軍の箱の内容を形式化し算術化したあとで、箱に入っている文のなかに、それらの文の無矛盾性の主張があり、ゲーデルの第二決定可能性定理によれば、矛盾がみちびかれ、結果として〈0＝1〉が、事実として、将軍に到達したいわゆる真なる情報から導出されうることを発見したのである。

この困難を解決するには、三つに分類せよという要請が——少なくとも自然言語のばあいには——正当ではないことを認識しなければならない。そして、アルフレッド・タルスキの真理論からは、どれだけの数の箱でも足りないことがわかるのである。同時に、〈ただしく形成された言表形態に属していない〉という意味での〈無意味さ〉は、深遠な意味があると見せかけることはできても、文字通りなにごとも意味していない語という意味での〈意味のない話〉とは決して同義ではない。だが、実証主義者たちは、形而上学の文は、ここで拒絶した意味で〈無意味〉であることを発見したと信じているのだ。》

(9) アルフレッド・N・ホワイトヘッドがその著『過程と実在』(Alfred N. Whitehead, *Process and Reality* [1929, ドイツ語訳 *Prozeß und Realität*, 1987])の特徴をなしている、

議論をほとんど評価しないという態度にみちびかれたのは、〈帰納問題〉の困難のためだったと思われる。(参照、本章注(33)〜(37)も。)

(10)　これは道徳的決定の問題であり、たんに好みの問題ではない。なぜなら、そこにあるのは私事ではなく、他人やその人生にかかわることがらであるからである。(美的嗜好の問題と道徳的問題の対比については、参照、第五章注(6)の本文、第九章のとりわけ注(10)〜(11)の本文。)ここでわれわれが直面している決定は、きわめて重要である。なぜなら、それに直面している〈教養人〉は、まだそれに遭遇していないすべての人びとの知的代弁者としての役割を果たさなければならないからである。

(11)　キリスト教の最大の強みは、思うに、人間の苦しみをあるがままに描写するにあたって、本質的にいって、抽象的思弁ではなく、想像力に訴えるところにある。[さきに引用した箇所は、バーナード・ショー『聖女ジャンヌ・ダルク』(Bernard Shaw, *Die heilige Johanna*, 1990, S. 192)からである。]

(12)　カントは、道徳的決定において平等の理念のために闘う偉大な闘士であったが、人間はひとしくないという事実がもたらす有益な効果を強調していた。かれは、人間の性格や見解の多様性と個性あふれる姿のうちに、道徳的ならびに物質的な進歩のもっとも重要な条件のひとつを見ていた。

(13)　ここで示唆しているのはオルダス・ハクスリー『すばらしい新世界』(Aldous Huxley,

Brave New World [1932/2001, ドイツ語訳 *Schöne neue Welt*, 2001])である。

(14) 事実と、決定もしくは要求との区別については、参照、第四章注(5)以下の本文。政治的要求(あるいはL・J・ラッセルの意味での提案)の言語については、第六章注(41)～(43)の本文および第五章注(5)(3)で論じておいた。

わたくしは、すべての人間が生まれつき知的に平等であるという理論は間違っているという考えに傾いている。しかし、ニールス・ボーアのような人たちが、個人差の原因は環境の影響のみであると主張しているし、この問題を決定するための十分な実験データがないので、〈おそらく間違っているだろう〉としか言いようがない。[ハンス・ユルゲン・アイゼンクは、そうこうするうちにカール・ポパーの仮説を実験的に確認した。参照、『遺伝、知性、教育。教育学上の環境理論の批判によせて』(*Vererbung, Intelligenz und Erziehung. Zur Kritik der pädagogischen Milieutheorie*, Stuttgart 1975)。]

(15) たとえば、第九章注(12)の本文で引用したプラトン『政治家』からの一節を見よ。この種のことを示す他の一節は、『国家』409eから410aである。「魂が卓越しているから善い」という「善い裁判官」について語ったあと(409b/c)、プラトンはつぎのようにつづけている(409e/f)。「肉体的にも精神的にも健康で優れた資質の市民の面倒を見るために、医師や裁判官を任命しないであろうか。かれらは、健康状態の悪い者は死なせるであろう。かれらは、本性が退化した者、魂が治癒できない者を殺すだろう。」――「そうだ」とかれは言った。「君はこれが最善だと証明したのだから――かれらにとっても国家にとっても。」

(16) 参照、第八章注(58)および第一〇章注(28)。

(17) 一例は、H・G・ウェルズである。かれは、その著『戦争と平和の常識』(H. G. Wells, *The Common Sense of War and Peace* [1940, S. 7-12])の第一章に、「成年者は指導者を必要としない」という優れたタイトルを付けた。(参照、第一二章注(2)も。)

(18) この問題と寛容のパラドックスについては、第七章注(4)で論じておいた。

(19) 〈世界〉は合理的ではない。しかし、それを合理化するのが科学の課題である。〈社会〉は合理的ではない。しかし、それを合理化するのが社会工学者の課題である。(だからといって、もちろん、社会工学者が社会を〈管理〉するべきだとか、中央集権的ないしは集団主義的な〈計画〉が望ましいということではない。) 通常の言語(日常語)は合理的ではないが、それを合理化するか、少なくともその明確性の規準を維持することがわれわれの課題である。このように特徴づけられた態度は、実践的合理主義(pragmatischer Rationalismus)と呼べるだろう。非批判的合理主義や非合理主義に対する実践的合理主義の関係の仕方は、批判的合理主義がそれらに対してもつ関係に類似している。なぜなら、非批判的な合理主義者は、世界は合理的であり、そしてそうした合理性を発見するのが科学の仕事であると主張し、非合理主義者は、その核心において非合理的な世界を、科学の方法ではなく、感情や情熱(または知的直感)によって体験し、汲みつくすべきだと主張するからである。それとは反対に、実践的合理主義は、世界が合理的ではないことを認めるであろうが、可能なかぎり世界を理性に服従させることを要求するであろう。実践的合理主義は、R・カルナップのことば(R. Carnap, *Der logische Aufbau der Welt*, 1928/1998, S. XV f.)ではつぎのように述べられている。「それは、至るところに明晰性を求めるが、生の見通しきれない錯綜を認める態度である。」

(20) われわれの言語の明晰性の規準という問題については、参照、前注および第一二章注(30)。

(21) 産業化と分業は、たとえばアーノルド・J・トインビー『歴史の研究』(Arnold J. Toynbee, *A Study of History*, Bd. I [1934/1979], S. 2 ff.)によって攻撃されている。トインビーは、「産業システムの威信は、西洋世界の〈知的労働者〉に刻み込まれている……そして、それらの材料を〈工場による製品〉や〈半製品〉に〈加工〉したとき、かれらは分業に手を染めた」[S. 4]と不満を述べている。べつの箇所でA・J・トインビーは物理学の専門雑誌について、「これらの雑誌は、〈本の形をした〉産業システムであり、分業をともなって、原材料から機械的につくられた記事の持続的な最大級の配信をおこなっている」[S. 2]と言っている(強調はわたくしのもの)。トインビーはヘーゲル主義者のディルタイとともに、精神科学は少なくともこれらの方法から遠ざかるべきであると強調している(S. 3, Anm. 2)。[A・J・トインビーによって一〜六巻の要約版が『世界史の過程』と題されて二巻本として一九七九年に出版されている。それは英語の全集版のほんの一部しか含んでいないので、ここでは使用していない。」（かれはヴィルヘルム・ディルタイのことばを引用している。「しかし、真のカテゴリーは、精神科学においては自然科学におけるごとくどこにおいても同一ということはない。」〔『精神科学における歴史的世界の構築』(Wilhelm Dilthey, *Der Aufbau der geschichtlichen Welt in den Geisteswissenschaften*, 1927/1992, S. 197.)〕）

科学分野での分業にかんするトインビーの解釈は、ディルタイが自然科学の方法と社会科学の方法のあいだの裂け目を広げようとしたのと同様に、わたくしには見当違いのように見える。トインビーが「分業」と言っているものは、「共同作業と相互批判」と呼ばれたほうがよいものである。参照、第二三章注(8)以下の本文ならびに本章で引用されているマクマレーの科学の共同作業にかんするコメント（注(26)の本文）。トインビーの反合理主義(Antirationalismus)については、参照、第一一章注(61)も。

(22) アドルフ・ケラー『ヨーロッパ大陸における教会と国家』(Adolf Keller, *Church and State on the European Continent* (The Social Service Lecture, 1936) [1936, S. 54])。わたくしはL・ウェブのおかげでこの興味深い一節に気づくことができた。

(23) 一種の道徳的実定主義としての道徳的未来主義については、参照、第二二章（とくに注(9)以下の本文）。

指摘しておきたいが、わたくしはケラーのコメントを(昨今の流行とは反対に)まじめに受け止めようとした。わたくしは、実証主義的な流行が要求するごとくにそのコメントを無意味なものとして却下するのではなく、真であるかを問うているのだ。参照、第一一章注(51)以下。

(24) 参照、第一〇章注(70)と本文、第一一章注(61)。

(25) 『マタイオスによる福音』第七章一五以下。「偽予言者を警戒しなさい。彼らは羊の皮をかぶって来るが、正体は貪欲な狼である。あなたたちは、彼らの結ぶ実でその正体を見抜くことができる。」

(26) この二箇所は、ジョン・マクマレー『歴史への鍵』(John Macmurray, *The Clue to History* (1938)) S. 86とS. 192である。(わたくしがマクマレーに同意しない点については、参照、第二五章注(16)の本文。)

(27) 参照、L・スーザン・ステビングの著書『哲学と物理学者』(L. Susan Stebbing, *Philosophy and the Physicists* [1937/1969])と、いまでは拙著『推測と反駁』(*Vermutungen und Widerlegungen*, S. 477 f.)所収の「弁証法とはなにか」におけるジーンズのヘーゲル主義についてのわたくし自身の短評。

(28) 参照、第七章注(8)〜(12)とそこでの本文。

(29) 参照、第一〇章、とりわけ章末、すなわち注(59)〜(70)と本文(とくに注(59))でのマクタガートへの言及)、序章での注、第一一章注(33)と第一二章注(36)、本章注(4)(6)(58)。参照、また、世界を限定された全体と考えたり、そう捉えるのは神秘的な感情であるというウィトゲンシュタインの主張(本章注(32)で引用)も。

政治における神秘主義とその役割にかんして最近話題になったのは、オルダス・ハクスリーの『灰色の猊下』(Aldous Huxley, *Grey Eminence* [1941, ドイツ語訳 *Die graue Eminenz*, 1962])である。この著はきわめて興味深い。というのも、著者が、神秘主義者にして政治家のジョゼフ神父について物語りつつ、みずからの著書の主要テーゼを明確に反駁していることに気づいていないように見えるからだ。そのテーゼによると、神秘的活動の修行は、公共政治の指導者が緊急に必要とするあの絶対的にして確実で安全な道徳的、宗教的基礎を人びとに提供する唯一知られた教育上の科目なのである。ところが、ハクスリーの描く物語は、ジョゼフ神父がその訓練にもかかわらず、誘惑——権力をわが手に収めようとする者にとってのありふれた誘惑——に陥ること、そしてそれにあらがうことができないこと、つまり、絶対的権力はその者にとっての絶対的堕落であることを示しているのだ。言い換えると、著者によってある程度まで詳細に論じられた唯一の歴史的証拠は、著者のテーゼを完全に反駁しているのである。ところが、著者はそれに不安を覚えていないように見える。

(30) フランツ・カフカ[〉Von den Gleichnissen〈, in *Gesammelte Werke*, Bd. 5, 1976, S. 72.

原作における引用はつぎのように始まる。「すべてのこれらのたとえ話は、本来はただつぎのことを言いたいだけであるかのようである……」」。

(31) 参照、本章注(19)も。

(32) ルートヴィヒ・ウィトゲンシュタイン『論考』(*op.cit.* [文6. 44と6. 45, S. 114])。「神秘的なのは、世界がどのようにあるかではなく、それがあるということである……──限定された全体として世界を捉えるのは神秘的な感情である。」このように、ウィトゲンシュタインの神秘主義は典型的に全体論的である。ウィトゲンシュタインの他の箇所にはこうある。〈もちろん、語りえないものがある。──L・ウィトゲンシュタイン それはみずからを示す。それは神秘的なものである〉(*loc. cit.*)、参照、R・カルナップがその著『言語の論理的構文論』でおこなっている批判(R. Carnap, *Logische Syntax der Sprache* (1934/ 1968), S. 208 f.)。参照、第二五章注(25)と本文、ならびに本章注(29)とそこに示しておいたさらなる指摘。

(33) 参照、第一〇章、たとえば、注(40)と(41)。この種の哲学が示す部族主義的で秘教的な傾向の一例をハンス・ブリューアーから引いておこう。[*Die Aristie des Jesus von Nazareth*, 1921, S. 30]、(強調はわたくしのもの)。「キリスト教はあきらかに貴族的であって、道徳から自由であり、教授できない教義である。キリスト教徒は外貌によって相互を認識する。かれらは人間社会にあって、つねに相互を理解し合うが、自分たちのもとに属さない者は理解しえない階層を形成する。それらは秘密の結社である。しかし、キリスト教のなかではたらいている愛は、神殿ではたらいている愛とおなじであり、人類愛とか隣人愛とはなんの関係もない。それらは、ユダヤ教の律法に属し、それにたいしてはユダヤ教だけが責任を負わなければならないのである。」もうひとつの例は、E・フォン・ザロモンの著『追われし者』から引用できる。（この著からは、第一二章注(90)でも引用しておいた。ここでの引用はS. 153からである。強調はわたくしのもの。）「われわれは多くのばあい、一目でお互いを認識し合った。いつも一〇〇人のなかに三、四人はほとんど自分からやってくる者がいた。」

(34)　このコメントは歴史的な意味で理解されるべきではない。わたくしは、将来においてこの対立紛争にはもう役割がなくなるなどと予言しようとしているのではない。言いたいのは、この問題はもはや存在しないということ、あるいは、いずれにせよ目下目撃されている悪しき宗教と比較すると、したがってまた全体主義や人種差別の問題との比較のもとで言って、大きな意味はもたなくなったことをわれわれはもう学びえたのではないかということにすぎない。――《人間を主人と奴隷に分けることについては、参照、第一一章注(25)も。》

(35)　ここで示唆しているのは、A・N・ホワイトヘッドとB・ラッセルの『プリンキピア・マテマティカ』(A. N. Whitehead und B. Russell, *Principia Mathematica* [1913/1992])である。（A・N・ホワイトヘッドは、『過程と実在』(*Process and Reality*, S. 10, Anm. 1)

のなかで、これらの「序論の議論は実質的にラッセルのものであり、第二版では完全にかれに由来する」と述べている。［注（9）で触れたように、*Prozeß und Realität*, S. 40, Anm. 3.］

（36）参照、A・N・ホワイトヘッド『過程と実在』（*Prozeß und Realität*, S. 44 および S. 218）でのヘーゲル（および他の多数の者たち、なかでもプラトンやアリストテレス）への言及。

（37）A・N・ホワイトヘッド *op.cit.*, S. 70 f. 強調はわたくしのもの。

（38）参照、I・カント『将来のあらゆる形而上学へのプロレゴメナ』への付録［1993］S. 147 f.

（39）A・N・ホワイトヘッド『過程と実在』S. 53.

つぎのパラグラフで述べる〈受け入れるか、捨てておけ〉という態度については、参照、第一一章注（53）。

（40）A・N・ホワイトヘッド *op.cit.*, S. 621. 他の二つのアンチテーゼはこうである。「世界が神のうちに内在していると言うのは、神が世界のうちに内在していると言うのとまさにおなじように真である……神が世界を創ったと言うのは、世界が神を創ったと言うのとおなじように真である。」これはドイツの神秘主義者ヨハンネス・シェーフラー（アンゲルス・シレジウス）がつぎのように書いたのを彷彿とさせる。「わたしは神のように偉大である。神はわたしのように矮小である。神はわたしを凌駕することはできない。わたしは神の下につくことはできない。」[*Cherubinischer Wandersmann*, 1675/1983, S. 28]。

（このパラグラフ後半での）コメントについて。著者の意図を理解できないと書いたとき、わたくしは大きな心理的抵抗を覚えた。なぜなら、「理解できない」という批判は、かなり安易で危険な戯れであるからである。だが、努力したにもかかわらず、理解できないというのが真実であったので、このことばを書き留めた。

(41) 一七六六年四月八日付のモーゼス・メンデルスゾーン宛I・カントの書簡[『往復書簡集』、オットー・シェーンデルファーによる選択と注釈、一九八六年 S. 52]。

(42) A・J・トインビー『歴史の研究』(*A Study of History* [1939/1979], Bd. VI, S. 536 f.)

(43) A・J・トインビーは、「伝統的正統派の精神の持ち主」について、かれらは「われわれの研究を、福音書に述べられたイエス・キリストの物語の歴史的真実性に対する攻撃と見るだろう」と述べている(*op.cit.* S. 537)。そしてかれは、神は真実をつうじてとおなじく詩をつうじてみずからを現わすと主張する。かれの理論によれば、「神は〈民衆の芸術〉のなかでみずからを啓示した」。

(44) A・J・トインビーの方法をかれ自身に適用するというこの試みをさらに追求してみよう！　そのときには、全一三巻で予定されているかれの『歴史の研究』は、「現在ケンブリッジ大学出版局から出版されているさまざまなシリーズ」と肩をならべる力業——かれは「素晴らしいトンネル、橋梁、ダム、定期船、戦艦、摩天楼」に比肩している(Bd. I, S. 4)——ではないのかという問いが生じるだろう。なかんずく、トインビーの力業は、より正確に言うなら、かれがみずから〈タイムマシン〉の構築と呼んでいるもの、つまり過去への逃亡ではないのか、という問いが生じてこよう。(参照、第一一章注(61)で簡単に触れておいたトインビーの中世への偏愛。参照、そのほかに本章注(54)。)

(45) わたくしは、いまのところ最初の六巻までしか見てない。科学者への言及は少ないが、アルベルト・アインシュタインはその少ない者のうちの一人である。

(46) A. J. Toynbee, *op.cit.*, Bd. II [1934/1979], S. 178.

(47) A. J. Toynbee, *op.cit.*, Bd. V. 引用文はS. 581 ff. である(強調はわたくしのもの)。

本文中で述べておいたように、トインビーはマルクス主義の教説、とりわけ『共産党宣言』を軽視している。これとの関連で、かれがこの巻のS. 179 (Anm. 5)につぎのように書いていることが注目されてよい。「ロシア社会民主党のボリシェヴィキまたは多数派は、(一八七一年のパリ・コミューンに敬意を表して)一九一八年三月にロシア共産党に改名した。同巻のS. 582, Anm. 1にも同様の注釈がある。

しかし、これはただしくない。レーニンが一九一七年四月の党大会に提出した名前の変更(参照、Emile Burns (Hg.), *A Handbook of Marxism* [1935/1970], S. 783)は、あきらかに、W・I・レーニンが述べたように、「マルクスとエンゲルスが自分たちを共産主義者と名のった」[S. 787]という事実と『共産党宣言』に言及している。

（48）参照、F・エンゲルス『空想より科学へ』(F. Engels, *Die Entwicklung des Sozialismus von der Utopie zur Wissenschaft*)（参照、第一三章注(9)）。マルクス的共産主義の二つの歴史的ルーツ（一方におけるプラトンとおそらくはピタゴラスの古代賛美、他方におけるそれらから影響を受けたと思われる使徒言行録）については、第五章注(29)で論じておいた。参照、第四章注(30)、第六章注(34)〜(36)、ならびに第一三章注(3)と(8)（および本文）も。

（49）A. J. Toynbee, *op.cit.*, Bd. V, S. 587.

（50）参照、第二二章、とりわけ注(1)〜(4)の本文とその章の末尾。

（51）この一節は孤立しているわけではない。トインビーはしばしば〈歴史の裁き〉に敬意を表しており、それは「キリスト教では、神は歴史のなかで啓示される」というかれの教説と合致する。この（カール・バルトの言う）「新プロテスタントの教義」については、次章で論じることにしよう。（参照、とりわけ第二五章注(12)）。

トインビーのマルクス論に関連して、かれの論じ方すべてがマルクス主義の影響を強く受けていると言っておく必要があるだろう。かれはつぎのように述べている(*op.cit.*, Bd. I, S. 41, Anm. 3)。「マルクス主義の教説を拒絶する人びとが使うことばのなかにも、マルクス主義の影響が刻印されたことばがひとつならずあった。」これが言及しているのは、「プロレタリア階級」という語の用い方のことである。しかし、これは語のたんなる用い方にかぎられた話ではない。

(52) 参照、A・J・トインビー *op.cit.*, Bd. III, S. 476. この箇所は、第一巻第一部「歴史上の思想の相対性」を指している。（歴史上の思考の〈相対性〉にかんする問題は次章で述べる。）歴史相対主義（とヒストリシズム）についての初期の優れた批判は、ヘンリー・シジウィック『哲学、その範囲と関係』(Henry Sidgwick, *Philosophy. Its Scope and Relations* (1902/1998))、第九講、とくにS. 180 f. にある。

(53) というのも、すべての思考は、その歴史的生息地に〈不可避的に相関〉し、したがって〈絶対的に真〉であることはない、つまり真ではありえない――としたら、それは必然的にこの主張自体にもあてはまることになろう。つまり、これは真でありえないのであって、不可避的な〈人間本性の法則〉でもありえない。参照、本章注(8)(2)の(a)も。

(54) トインビーは過去に逃げ込もうとしているという主張については、参照、本章注(44)と第一一章注(61)。（そこではトインビーの中世賛美を述べておいた。）トインビー自身も古代賛美に対しては優れた批判を提出しており、古代語を（とくにパレスチナで）復活させようとするナショナリズム的な試みを攻撃しているが、わたくしは全面的に賛同する（参照、*op.cit.* Bd. VI, S. 65 f.）。しかし、産業システムへのトインビー自身の攻撃（参照、本章注(21)）も、古代賛美に近いと思われる。――未来への逃避については、トインビーの著作第一二巻の告知された予言的なタイトル『西欧文明の展望』以外の兆候はない[第一二巻として一九六一年に『再考』が出版された]。

(55)「イスラム教の創始者の悲劇的でもある世俗的成功」については、A・J・トインビー *op.cit.*, Bd. III, S. 472で言及されている。イグナチオ・デ・ロヨラについては、参照、Bd. III, S. 270とS. 466 f.

(56) A・J・トインビー *op.cit.*, Bd. V, S. 590. ――以下の一節は同巻S. 588からである。

(57) A・J・トインビー *op.cit.*, Bd. VI, S. 13 f.

(58) 参照、A・J・トインビー op.cit., Bd. VI, S. 12 f.(ここでは、アンリ・ベルグソン『宗教と道徳の二源泉』(Henri Bergson, *Les deux sources de la morale et de la religion* [ドイツ語訳 *Die beiden Quellen der Moral und der Religion*, 1992])が参照されてよい。)

A・J・トインビー(Bd. V, S. 585, 強調はわたくしによる)からつぎのヒストリシズム的な箇所を引用しておこう。それはこの文脈で興味深い。「キリスト教徒は――歴史研究はかれらが間違いなくただしいことを証明しているが――……人間が、人間界を超えた、神ご自身を王とする神の国の市民となる以外に、兄弟となることは不可能であると信じている。」歴史研究がこうした主張をいかにして証明できるというのだろうか。そうした証明が可能であると主張するのは責任重大なことではないだろうか。

H・ベルグソンの『二源泉』[1992]について言えば、あらゆる種類の創造的思考には非合理的または直感的な要素があるという見解には全面的に同意するが、こうした要素は合理的で科学的な思考にも見ることができる。合理的思考には、どんな直感もないというわけではないのであって、そこには（奔放な直感とは異なって）、テストやテスト手順に服する直感が存在する。これは、開かれた社会が出現してきたときの問題にも応用できる。あきらかにソクラテスのような人物は直感に鼓吹されていたと思われる。だが、開かれた社会の創始者たちを、開かれた社会の発展を阻止しようとする者たちから、またプラトンのようにおなじく直感に触発されていた者たちから区別するのはかれらの合理性である。この後者の者たちの直感は理性（本章でこの表現が使われた意味での理性）によるテストに服さないからである。

（59）参照、第一八章注（4）。参照、序論の注も。

第二五章　歴史に意味はあるか

（1）いわゆる協定主義者（H・ポワンカレ、P・デュエム、最近ではA・S・エディントン）。参照、第一巻第五章注（17）。

（2）参照、拙著『探求の論理』（*Logik der Forschung* [10. Aufl. 1994]）。

（3）「精神のバケツ理論」は第二三章で言及しておいた。（《「科学のサーチライト理論」については、参照、わたくしの講義「伝統の合理的理論を目指して」（一九四九年）、いまは拙著『推測と反駁』［2000］第四章として所収、とくにS. 185 f.》おそらく、「サーチライト理論」は、カント主義のうち、まだ主張可能な要素を強調するものであると言えよう。カントの間違いは、サーチライト自体は改善できないと信じたこと、そして、多数のサーチライト（理論）が存在し、それらは他のサーチライトが照らしださない事実を照らし出し理解可能にするという点を認識しなかったことだと言えるかもしれない。しかし、特定のサーチライトを放棄することで、われわれは進歩に向かうのである。

（4）参照、第八章注（23）。

（5）すべての前提を回避しようとする試みについては、参照、第二四章注（8）（1）での批判（フッサールへの批判）とその本文。前提（あるいは観点）を回避できるというナイーブな考えは、ハインリヒ・ゴンペルツによってもべつな仕方で攻撃された。参照、Heinrich Gomperz, *Weltanschauungslehre*, I. Bd. 1905, S. 33 とS. 35.「哲学的な、あるいは科学的な、したがっていずれにしても思慮のある態度は（だから、牛みたいに飲み食いしたり、画家みたいに眺めているとか、心酔者のように感極まっている態度ではないわけだが）」と書かれているので、こう見なさなければならない。哲学者は「事実がたんにそこにあることに満足しているのではなく、それらについて考えようとしているのだ、と。……だがいまや、伝統とのつながりを断ち切り、直接に経験の事実に立ち返ろうとする過激主義の出現があらわである。とはいえ、その背後では、本当のところは、いつでも隠密のうちに伝承されてきた概念にもとづく理解の仕方を批判もせずに受け入れているのだ。そう、わたくしには思えてならない。なぜなら、そうしたラディカルな態度においても、事実についてのなにがしかの考えは出現してこざるをえないからである。そうした考えは、天から降ってくるものではないのであって、伝統そのものから取られたか、あるいは、継承された出発点からさらに形成されたものであらざるをえないのである。したがって、いずれにしても受容が生じているのだ。だが、そうした受容は批判的なものではありえない。なぜなら、当該の思想家たちは、こうした点をまったく自覚しておらず、事実そのものを語っているだけだと主張したり、〈純粋な経験〉以外になにも認めていないと主張したりするほどなのだから。だから、かれらの思考の根底には批判なき受容が、……ある。」（参照、おなじ著者の〈解釈〉と題された論評〈Interpretation〉in *Erkenntnis*, Bd. 7 [1937/38], S. 225 ff.）

（6） 参照、A・ショーペンハウアーの歴史についてのコメント（Parerga など第二巻第一九章二三八節、『全集』所収（*Sämmtliche Werke*, hrsg. von J. Frauenstädt, 2. Aufl. 1888, Bd. VI, S. 480））。

（7） (1)わたくしの知るかぎりでは、本文のここで素描された因果性の理論は、拙著『探求の論理』（*Logik der Forschung* (1935/1994)）で最初に提示された。言及した箇所は、第二版以降S. 31 f. カッコ内の短いコメントは、この一節を書いたときまだ到達していなかった観点を明確にするために追加された。――それは、アルフレッド・タルスキが〈意味論〉と呼んだ観点である。（参照、たとえば、かれの論文〉Grundlegung der wissenschaftlichen Semantik〈, in *Actes du Congrès International de Philosophie Scientifique* 3, Paris 1936〔現在は *Collected Papers*, Vol. 2, 1986, pp. 259-268〕や、R. Carnap, *Introduction to Semantics*, 1942/1968.）タルスキが意味論の基礎を発展させたおかげで、わたくしはもはや（いま挙げた本を書いたときのようには）躊躇することなく、〈原因〉や〈結果〉ということばを制約なく使うことができる。なぜなら、それらの語に対してはタルスキの真理概念を用いてつぎのような意味論的定義を立てることができるからである。出来事Aが出来事Bの原因であり、出来事Bは出来事Aの結果である、といえるのは、文uが真の普遍法則であり、aがAを記述し、bがBを記述し、bがuとaとからの論理的帰結であるように、u、a、bの三つの文を定式化できる言語が存在するとき、そのときだけである。（〈出来事〉あるいは〈事実〉という表現は、ここでは『探求の論理』第二版以降S. 55 ff. からの〈出来事〉についてのわたくしの定義の意味論版でおき換えることができる。つまり、出来事Eは、相互に翻訳可能な単称文〔言明〕のクラスの共通の指標である、というように。）

(2) ここでは、原因と結果の問題について若干の歴史的なコメントをくわえておくことにしたい。アリストテレスの原因概念（すなわち、かれの形相因、質料因、運動因、そして目的因はここでは興味をひかないが、わたくしのコメントはそれらにもあてはまる)は、典型的に本質主義的である。問題は、変化や動きを説明することであったのであり、説明とはものごとの隠れた構造にかかわるものであった。こうした本質主義は、ものごとについてのベーコン、デカルト、ロック、さらにはニュートンの見解にも見られる。しかし、デカルトの理論は新しい道を開いた。かれにとって、すべての物体の本質は、その空間的な広がり、あるいは幾何学的な形状にあった。そこから、かれは、物体は相互の衝突によってのみ作用すると結論づけた。運動している物体は必然的にみずからのところからべつの物体を押し出す。というのも、両者は広がりをもつので同一の空間を占めることはできないからである。したがって、結果は必然的に原因から生じ、すべての(物理的出来事の)真の因果的説明は衝突に帰せられねばならないことになる。こうした見解は依然としてニュートンにも見られる。それゆえかれは、押しではなく引きの考えを用いる自分の重力理論について、哲学を理解する者ならこれを満足のいく説明とは見なさないだろうと述べたほどである。そして、この見解は、あらゆる種類の「遠隔作用」に対する嫌悪のかたちで、物理学のなかでひきつづき影響をふるった。――バークリーは、ニュートンの引力を〈説明する〉ために導入されたのであれ、デカルトの衝突理論を説明するために導入されたのであれ、隠れた存在による説明を批判した最初の者であった。かれは科学に記述を求めたが、本質的な、あるいは必然的な連関による説明は求めなかった。実証主義の主要特徴のひとつとなったこの教説は、因果説明についてのわれわれの理論が採用されるならば、批判としての鋭さを失う。なぜなら、これによって説明は、一種の記述、すなわち普遍的な仮説、初期条件および論理的導出を用いた記述になるからである。原因結果理論へのもっとも重要な貢献はおそらくヒュームにさかのぼるであろう(セクストゥス・エンピリクス、アル゠ガザーリーおよび他の者たちは部分的にかれの考えを先取りしていたが)。デカルトの見解とは反対にヒュームは、ある出来事Aとべつの出来事Bとのあいだの必然的連関を知ることはできないと指摘した。われわれが知りうるのは、Aという種類の出来事(またはAに類似した出来事)は、いままでのところBという種類の出来事(またはBに類似した出来事)をともなっているという事実だけである。そのような出来事が事実として関連して出現することは知ることができる。しかし、そうした関連の必然性についてはなにも知られていないのだから、それは過去には存在したとしか言いようがないものである。われわれの理論は、こうしたヒュームによる批判を全面的に了承する。だが、ヒュームとはつぎの点で区別される。(1)Aという種類の出来事がいつでもどこでもBという種類の出来事につづくという普遍的な仮説を明示的に定式化している点。(2)普遍的な仮説が真であるという前提のもとで〈AはBの原因である〉という文の真なることを主張している点。──ことばを換えてみよう。ヒュームは、AとBという出来事そのものだけを見ていたのであり、二つのあいだの因果的結びつきや必然的連関の痕跡を見つけることができなかった。しかし、第三項、つまり普遍法則を追加するなら、この法則にかんして、因果の連鎖、あるいは必然的連関を語ることができる。たとえば、つぎのように定義することができる。出来事Bは、出来事Aが(上記の意味論的定義の意味で)出来事Bの原因であるばあいにかぎり、出来事Aと因果的に結合している(または必然的に結合している)。――さて、普遍法則の真理性にかんして言えば、日常生活には真であるかどうかが問題にされない普遍法則が無数に存在することが気づかれるべきである。それからして、日常生活には〈必然的な因果的結合〉を問う必要のない因果関係が無数に存在する。しかし、科学的方法の観点から見ると、状況は異なる。科学の法則の真なることは決して合理的に正当化することはできない。われわれにできることは、厳格なテストを課して間違ったものを排除することだけである(おそらく、これが拙著『探求の論理』の眼目であろう)。したがって、科学の法則すべては、永遠に仮説としての性格をもつ。それらは想定なのだ。したがって、特定の原因結果の結合についての知見もまたおなじように仮説である。AがBの原因であることは(科学的な意味では)決してたしかでない。というのもまさに、われわれは当該の普遍法則を――それが、どれだけテストされたところで――真であるとは確信できないからである。にもかかわらず、AがBの原因であるという具体的な仮説は、対応する普遍的仮説がテストされ、験証されればされるほど、より受け入れ可能なものになるだろう。(わたくしの験証理論については、拙著『探求の論理』第X章と付録*IXとくにS. 220を見よ。

そこでは、験証言明の時点表示またはインデックスが論じられている)。

(3)本文のここで(さらに以下で)展開した歴史の説明にかんするわたくしの理論について、〈歴史の説明〉というタイトルで『マインド』誌に発表されたモートン・G・ホワイトの論文(Morton G. White, 〉Historical Explanation〈, *Mind*, Bd. 52, 1943, S. 212 ff.)に若干の批判的コメントをくわえておきたい。著者は、もともと拙著『探求の論理』で展開された因果的説明についての分析を受け入れている。(かれは、誤ってこの説を、Carl G. Hempelの一九四二年の論文〈歴史における一般法則の機能〉(Carl G. Hempel, 〉The Function of General Laws in History〈, *The Journal of Philosophy* [Bd. 39, S. 35 ff.])に帰している。だが、*Deutsche Literaturzeitung*, 58. Jg., 1937, 三〇九—三一四段に掲載されたC・G・ヘンペルによる拙著についての書評を見よ。) ホワイトは、一般的に説明と呼ばれているものがなんであるのかを見出したあとで、歴史の説明ということでなにが理解されているのかを問う。この問いに答えるにあたってかれは、(物理学的説明とは対照的に)生物学的説明の特徴は、説明にあたる普遍法則のなかに具体的な生物学的表現が現れることであると指摘する。おなじく、普遍法則のなかに具体的な歴史的表現が現れてくるときに、歴史の説明ということが語られるのであると結論する。さらにかれは、具体的な歴史にかかわる表現のようなものが出現するすべての法則は、社会学的と呼ばれた方がよいと考える。そうした表現は歴史的ではなく、社会学的な性質のものであるからである。そして、〈歴史的説明〉は〈社会学的説明〉と同一である、という結論が引き出されるのである。

こうした見解が、本文で、歴史科学と一般化科学との区別として、またその具体的な問題や方法として述べておいたことを無視しているのはあきらかである。そして、歴史の方法論の問題にかんする議論は、とうの昔に歴史は特定の出来事に関心をもつのであり、一般法則に関心があるのではないという認識に達していたと言えるだろう。わたくしが念頭においているのは、たとえば、一八五八年に書かれたアクトン卿のH・T・バックルについてのエッセイ(『歴史的エッセイと研究』([hrsg. von John N. Figgis und Reginald V. Laurence, 1907, S. 305-343]所収))や、マックス・ウェーバーとエドゥアルト・マイヤーの論争(M. Weber, *Gesammelte Aufsätze zur Wissenschaftslehre*, 1922/1988, S. 215 ff. を見よ)である。マイヤーのように、ウェーバーは、歴史は一般法則ではなく、個々の出来事に関心をもつのであり、同時に因果的説明に関心をもつことをただしくもたえず強調していた。しかし、残念なことに、これらのただしい見解をくり返すなかで、かれは因果関係と普遍法則とのつながりを否定することになってしまった(たとえば、*op.cit.*, S. 8)。本文で述べた歴史の説明にかんするわれわれの理論は、こうした難点を取り除き、同時にそうした難点がいかにして生じたのかを説明するだろう。

(8)　物理学には選別実験(experimenta crucis)〔このことばは「決定実験」と訳されることが多いが、ポパー自身は「選別実験」という意味で使うことがほとんどである〕があるという説は、協定主義者、とりわけピエール・デュエムによって攻撃された（参照、本章注（1））。しかし、デュエムが書いた時期は、アインシュタインやアーサー・S・エディントンが皆既日蝕時の太陽重力場における光の湾曲の決定的測定以前であった。そのうえかれは、オットー・ルンマーやエルンスト・プリングスハイムの実験がストラット・レイリーやジェームズ・H・ジーンズの公式を反証し、量子論をみちびく以前に書いていた。

（9）歴史がわれわれの関心に依存することは、E・マイヤーもかれの批判者であるM・ウェーバーも認めていた。エドゥアルト・マイヤーはつぎのように書いている（*Zur Theorie und Methodik der Geschichte*, 1902, S. 37）。「選択は現代が……もっているところの歴史的関心に依存する。」M・ウェーバーはつぎのように書いている（*Ges. Aufsätze zur Wissenschaftslehre*, 1922/1988, S. 259）。「われわれの……関心は……歴史にとって……決定的な文化的価値の範囲を規定する。」ウェーバーは、ハインリヒ・リッカートにしたがって、くり返しわれわれの関心はわれわれの価値理念に依存すると強調している。この点ではかれはたしかに誤ってはいない――だがそれで、かれは方法論的分析になにかを付け加えたわけではない。だが、こうした著者のいずれも、すべての歴史はわれわれの関心に依存するのだから、複数の歴史が存在するのみであって、〈あったがままに〉人類の発展を描く歴史叙述は存在しえないという革命的な結論を引き出してはいない。

二つの相互に矛盾する歴史解釈については、参照、第一一章注（61）。

(10) (C・K・オグデンとアイヴォール・A・リチャーズの)〈意味の意味〉、あるいはむしろ(H・ゴンペルツの)〈意味の諸意味〉の問題を論じることのこのような拒否については、参照、第一一章、とりわけ注(26)(47)(50)(51)。本章注(25)も見よ。

(11) 道徳的未来主義については第二二章で論じておいた。

(12) 参照、カール・バルト『われ信ず』(*Credo. [Die Hauptprobleme der Dogmatik dargestellt im Anschluß an das Apostolische Glaubensbekenntnis]*, 1936, S. 15)。バルトの「歴史における神の顕現にかんする新プロテスタントの教義」にかんするコメントについては、参照、*op.cit.*, S. 124. 第一二章注(49)の本文で引用したこの教義のヘーゲル的源泉も見よ。参照、また、第二四章注(51)。つぎの引用は、K. Barth, *op.cit.*, S. 71 からである。《わたくしは、イエスの物語は「失敗した……ナショナリズム的革命ではなかった」とコメントした。だがいまでは、まさにそうだったのではと信じたい気持ちになっている。Robert Eisler, *Jesus Basileus* [1930]を見よ。いずれにしても、そこにあるのは、現世における成功の物語ではない。》

(13) K. Barth, *op.cit.*, S. 68.

(14) セーレン・キルケゴールの一八五四年の日記。ドイツ語版『士師の書』(*Buch des Richters* (1905), S. 135)を見よ。

(15) 参照、第一一章注(57)およびその本文。

(16) 参照、ジョン・マクマレーの『歴史への鍵』(John MacMurray, *The Clue to History* (1938), S. 237)の結論。

(17) 参照、とくに第二四章注(55)およびその本文。

(18) キルケゴールは、ヘーゲル主義が強烈でときに攻撃的でさえあった時代に、コペンハーゲン大学で教育を受けた。とくに影響力をもっていたのは神学者のハンス・L・マーテンセンであった。(この攻撃的な態度については、参照、コペンハーゲン・アカデミーによるA・ショーペンハウアーの[無冠の]受賞論文『道徳の基礎について』(*Ueber das Fundament der Moral* (1840))への評価[『五巻選集』第三巻 S. 459-632]。ショーペンハウアーがまだドイツでは無名だった頃、キルケゴールがショーペンハウアーをよく知るようになったのは、この一件がきっかけだったのではないかと思われる。)

(19) セーレン・キルケゴールの一八五四年六月二八日の日記。ドイツ語版『士師の書』(*Buch des Richters* (1905), S. 129) [*Die Tagebücher*, 5. Bd., 1974, S. 209 における若干異なった翻訳。そこでの日付は挙げられているもの]。

キルケゴールは、ヘーゲルのヒストリシズムに抗議した唯一のキリスト教思想家ではない。すでに見たように、K・バルトも異議申し立てをしていた(参照、本章注(12))。ヘーゲルの目的論的な歴史解釈に対する注目すべき、そして興味深い批判は、ヘーゲルの(信奉者ではないにしても)大いなる称賛者であるキリスト教哲学者M・B・フォスターによって、その著『プラトンとヘーゲルの政治哲学』(M. B. Foster, *The Political Philosophies of Plato and Hegel* [1935/1984])の末尾に述べられている。かれの批判の要点は、わたくしの理解がただしければだが、つぎのようなものである。歴史を目的論的に解釈することによって、ヘーゲルは、歴史の個々の段階においてその段階自体が目的になっていたことを理解しておらず、最終目的を実現させるための手段しか見ていない。だがヘーゲルは間違っている。歴史上の現象や時代を、そうした現象とは異なっている目的への手段と見たのだから。(目的が、その実現をみちびく行為と区別できるように、あるいは教訓が——芝居というものは教訓を伝えること以上は試みていないと間違って仮定しての話だが——芝居から区別されるように。)というのも、こうした仮定は、フォスターの主張によれば、創造者(Schöpfer)の仕事と、道具製作者、技術者、または〈造物主(Demiurg)〉の仕事とを区別できないことを示しているからである。M・B・フォスター(*op.cit.* S. 201-203)はつぎのように書いている。「一連の創造の仕事は……そこに向かって進んでいく目標についての明確なイメージがなくとも発展として理解できるものであろう。たとえば、ある時代の絵画は、完全な段階や目標へのより大きな接近を表わしていると仮定せず、それ以前の時代から発展してきたのだと仮定すれば理解できよう。……おなじように……政治の歴史は、目的論的な過程として解釈せずとも、発展として理解することができる。——だが、ここでは、他のところでもそうなのだが、ヘーゲルは、創造的なものというのがどういうことなのかを理解できないでいる。」そして、ひきつづく部分でＭ・Ｂ・フォスターはつぎのように書いている（*op.cit.*, S. 204. 強調は部分的にわたくしのもの）。「ヘーゲルは……宗教の絵画的表現が不十分であることは、それを用いる人間が摂理という企ての存在を主張しながら、その企てを認識する可能性を否定していることに現れていると考えている。……摂理の企ては不可解であると言うのは表現としては間違いなく不十分であって、こうした表現において不適切ながら表現されている真実とは、神の企てていることは認識できないということではなく、神は造物主としてではなく創造者として働いているのであって、そもそも企てどおりに働いているのではないということである。」

　この批判は、芸術作品の創造が（〈目標〉とか〈目的〉である必要はないとはいえ）まったくべつの意味での〈企て〉にしたがって進行することもあるとはいえ、卓越していると思う。なぜなら、それは、作品のプラトン的なイデア――画家とか音楽家が模倣（再現）しようとしている完璧なモデル――を実現しようとする試みでありうるからである。（参照、第九章注（9）ならびに第八章注（25）～（26）。）

(20)　キルケゴールも言及しているが、ヘーゲルに対するショーペンハウアーの攻撃については、参照、第一二章、たとえば注（13）の本文と結語。Ｓ・キルケゴールの箇所からの部分的に引用しておいたものの続きは *op.cit.*, S. 129 f. である。（（注［S. 130］で、キルケゴールはのちに〈腐敗〉のまえに〈汎神論的〉をおいている。）［『日記』*op.cit.*, S. 209 f. では、第一の引用文はいく分異なっている。第二の引用文は欠落している。」

(21) 参照、第六章、とくに注(26)の本文。

(22) 支配と隷従についてのヘーゲルの倫理学については、参照、第一一章注(25)。英雄崇拝の倫理学については、参照、第一二章、とりわけ注(75)以下の本文。

(23) 参照、第五章(とりわけ注(5)の本文)。

(24) われわれはことばを使って伝達しなくとも、いろいろな仕方で〈表現〉できる。合理的なコミュニケーションを目的として言語を使用するという課題と、言語の明快性の規準を維持する必要性については、参照、第二四章注(19)と(20)ならびに第一二章注(30)。

(25) 人生の意味の問題についてのこうした見解は、L・ウィトゲンシュタイン『論考』(L. Wittgenstein, *Tractatus* [1921/2001, 命題六・五二一 S. 114 f.])における見解と比較されてよい。「人生の意味の問題の解決は、この問題が消滅することにおいて気づかれる。(それが、長い疑いのあとで人生の意味が明瞭になった人でも、その意味がどこにあるのかを言えない理由ではないだろうか。)」ウィトゲンシュタインの神秘主義については、参照、第二四章注(32)も。ここで提案されたような歴史解釈については、参照、第一一章注(61)(1)および本章注(27)。

(26) 参照、たとえば第五章注(5)および第二四章注(19)。注意すべきなのだが、(すべての決定は事実として解釈できるのだから)事実の世界はそれ自体で完結していると言ってよいということである。したがって、事実だけが存在すると主張する一元論を反駁することは永遠に不可能である。しかし、反駁されえないということは美徳ではない。たとえば、観念論もまた反駁されないであろう。［参照、付録I、第一六節］

(27) ヒストリシズムの動機のひとつはこれであるように思われる。つまり、ヒストリシストは、二つの可能性しか許容しないということだ。世界は、圧倒的な諸力、たとえば、〈本質的な運命〉とかヘーゲル的な〈理性〉によって支配されているか、あるいは、たんなる偶然の乗り物、すなわち、不合理な、一種の偶然のゲームであるかのいずれかであるというのである。だが、第三の可能性が存在する。それは、世界に理性を導入しうるということと(参照、第二四章注(19))、世界は進歩しないとしても、われわれは、個人として、また他者と協力することにおいても、進歩しうるということである。

この第三の可能性は、H・A・L・フィッシャーがその著『ヨーロッパの歴史』(第一巻S. 5)のなかで明確に表現している(強調はわたくしのもの。第二一章注(8)の本文でその一部を引用しておいた)。「わたくしよりも賢く、より多くの知識をもつ人びとは、歴史のなかに偉大な計画、リズム、摂理のはたらきを認識しようとする。だが、わたくしにはそのような知的な楽しみは拒絶されている。そのような調和は、わたくしの視線の先には現れない。わたくしが見るのは、海の波のように次から次へとつづく出来事である。わたくしに見えるのは、すべて自己完結していて、一般化を許さない事実である。歴史を書く者にとっての唯一確固とした規則は、人間の運命の展開のうちに、偶然と予測しえないものとの作用を認識しなければならないということである。」そして、ヒストリシズムに対するこうした優れた攻撃をおこなったあとにすぐつづけて(強調箇所については、参照、第一三章注(13))、H・A・L・フィッシャーはこう述べている。「これは、シニシズムとか戸惑いといったものではない。進歩があるということは、歴史のどのページにも大きな文字で書かれている。しかし、進歩は自然法則ではない。ある世代が成し遂げたことは、つぎの世代には失われるかもしれないのだ。」

ここに込められた三つの主張は、わたくしが〈第三の可能性〉と呼んだ立場──われわれの責任に対する信念、いっさいがわれわれに依存するという信念──を明確きわまりなく表明している。ところが、フィッシャーの主張は、興味深いことに、A・J・トインビー(『歴史の研究』(*A Study of History*, Bd. V [1939/1979], S. 414))によって、「すべては偶然のなすがままという近代西洋の信仰」を語るものとして解釈されているのだ。この解釈よりも明確に、ヒストリシストの姿勢と、第三の可能性を把握するにあたっての無能ぶりを示すものはないだろう。そしておそらくここから、なぜトインビーがこのいわゆる〈すべては偶然のなすがまま〉を避けようとして、歴史の各場面の背後にひそむ力が万能の働きをするのだという思想に逃げこもうとするのか、すなわちヒストリシズムのなかに逃げこもうとするのか、その理由も説明されるというものである。（参照、第一一章注(61)も。）

（トインビーが〈予測されないもの〉ということばのところまで引用した）フィッシャーの一節に対するトインビーのコメントをここにくわしく引用しておこう。トインビーはつぎのように書いている。「このみごとに定式化された一節は、研究者のうぬぼれとして投げ捨てることのできるものではない。というのも、著者はリベラルなのであって、リベラリズムは理論から実践に移されたと告白しているからである……。近代西洋は、このようにすべては偶然のなすがままであると信じている。この信念は、ものごとがまだ西洋人にとってうまくいくだろうと見えていたキリスト教時代の一九世紀に自由放任主義の政策につながった……」（なぜ、われわれ自身に責任のある進歩を信じることが、すべては偶然がなすがままと信じることを含意するというのか、あるいはなぜそれが自由放任主義の政治をみちびくというのか、トインビーが説明することはない。）

(28) 目標を選択するにあたっての〈現実主義〉ということで言いたいのは、合理的な期間内に実現可能な目標を選択すべきであり、漠然とした遠いユートピア的な理想は、それ自体として実現にあたいする近い目標を決定するばあいを除き、避けるべきであるということである。参照、とくに第九章で論じたピースミールな社会構築の諸原則。

付録Ⅰ

（1）ウィリアム・W・バートリーとその鋭い批判にこころから感謝したい。かれの批判は本著第二四章（とりわけ、一四六ページ以下）の改善を助けてくれたばかりでなく、この付録で重要な変更を加えるように促してくれた。

（2）たとえば、〈知と無知との情報源について〉（現在は拙著『推測と反駁』（*Vermutungen und Widerlegungen* [2000], 2 ff. に所収））、および同著第一〇章 S. 312 ff. ならびに拙著『探求の論理』［10. Aufl. 1994］を見よ。

（3）権威主義的（あるいは、非‐可謬主義的）認識論の描写と批判とについては、とりわけ、拙著『推測と反駁』（*Vermutungen und Widerlegungen*, S. 8 ff.）序論の第五、六、一〇節以下を見よ。

（4）W. Van Orman Quine, *Word and Object* (1960/1970), S. 23［ドイツ語版 *Wort und Gegenstand*, 1998, S. 55］〔大出晁、宮館恵訳『ことばと対象』勁草書房、一九八四年〕を見よ。また、*What is Closer-to-the Truth*, hrsg. von Theo A. F. Kuipers (Amsterdam 1987) での Gerhard Schurz と Paul Weingartner の寄稿論文 S. 47-77 も見よ。

（5）ともに第一巻に収められているが、序論およびアメリカ版第一版への序文を見よ。

訳者解説

ある伝記作家はポパーの生涯を語り出すにあたって、その生誕地の地名に意図的に触れている。カール・R・ポパーは一九〇二年七月二八日、ウィーン市のオーバー・ザンクト・ファイト区のヒンメルホーフ(Himmelhof)に生まれた。このヒンメルホーフという地名は直訳すると、「天宮」とか「天の宮居」となるので、ポパーは「天の宮居」から生まれてきたことになり、かれ自身がそのことをほのめかして微笑んでいたという。だが、この伝記作家は、ポパー自身を天から真理を伝える使徒であるかのように扱おうと思って、この話に触れたのではない。ほのめかされているのは、天賦の才を付与されたギフテッド・チャイルドとしてのポパーの類まれな博識と創造性である。

たとえば、本書第一巻に目を通していただくだけで、読者は、反証可能性を語る科学哲学者ポパーがギリシア哲学史のみならず、古代ギリシアの細かな政治史どころか戦史にも精通していることに驚かされることであろう。さらに第二巻に目を移せば、マルクス主義の理論と実践の双方に通暁し、過激派（共産党）や穏健派（社会民主党）の理論を当時の政治的状況を踏まえながら批判するのみならず、マルクス後の思想発展、たとえばマンハイムの知識社会学をも批判的に分析していることを見て取るはずである。さらに、第二四章や第二五章を読めば、ポパー自身は不可知論者であると称しているにもかかわらずキリスト教についても並々ならぬ知識を有していることがわかるであろう。これはおそらく、両親がユダヤ教からルター派に改宗したため、それを級友たちに対して擁護しなければならなかったというポパーの学校時代の事情とも関連するのであろう。さらに本書からは少し離れるが、かれの当初の議論領域――こんにち科学哲学と呼ばれている認識論の領域――では、この分野でのかつての準拠枠であったカント哲学のみならず、ベーコン、ヒューム、ミルなどについての該博な知識を哲学史家もたじろぐほどに身につけ、そのうえで当時ラッセルのような哲学者によってさえ信じられていた帰納法を批判し、反証可能性の考えによって、今日風に言えば一方における経験科学的な知識と他方におけるいわゆるフェイクなどのえせ科学とを区別する境界設定規準を提案しているのである。驚くべきことに、かれはそれ以上に、量子論とか確率論といった正真正銘の専門領域でも活発に専門論文を執筆した。かれは、じつに自然科学から人文学に至る正真正銘の博識家《ポリマス》であった。しかもただの物知りではなく、反証可能性のアイデアを――

まさに本書が証言しているように——政治的領域へ巧みに適用するとともに、政治の領域から学問の領域に至るまで独創的なアイデアを語った人物でもあった。

なぜかれはこのような博識多才を身につけ、あらゆる領域にわたって論じることができたのか。こう問うてみると、かれの哲学の中心にある批判的合理主義を理解する手掛かりがえられるように思われる。筆者は一つの答えとしてやはり時代との関連を思わざるをえない。かれが生きた時代は、科学がニュートン理論からアインシュタインの相対性理論へと、そしてまた量子論へと大転換を遂げ、また政治的世界ではロシア革命をつうじてマルクス主義が前面に出てくる一方で、国民社会主義という名のファシズムが荒れ狂う時代であった。

ポパーはこうした大変動を理解しようとして時代の課題に真正面から誠実に向き合った。そのためにかれはあらゆる領域を学ばざるをえなかった。しかも、かれは出来上がった知の領域を受験生のように学ぶわけにはいかなかった。知識も大変動の荒波をかぶっていたからである。求められていたのは個別的知識の習得を超えて、広い視野のもとで時代の根本問題を問い、その解決に向けて新しいアイデアを提出しようとする挑戦者の意欲であった。そこに学びが成立した。とすれば、かれがポリマスとならざるをえなかったのは必然であったともいえよう。

以下ではもう少し具体的に、かれが本書を書き上げるころまでに学んだ諸領域とどのようにかかわっていったのかに焦点をあてながら本書の知的背景を概観しておきたい。

『開かれた社会とその敵』への道

訳者はポパーについて全体的な評伝(『ポパー　批判的合理主義』講談社、一九九七年)を書いたことがあり、そこでポパーの生涯や著作などにもかなり細かく触れたことがある。したがって、以下の叙述は本書にふかくかかわりのある事項に絞り込んである。

自伝『果てしなき探求』(森博訳、岩波書店、一九七八年)によれば、かれは一二歳の時には社会主義を回顧という擬制のもとで批評したベラミーの『顧みれば』を読んだというのだから、あきらかに早熟であり、早くから社会主義についての基本的な理解はもっていたと言えよう。ポパーの回想によれば、かれに『顧みれば』を読むことを勧めたのは、アルトゥール・アルントであったという。

アルントは、哲学史上まったく無名であるが、この人物こそポパーにマルクス主義を手ほどきしたのみならず、二〇歳も年長でありながら、生涯の友となり、助言者となった人物である。この人物は一八八二年にモスクワで生まれ、そこで少年時代を過ごし、ラトビアのリガ大学で工学を学んだという。かれは、毅然とした反民族主義者であり、一九〇五年のロシア革命の時期には学生指導者の一人であったが、ボリシェヴィキに対する断固たる反対者であったという。かれは、一九〇五年以来、ボリシェヴィキの指導者と個人的な知り合いだったとはいえ、ボリシェヴィキを社会主義の欺瞞者、目的のためには手段をえらばず無辜の人びとのみならず自分自身の信条をさえ犠牲にできる連中だと見なしていた。ポパーによれば、アルントは断固たるマルクス主義者などではなかったが、マルクスのことをこれまでもっとも重要な社会主義の理論家であるとは考えていたという。ポパーはこうした立場に立つアルントの話に熱心に耳を傾けていたのであろう。じっさい『開かれた社会とその敵』におけるマルクス批判を読むと、アルント的な理解がマルクス主義についてのポパーの理解の原型を構成しているように思われるのである。

ポパーは一七歳のころ、友人とともに一時的に(二、三カ月のあいだ)共産主義者になったと『自伝』で語っている(『自伝』第八章)。ポパーにとってマルクス主義は熟知のものであった。マルクス主義から離れたのちも、かれは自伝でも述べているように、社会主義者——実態としてはソーシャル・デモクラット——と名のることが多かった。こうした事情を踏まえると、ポパーは一二歳のころからアルントという穏健派の優れた社会主義者からマルクス主義についての手ほどきを受け、またみずからは社会主義的中等学生団体の一員として実践活動をするなかから社会主義運動についての理解を深めていったことになる。とすれば、『開かれた社会とその敵』第二巻のなかにマルクス主義についての該博な知識、また、東欧あるいは中欧におけるマルクス主義者たちの政治的実践についての――かなり一般化されたものになっているが――批判的論評が詰まっているのもなんら不思議ではないわけである。

ところで、本書第一巻では主としてプラトン哲学がきわめて批判的に論じられている――否、弾劾されているといってよい。ここでもギリシア哲学史および政治史についてのポパーの博識ぶりに驚かされるのであるが、ポパーは、中等学校時代からテオドール・ゴンペルツの『ギリシアの思想家たち』を愛読していた(『自伝』第二四章)。ポパーは、学校改革運動などにタッチしたあと、一九二二年にウィーン大学の正規の学生となった。一九二五年には学校改革運動の実践から離れ、ゲシュタルト心理学と近い立場にいたカール・ビューラーが所長を務めていたウィーンの教育研究所に籍をおいた。かれはここで生涯の伴侶ヨゼフィーネ・アンナ・ヘニンガーをえた。そして第二年目にはカール・ポランニーの紹介によってギリシア学者のハインリヒ・ゴンペルツの知己をえた。ハインリヒ・ゴンペルツは先ほど触れたばかりのテオドール・ゴンペルツの息子であり、自身もまた優れたギリシア学者であるうえに、認識論にも深い関心をもっていた。ポパーの『自伝』を読むと、ハインリヒ・ゴンペルツがギリシア哲学史のみならず、認識論の領域でもポパーにとってこのうえないメントール(学習を指導助言する者)であったことがうかがえる。ポパーがギリシア哲学史に精通していたことにはこうした背景があったのである。

ポパーは教育研究所において、カール・ビューラーの指導のもとで「発見と思考の心理学」を研究した。博士論文は『思考心理学の方法論的問題に寄せて』であった。口頭試問は、ウィトゲンシュタインとならんで当時ウィーン学団の指導者として令名の高かったモーリッツ・シュリック(物理学者)と、師のビューラーによってなされた。かれ自身は落第だと落ち込んでいたのだが、この論文は首席で通過した。かれはこれ以降、心理学の研究とは手を切り、方法論の問題に全力を注ぐのであった。その研究は、ポパーの第一の主著である『探求の論理』(邦訳、『科学的発見の論理』)に結実する。この著でポパーは、方法論的反証主義を展開し定式化した。やがてポパーはそれを批判的合理主義へと発展させ、本書では全体主義と対決しつつ社会哲学として全面的に展開したのであった。だが、その展開内容については、本書の概要を解説する部分で述べることにしよう。

ポパーは博士号を獲得した翌年(一九二九年)、中等学校の数学と物理学の教師資格をえる。かれはこのころからウィーン学団のメンバーと交流を始めた。この年は世界恐慌が発生した年でもあった。翌三〇年には、教育研究所時代からの友であったヨゼフィーネ・アンナ・ヘニンガーと結婚するとともに、シュリックの学生であったファイグルと知り合いになる。ポパーは、ファイグルとは夜を徹した議論を交わすのであった。三二年の早いうちに、『探求の論理』のもともとの原稿であった『認識論の二大根本問題』の第一巻を完成する。当時において科学哲学の主流を形成したウィーン学団のメンバーとの交流は深まり、カルナップやファイグルとともに夏のあいだにはチロルに出かけ、熱心な議論を交わすのであった。一二月にはハインリヒ・ゴンペルツから『認識論の二大根本問題』を高く評価した手紙をもらう。これは、ポパーにとっては大きな励ましとなった。三三年にポパーは『認識論の二大根本問題』(未邦訳)を完成させる。この著が、科学哲学分野でのポパーの主著『探求の論理』の土台となった。

三四年にはプラハで論理学者タルスキに会ったり、物理学者ハイゼンベルクと対話したりしている。この年には、刊行年が一九三五年として印刷されたポパーの主著『探求の論理』が出版された(この著の英訳から、森博・大内義一両氏による邦訳『科学的発見の論理』が恒星社厚生閣から一九七一年に刊行されている)。この本はもともと母方のおじでウィーン大学の統計学と経済学の教授であったヴァルター・シフによって草稿の『認識論の二大根本問題』から抜粋されたものであった。三五年にはウィーンの民衆公園でタルスキと再会し、真理論について直接教えを受けている。タルスキ真理論はポパー哲学の礎石のひとつとなるものであり、第二巻下所収の付録「事実、規準そして真理」にも触れられているが、ポパーの「真理への接近」という考えを支えるものであった。またこの年の秋には、この主著の刊行によって注目を浴びていたこともあり、スーザン・ステビング教授の招待でイギリスにわたり、ケンブリッジやオクスフォードで講演や論文報告をおこなっている。そのなかでも特記しておくべきは、アリストテレス協会の会合で帰納にかんするラッセルの講演を聞き、つたない英語で帰納は存在しないが経験主義の立場は成立するという趣旨で質問したことであろう。しかし、この質問は聴衆にはまったく理解されず、冗談としか受けとめられなかった（『実在論と科学の目的』上、岩波書店、二〇〇二年）。逆に言うと、ここにポパーの思想の革新性があったわけである。帰納の問題については、本書ではアリストテレス、セクストゥス・エンピリクス、ミルなどとの関連でコメントがあるだけなので、理論的関心をお持ちの方は、『客観的知識』第一章「推測的知識　帰納の問題に対する私の解決」などの参照をお願いしておきたい。

三六年にはイギリスで同じウィーン出身のシュレーディンガーと確率論や量子力学について討論する。ロンドン大学の経済学者ハイエクのゼミでは『ヒストリシズムの貧困』〔邦訳『歴史主義の貧困』〕のもととなる原稿を発表している。七月にはニールス・ボーアとも討論している。三七年には迫りくるナチズムの脅威を避けるために、妻とともに教職を辞し、ニュージーランドのカンタベリー大学に赴任する(三月)。翌三八年の三月にはヒトラーによるオーストリア併合の知らせを受け、本書『開かれた社会とその敵』の執筆を決意した。本書ドイツ語版の編者キーゼヴェッター氏は、第一巻下に付された「本書が日の目を見るまで」において、本書の出版に至るまでの経緯を残された書簡などにもとづいてこと細かに描き出しているが、そこに描き出されたポパー夫妻の食生活やポパー本人の健康状態は壮絶の一言に尽きるとしか言いようがない。全体主義の脅威はニュージーランドというナチズムからはもっとも遠いところにいた亡命者さえ貧窮と極度の不安の世界に追いやっていたのである。

ポパーは、「ドイツ語版第七版への序」でも述べているように、ヒトラーのオーストリア併合の知らせを受けて本書の執筆を決意したとき、もう一冊の書物『ヒストリシズムの貧困』も書き進めていた。かれはその原型となるものを一九三六年の一月か二月頃にブリュッセルにおける友人アルフレッド・ブラウンタールの家で話していた。これは、ポパー自身の科学哲学(方法論的反証主義)を社会科学に適用する試みでもあった。その過程で第一〇章の「本質主義か唯名論か」を友人に見せて批評を乞うたのだが、きわめてわかりにくいと評されてしまい、そこでこの章を歴史上の素材で補足拡充する作業を始めた。それが思いのほか大きくなってしまい構成も大きく変わって一書のかたちをとったのが、一九四五年に刊行されたこの『開かれた社会とその敵』である。したがって、本書は『ヒストリシズムの貧困』の姉妹編と言える。じっさい、ヒストリシズムの概念を理論的に理解しようとしたら、『ヒストリシズムの貧困』につくにしくはないのであり、理論的にというよりは事例にそくして具体的に理解しようとしたら本書につくにしくはない。しかし、訳者としては、成立史とは逆の順序で読み進めること、つまりまず本書によってヒストリシズムの具体例に触れてから、理論的理解に向かうのが順当であろうと考える。

『開かれた社会とその敵』の世界へ

さて、本書の概要を描いていきたいと思うが、その目的は読者が読んでいく過程でポパーの議論のどのあたりにいるのかを把握しやすくするためのいわば里程標をたてることにある。これは、本書のような大冊にとっては避けがたいことであろう。ただ試みたのは、ヒストリシズム批判というポパーの根本的な主張に焦点をあてて、その議論がどのように展開されているかを筆者の視角からかなり強引に整理したものにすぎず、必然的に関連する重要な主張に対しては目配りがはなはだ弱くなっている。読者にはみずから本文と注をていねいに読んでいただくことを幾重にもお願いせざるえない所以である。

本書はひと言で言えば、ヒストリシズム弾劾の書である。内容的には、ヒストリシズムに染まっている左右の全体主義をきびしく弾劾したうえで、穏健な民主主義的社会(「市民」社会)を擁護し、実践の形態としてはユートピア社会工学を排してピースミール社会工学を説く書物である。

ポパーは本書の本文でも膨大な注においても、全体主義の代名詞とも言うべきヒトラーやスターリンの名にはいっさい言及していない。「序」でも触れられているが、かれにとってこれらの名前は忌まわしく、唾棄すべき以外のなにものでもなかった。じっさい、ポパーの親族一六名がナチの犠牲になっているのだから、ポパーが本書でみずから述べているように苛烈なことばを投げつけるのも思えば当然のことであった。とはいえ、議論の全体は、科学哲学者の名にふさわしくきわめて論理的に構成されている。

本書は大きく二巻からなり、概括的に言えば、第一巻ではプラトン批判を基軸にして全体主義右派に対する批判をおこない、第二巻では、これも概括的に言えば、マルクス主義批判を基軸にして全体主義左派に対する批判をおこなっている。しかし、このように言いきってしまうと、多くの重要な議論が見失われてしまうであろう。それゆえ、内容をもう少し細かく見ておきたい。

第一巻には書物としては当然のことながらいくつかの序がおかれている。しかし、読むべきは第一に一九九二年の「ドイツ語版第七版への序」であり、一九五〇年の「アメリカ版第一版への序」である。前者はいわゆるベルリンの壁が崩壊し(一九八九年)、つづいてソ連邦の崩壊(一九九一年)を受けて書かれたものであり、共産主義体制を批判してきたポパーの感慨が表現されている。この「序」でかれは、法治国家の決定的重要性と人びとが行きかう場としての自由市場の不可欠性を説いている。こうした(必要)条件が成立しているところで、公正な法を守り自由に活動する人びとの安全が保障されていなければ、開かれた社会は成立しないのである。後者の「序」は一九四五年の出版から五年を経過した時点での感慨と見ることができよう。この序でかれは「本書の声色をより暗いものにしようとする誘惑に逆らったことをよろこんでいる」と記している。ここで強調されているのは、「開かれた社会」へ向けてわれわれが運動をすすめることで啓蒙主義の伝統に連なり、個人の自由と責任を確立し、みずからの魂を権威と偏見のくびきから解放しようとする――カントの『啓蒙とは何か』のことばでいえば――勇気であるように思われる。その勇気は未来への楽観主義で支えられるべきであるというのである。

さらにこれら一連の「序」の最後には、「イマヌエル・カント　啓蒙の哲学者」がおかれている。これはカント没後一五〇周年を記念してのＢＢＣ放送での記念講演だが、もともとは『よりよき世界を求めて』（未來社、一九九五年）の第九章として収められていたものである。じつに明瞭簡潔なことばでカント哲学の骨格と偉大さが捉えられていると思う。ポパー自身は遅れてやってきた啓蒙主義者と自称していたが、まさにその通りであることをあきらかにしているカント理解である。

ついで本論の直前には、もともと本書元来の導入部であった「序論」がおかれ、主題はヒストリシズム批判であると宣言されている。ヒストリシズムというのは、ごく簡単に言ってしまうと、歴史にはその発展の予測を可能にさせる法則とか周期性とか、リズムとか運命があるので、それによって歴史の予測が可能になるし、また社会科学の目的はそうした予測を主眼とすべきであるとする立場である。簡単には歴史の必然論とも言えるだろう。この「序論」は、当然のことながら、きわめて示唆的なものにすぎないが、ポパーの問題意識がどのあたりにあるのかを知る上では重要である。

第一巻　プラトンの呪縛

第一巻はつぎのように構成されている。じっさいには「部」ということばは使われていないのだが、ここでは括りを示すために使わせていただく。

第一部　「起源と運命の神話」(第一～三章)
第二部　「プラトンの記述社会学」(第四、五章)
第三部　「プラトンの政治綱領」(第六～九章)〔第六章までが上巻〕
第四部　「プラトンの攻撃の同時代史的背景」(第一〇章)
付録(四編の論文)
編者キーゼヴェッター氏による「本書が日の目を見るまで」〔以上、下巻〕

この構成で見ると、ポパーは第一部でヒストリシズムとはどのような哲学なのかをあきらかにし、第二部ではヒストリシズムにおける最大の哲学者であるプラトンがその哲学にもとづいて当時のギリシア社会、特定的にはアテネ社会をどう捉えていたかを論述し、第三部でプラトンがその社会的現実に対してどのような政治的綱領――あからさまに言ってしまえば、閉じた社会への還帰――を掲げて向き合ったかを詳論している。（おそらくこの詳論が、二一世紀においても、日本を含めての話だが、権威主義的政治体制の蔓延という現実に向き合っている世界中の良識ある人びとを引き寄せつづけているのであろう。）第四部は、プラトンが理想とした閉じた社会とは根源的に対立する開かれた社会の理念が、ポパーが偉大な世代と呼ぶ人びとの発言を介して語られている。ポパーは、その理念を一面的に称賛して語るのではなく、ギリシア政治史の混沌たる状況の中で、プラトン自身の内面の精神的葛藤にそくして語っている。訳者は、本書のうちで、もっとも優れた章を一つだけ挙げよ、と言われたなら、躊躇なくこの第一〇章を挙げる。以下ではもう少しくわしくポパーの議論構成を見ていくことにしよう。

起源と運命の神話

第一部のタイトル「起源と運命の神話」はヒストリシズムの全貌を捉えるうえで象徴的である。その内容を捉えるうえでは、ポパーが**第一章**でヒストリシズムの具体例の一つとして言及している古代ユダヤ民族の選民思想を思い出すのがよいであろう。自分たちの民族としての起源を、神によって選ばれ、やがて大地を支配すべきものとして定められているという集団的幻想に求め、神が描いた運命に導かれてやがて栄光に到達するというのがヒストリシズムの(神話的)原型である。またこうした思想の流れのうちに、選ばれた民族の代わりに選ばれた階級が大地を相続するという発想も生じてくる。こうした思想は、歴史は定められた運命の必然展開であるというヒストリシズムそのものを生み出すのである。

第二章では、万物流転の哲学を説いたヘラクレイトスの哲学が取り上げられている。この哲学についてのポパーの解釈はきわめて興味深い。なぜなら、すべては流転すると説く哲学と、歴史の必然的展開を説くヒストリシズムの哲学は少なくとも表面上は衝突するように見えるからである。流転の意味含意は「混沌」ということであろう。それに対してヒストリシズムの説く「必然」とは衝突するように思えるからである。しかし、ポパーはこの衝突をヒストリシストの内面に立ち入っていくことによって溶解する。

ポパーは、閉じた社会の時代においては、社会は変化とは反対の永遠の静止状態にあるか、あるいはおなじことの周期的くり返し状態にあったと考える。ところが、万物流転の哲学がただしいのであれば、万物を収めている枠組み——コスモス——そのものも変化を免れることはできず、まるで揺らめく炎のように変化していくことになる。部族的社会では、人びとはおのおの一定のそれなりに安定した居場所を割り振られていたわけだが、いまや万物流転のおよぶところ社会全体も震撼し、解体の危機に瀕する。王家の出であったヘラクレイトスは、群衆が民主主義の名のもとに社会の秩序（貴族政的社会）を変動させていくことを心底から憎んだ。かれは変化そのものを憎んだのだとポパーは考える。それゆえに、流転の哲学を語るものは、変化の根底にはそれ自体としては変化することのない運命の法則――これは社会的場面では規範的要素をもった「規矩」として捉えられる――を想定し、それが貫徹していると考えることで、万物流転の思想がもたらす底知れぬ恐怖を償わせようとしたのである。しかも、こうした運命の法則にてらせば、現象の世界である万物流転の世界はむしろ――パルメニデスが主張したように――幻想の世界であることになる。これが変化と必然との対立を溶解させるキーポイントなのである。

そして、ヘラクレイトスの場合、流転の背後にはそれを突き動かす原動力があるとされた。それは万物の父であり王である戦い（戦争）である。これは同時に倫理ともなる。しかし、戦いに勝つこと、勝利者となって栄誉を手に入れることが最終的な目的とされた。しかし、勝利と敗北もまた変転する。戦いにおける成功もまた流動的であるとすれば、相対主義の世界に導かれることになろう。ヘラクレイトスはこれを対立物の同一説をもって捉えた。「冷たいものが温かくなり、温かいものが冷たくなる」のだが実体は同一というわけである。要するにヘラクレイトスは、戦争、すなわち歴史がわれわれの行為に判決を下すと結論づけた。そして、ここからポパーが第二五章で手きびしく論詰しているヒストリシズムの倫理、すなわち、歴史の裁きとは成功することであるという成功崇拝の倫理が帰結してくることも明白であろう。

結論的に言えば、ポパーは万物流転の哲学はヒストリシズムと衝突しないどころか、相互補完の関係にあると解釈したのである。この章は最後に、ヘラクレイトスの哲学がヘーゲルに大きな影響を与えたことが示唆されて閉じられている。

第三章ではヒストリシズムとプラトンのイデア論とのつながりが論じられている。だが、その点に立ち入る前に、ポパーは、社会の変動がプラトンに刻み込んだ巨大な影響に触れている。この点を理解せずしては、変化に立ち向かう哲学としてのヒストリシズムを把握できないことになろう。

ヘラクレイトス以上にはげしく変動する時代を生き、そして王家の血筋を引くプラトンにとって、変化とは、腐敗が進行していくという「法則的な」――ここでは、「必然の」という意味に近いが――過程(たとえば、王政から名誉政、貴族政、民主政、衆愚政などへの変化)にほかならなかった。それは、道徳的腐敗において最悪の状態に達する。しかし、ポパーの解釈では、プラトンは道徳的腐敗がきわまった点において優れた立法家が出現して改革を施せば、腐敗の進行に歯止めがかけられ、腐敗の「法則」は逆転されて、ものごとは改善に向かうと考えていたとされる。ということは、プラトンは、歴史を必然の展開と見なし、一切の介入をあきらめるまでに「展開しきった」ヒストリシストであるのではなく、歴史への介入が可能であると考える「限界をもった」ヒストリシストであったことになる。だが、このヒストリシズムにとっての中心的問題に立ち入っていく前に、プラトンのイデア論に立ち入っておく必要がある。というのも、これなくしてはそもそもプラトンが変化というものをどう理解していたかを把握できないからである。

変化の観念はプラトンに対しておおきくみて二つの重大な影響を与えたとポパーは考える。ひとつは政治哲学的影響であり、他は認識論的影響である。そしてポパーは両者ともイデア論を媒介にしてこそ理解できると考える。

そもそも物事が変化していく、あるいは腐敗していくことは、理の当然として、そうしたものごとの始まり、始原(起源)は腐敗していない完全な理想状態にあったことを意味するだろう。この考えからすれば、たとえば国家の起源には、完全な理想国家が存在したことになる。そしてプラトンはその存在を信じていたのであった。こうした考えのもとでプラトンは、知覚可能なあらゆる事物——たとえば、ベッドとか椅子とかテーブルといったもの――の起源にはその事物の始原となるような理想の状態があり、それをイデアと呼んだというのである。そしてイデアは、永遠のものであるから、時間や空間の外部に存在するという。ところが、このイデアは時間の始まりにおいて空間と接触するのであり、そこに人間で言えば子供のようにイデアの後裔としての事物が生まれてくるのだという。そしてこの後裔たちは、親(つまり、イデア)のコピーなのであるが、何代にもわたってコピーのコピーが重ねられていくと劣化する、腐敗すると考えられたのである。このような(奇妙な)イデア論をとれば、事物の起源とか腐敗といったことは一応は説明されることになるのだろうが、現代人のほとんどにとっては、いかにも強引な理由づけという印象しかもちえないものであろう。

こうしたイデア論からどのような政治哲学が帰結してくるかはもはやあきらかではないかと思う。プラトンは変化(腐敗)を押しとどめ、起源にあった理想国家に還帰することこそ政治の課題であり、要諦であると考えたのである。これは、現代の政治学の用語でいえば「超」のつく保守反動の哲学と呼ばれるものであろう。

では、プラトンはその政治哲学をどのような形で実践しようとしたか。ポパーはそれをピースミール社会工学とは峻別されるべきユートピア社会工学として捉えた。両者の相違は、第四節にくわしい。しかしここでは、後者については、われわれが「工学」とか「技術」といった言葉で理解する、目的実現のためのテスト済みのテクニックといったものではなく、歴史がどう変化していくか(歴史の成り行き)についての知識とそれに即応した行動である、と言っておけば十分であろう。

変化の哲学がプラトンに与えた第二の影響は認識論的影響であった。かりに万物が絶えず変化し流転していくのだとすれば、われわれは事物をただしく認識できるのであろうかという問題が生じてくるだろう。たとえば、牛乳からチーズができるということ(あるいは毛虫が蝶になるということ)を知らない人にとって、後者が前者からできたということは認識しがたいであろう。プラトンはこうした問題においてイデア論はきわめて有効であると考えた。つまり、事物の本質であるイデアを認識し、ただしい定義、すなわち本質を語る定義を与え変化(歴史)の過程を観察するならば、このような問題は解決されると考えたのである。そして学問の目的は、名辞とその本質を語る定義を集積していくことだと考えた。ポパーはこうした立場を方法論的本質主義と呼ぶ。この立場かからすれば学問とは歴史の研究であるということになろう。

これに対してポパーは方法論的唯名論を対置した。これは対象の本質を記述しようとするのではなく、対象がどんな状況でどんな振る舞いをするかを記述しようとするものである。ポパー自身の言葉を引用すると、「方法論的唯名論は学問の目的をわれわれの経験する対象や出来事の記述、またそうした出来事の説明、つまり普遍法則の助けを借りてそれらを記述することにあると見る」ということなのである。この立場からすれば学問とは現代の自然科学に近いものとなろう。ポパーは方法論的本質主義と方法論的唯名論との違いを第一一章第二節などにおいてじつに詳細に論じている。これは、本書の姉妹編『ヒストリシズムの貧困』の第一〇章「本質主義か唯名論か」を明確にするために、本書を書きだしたことの一つの成果であるとみることもできよう。

プラトンの現実認識と閉じた社会崩壊論

第二部「プラトンの記述社会学」に配置されている**第四章**「静止と変化」では、プラトンは偉大な「記述的」社会学者であったと捉えられている。プラトンは腐敗の「法則」やイデア論を記述の枠組みとして用い、ヒストリシストにふさわしくギリシア社会をある理想の国家形態からの退化として記述したと主張されている。そのときプラトンは、鋭い知的直感によってスパルタやクレタ社会こそ先史時代の理想国家の面影をとどめていると考え、それを一段と理想化することによって氏族的な社会を再構成しようとしたのだという。

ポパーの解釈では、プラトンは理想国家——プラトンが実質的に想定していたのは族長の支配する山岳遊牧民の社会――を復活させ、それが再び腐敗の過程に陥らないようにするために、どうすればよいのかを研究したのだとされる。ポパーの解釈にしたがうかぎり、プラトンの歴史解釈はマルクスのそれと似ていなくもないのであり、階級闘争こそがあらゆる政治革命の原動力であり、経済的利害こそが不和を頻発させるのであり、そして支配階級内での内部分裂がこの階級を弱体化させ、やがて階級闘争での敗北に至らせるのである。したがって、プラトンは階級闘争を生じないようにするために、支配階級に属する者にのみ武器の携行を許し、支配階級に属する戦士を圧倒的に強大化することによって支配の永続を狙ったということになる。またカースト間での通婚を禁止し、共同食事制を敷き、婦女子の共有をおこなうことで社会を大家族化しようとした。プラトンはクレタやスパルタの社会に古代氏族制社会の残滓を認めたのであり、そうしたものを復活させようとした。こうした観点から、プラトンは当時のアテネ社会を描いたというのである。これは筆者の解釈ということになるが、ポパーはこうした兵営型といっていいであろう社会に、現実に存在する全体主義国家の極限形態を見ていたのであろう。

第五章「自然と協定」では、閉じた社会の崩壊過程が事実と規範の二元論の観点から描かれる。この崩壊過程は素朴一元論の世界(閉じた部族的世界)から批判的二元論(開かれた社会)へ向かう苦難に満ちた移行期として捉えられている。素朴一元論においては自然の規則性と社会の規則性とが区別されず、これら二つの規則性は同じものとして、したがって改変不可能なものと考えられている。それに対して批判的二元論においては両者は鋭く区別され、規範については批判的議論が可能であり、その批判的改廃もなしうると考えられている。この進行過程が、論理的観点からみた場合の、閉じた社会から開かれた社会への歴史的運動と考えられている。

ポパーは、この運動過程のなかに、生物学版自然主義、倫理版実定主義、精神版自然主義という三つの様態を区別している。

生物学版自然主義とは、生物学的事実なるもの――つまり、生物学的に自然であるとされるもの――から規範を引き出す立場である。たとえば、「われわれすべてはなんといっても口と鼻で息をするのだ」から権利も同等なのだという主張を引き出すとか、「人間は生まれつき(自然からして)不平等なのであるから、社会生活においてもそうあるべきだ」という主張が引き出される。これは、言うまでもなく、批判的二元論とはほど遠い思考形態である。

倫理版実定主義とは、倫理的規範は事実に還元されねばならないと信じる立場である。この場合の事実とは国家において実効性をもち、実定的に存在している法であると考えられており、そうした法のようなもの以外は想像の産物にすぎないという。こうした法が判断の規準をつくるのであり、したがって判断の規準を提供するのはむしろ実定的な法を成立させている社会であって、個人がそうした規準を提供するとか、個人の側がそうした規準を判断するというのは途方もない誤りだとされる。こうした倫理版実定主義はあきらかに保守的であるうえに、権威主義的でもある。

精神版自然主義は、人間の本来的な精神的姿はある特定のかたち(たとえば、貧者を憐れみ癒す行為)をとって自然なものとして存在するのであり、それが規範となると考える。ポパーによれば、これはプラトンによってはじめて述べられたという。この立場ではどんな倫理的態度であっても正当化されてしまう。「人間に生じることはどんなことでも〈自然なもの〉と呼ぶことができるであろう。なぜなら、それが自然のうちにないとしたら、どうしてそれが起こりえたと言えるのであろうか」ということだからである。ポパーは精神版自然主義のうちに(本性＝規範)一元論とでも言うべきものを見ている。

ポパーによれば、プラトンは生物学版自然主義の要素を組み入れて国家を有機体として捉えたのであり、そこにある協働を一種の社会契約(協約)と見なしたという。各人は才能や能力の点で千差万別であるという生物学版自然主義を認めて、そのゆえに各人は補い合うように協定をとり結び完全な(有機体としての)国家をつくるというわけである。しかし、それは、全住民を飲み込み、食い尽くす「一種の超有機体、リヴァイアサン」

（第一巻上、二一九ページ）なのである。

ポパーによれば、プラトンの国家は拡大された人間として捉えられているという。人間に魂があるように国家にも魂があるとされ、人間の魂の三つの部分、すなわち、理性、力、欲望（動物的本能）というものには、国家における三つの階級、すなわち、監視者（統治者）、戦士、労働者が対応するのだという。そしてポパーは、「人間は見かけは一であるが、事実としては多であり、……完全国家は、見かけは多であるが、現実には一である」というグロートのプラトン国家論を引用し、その全体論的性格を強調している。安定した全体、永遠に存続する集団のみが実在性、そして有機体としての意志をもつとされる。ここでは個人にとっては全体に奉仕することが〈自然〉なのである。そしてプラトンはこの全体なるものを「君は全体のために生まれたのであって、全体が君のためにではない」と言って賛美しているとされる。だが、こうした完全であるはずの全体主義国家（完全な理想国家）も腐敗の過程に巻き込まれてしまうという。

では、どこから完全国家は腐敗し始めるのであろうか。これはプラトン哲学にとっては最大の難問であるが、同時に変化は悪であり静止こそ善であるとする哲学にとっては、腐敗を阻止するための手がかりをつかむうえで最重要な問いとなる。ポパーのプラトン解釈では、最大の原因は支配階級の血統（血筋）を保存することの失敗であるという。これはあきらかに優生学的な理論である。血統保存に関する知識が経験的観察にもとづくかぎり、それは正確ではないのであり、理性にのみもとづく知識が必要なのだという。要するに、血統保存についての魔法の数——のちに、プラトン数と呼ばれるもの——が学ばれていなかったから腐敗が始まったのだという。プラトンは血統保存における失敗——種族の退化——から支配階級内部における分裂が始まり、ひいてはそれがあらゆる歴史変動を引き起こしたのだと考えた。これよりすれば、プラトンのヒストリシズムは最終的には生物学由来の、人種差別の理論ということになろう。

閉じた社会への還帰

「プラトンの政治綱領」と題された**第三部**は、プラトンの政治綱領として四つの章がくくられている。この部はすでにあきらかなように、腐敗が種族の退化から生じてくるのだとしたら、どのようにしてそれを食い止めるべきかという、まさに政治的実践にかかわる問題を中心として展開されている。もっと大きく哲学的なレベルで言えば、変化に対していかにして静止を対置するかというのが中心問題である。

この部は、全体主義の哲学者プラトンの政治綱領を扱っているわけだから、最初に全体主義についての基本的理解が述べられる必要があろう。ポパーは、それを第六章の冒頭で提出し、つぎの五項目に整理した。

(A) 厳格な階級区分。

(B) 国家の運命と支配階級の運命との一体視。

(C) 支配階級による武器の独占。

(D) 支配階級の知的活動すべての検閲による統制。

(E) アウタルキー(閉鎖型)経済圏の確立。

ポパーはこうした立場を全体主義と呼んだのである。だが、ポパーはこれですべてなのだろうかと問いかける。依然としてプラトンを賛美する思想家なども存在するわけだから、プラトンの思想のうちにはまともなものも存在するのではないかとかれは問う。そこでポパーは、そもそもプラトンにおいて正義はどう考えられているのか(第六章)。賢者とか最善者が支配すべきだというときには、じっさいにはいかなることが考えられているのか(第七章)。真理とか知恵とか善とはプラトンにとってなにを意味したのか(第八章)。また、プラトンにとって美とはなにか(第九章)を問い、プラトンにおけるこうした観念を分析する。したがって、この第三部においてこそプラトンに対する仮借なき批判が続行されていくわけである。

さて第六章は、プラトン正義論についての考察である。ポパーは、プラトンが正義ということばのもとで考えていたことは、われわれがこの言葉のもとで理解していることとは正反対であると主張する。われわれが考えているのは平等主義的正義論とでも呼べるのに対してプラトンの言う正義とは、国家に役立つものという意味であるという。意味するところが根本的に異なる。としたらプラトン的意味がわれわれの「正義」の観念に侵入してくるなら、大きな困難が惹き起こされることになろう。プラトンはそれを狙っていたというのが、ポパーによるプラトン批判の要点である。ポパーはそれを当時におけるこのことばの一般的な使われ方を引証して論証している。プラトンは「正義」ということばの本来の意味を知りつつ、その逆転を図ったのであり、『国家』におけるプラトンの「正義」論はそのためのプロパガンダであったとポパーは見なしている。プラトンは『国家』であらゆる正義論をあつかうと称しつつ、正義とは法のもとでの平等であるという説(イソノミー)は意図的に無視した。ポパーの解釈では、プラトンは、人道主義的理念を語る平等主義の運動を敵として捉えたのであり、その運動に対抗しようとしたのであった。ポパーはこの点をつぎのような対立として描いている。(上段は平等主義的正義論を支える理念、下段はそれに対抗するプラトン的理念である。なお、使用したことばはポパーのものとは少し異なる。）

平等な権利の原理　　　　　　生まれついての特権の原理
個人主義　　　　　　　　　　集団主義（ホーリズム）
国家による市民の自由の保護　国家至上主義

ポパーはこれらの対立軸をつづく第四、五、六節でじつに詳細に論じているので、ぜひとも本文での議論に当たっていただきたいと思う。結論的に言えば、「国家のためになるもの」が正義なのである。個人は、全体のなかの歯車にすぎず、適正な位置に配置され、割り振られた役割を正確に——さらに言えば、無表情で——果たさなければならないのであり、もって国家に貢献することが正義なのである。

ついでポパーは、全体主義的な国家観に対して、国家は弱者を保護せよというみずからの保護主義的な国家観を対置している。それは、国家の本質を語るイデオロギーではなく、われわれ自身が国家に対してさまざまな意味で「弱き人びとを保護せよ」と要求することなのである。ポパーは、保護主義を成立させるためには、国家がある程度までわれわれの自由を制限することもやむをえないと考える。しかし、ポパーは国家が道徳の領域に干渉してくることは断固として拒否する。つまり、かれは国家を何であれ崇拝の対象にすること、また、国家官僚が市民の道徳に干渉してくることを個人主義の観点から拒絶している。

第七節では保護主義の歴史が簡単に素描され、保護主義は、国家の起源が犯罪防止のための共同体をつくろうという社会契約にあるのではなく、国家の目的としてなにを要求するかにかかわる理論であると指摘している。それはペリクレスの時代における人間性と平等に向けての運動を的確に表現するものであるとも主張している。

ポパーは、プラトンの正義論について、それは階級の〈自然な〉特権を強調するものであるから、どの階級が支配するのが自然なのか、つきつめると、「誰が支配すべきか」という問いに行き着くとまとめている。プラトンは賢者、あるいはもっともよき者が支配すべきだと考えていたのだとポパーは主張している。すると、賢者とかよき者とはいかなる者なのかが問われることになろう。これはつぎの**第七章**のテーマである。

では、その賢者はどのようにして見出されるのか、あるいは育成されるのだろうか。ところが、ポパーは最初にこのような問いの立て方それ自体を批判する。ポパーは、支配者が必ずしも善良でも賢明でもないのはむしろ自明であると捉え、政治学の根本問題は「悪しきあるいは無能な支配者があまりにも大きな害をひき起こしえないように政治的諸制度を組織するにはどうしたらよいのか」という問いにあると主張する。ポパーは、この観点から特定の人間とか集団などが支配者になることを説く主権論を批判する。ポパーは諸勢力の相互牽制が可能となる政治体制を望んでいる。

さらにポパーは、政治体制については、独裁政と民主政という二種類を区別するだけでよいと主張する。前者は暴力(たとえば、革命)によってしか取り除くことができない政治体制であり、後者はそれ以外の仕方で、すなわち流血の惨事なしに取り除く(解職する)ことのできる政治体制である。そして、この後者のような政治的諸制度を形成していくための政策が民主主義的と呼ばれる。

第八章では大きく二つの論題が扱われている。ひとつは哲学者とはどのような人物なのか、また哲学者はどうあるべきかという問題であり、他はなぜプラトンは哲学者を王に、あるいは王を哲学者にしようとしたのかという問題である。プラトンがこうした問題を論じる理由は明白である。プラトンのヒストリシズムでは、宇宙論的な規模での腐敗の進行は優れた立法者の出現によって逆転可能であると信じられていたからである。

ところが、プラトンの語る哲学者は、われわれが求めるかもしれない理想的な人間像からはほど遠い。プラトンの語るところ、哲学者は国家のために数多くのウソと欺瞞をおこなうことができねばならないのである。他方で、被支配者は正直であらねばならないという。プラトン自身は、ペテンであることを公然と認めつつ血と大地の神話を導入した。宗教上の信仰もまたウソであり作り話であり、そしてそれに逆らうような異端者は弾圧されねばならないとプラトンは考えた。

では、他方の問い、すなわちプラトンは、なぜ哲学者を王に、あるいは王を哲学者にしようとしたのであろうか。これは哲学者の役割についての問いである。ポパーは、哲学者が王となるのは二つの役割を果たすためであると分析する。ひとつは国家を創建するためであり、他は、国家を維持するためである。

プラトンの理論では、現実の国家はイデアとしての理想国家のコピーとして建設されねばならない。しかるに、そのようなイデアを見ることができるのは、あらゆる学問、とりわけ弁証法を学んだ哲学者のみである。それゆえに哲学者は国家を創建する役割を果たさなければならないのであり、ついで第二の任務としてそうした国家を維持するために、教育を監視し、子弟の優生学的な育成も果たさなければならないのである。国家が創建されたあとでも、哲学者が必要とされるのは、支配者の権威を極限まで高めるためである。哲学者は部族の司祭王のような役割を果たさなければならないとされる。

だが、哲学者にはさらに支配人種の育成という役割も割り振られている。それはプラトンの人種理論そのものから導出されるのであって、支配人種の退化防止という重要な任務である。種の退化を防ぐためには、哲学者は〈プラトン数〉という神秘の数によって子弟を最適の形でめあわせる必要があるのだという。だがここにあるのは、家畜などにおいて優秀な血統を保存し育成するのとおなじ血統保存の考えである。そしてポパーは、こうした議論の果てにあるのは、〈プラトン数〉を承知しているのみならず、万学につうじた哲学者であるプラトン自身こそが王になるべきだという要求にほかならないと喝破する。そしてポパーは、じつにプラトンは自身が王になることを要求していたと暴露する。そして、こうした要求の背後には権力への野望という矮小な、ある意味であまりにも人間的過ぎる欲望が控えていると指摘し、もはやわれわれはプラトンに圧倒される必要はないのであり、むしろ憐れんでよいのだと述べてこの章を閉じている。

第九章は「唯美主義、完全主義、ユートピア主義」と題されている。ここで扱われているのは、哲学者はいかなる手段で国家をつくり維持するのかという問題である。プラトンの返答はピースミール社会工学とは正反対のユートピア社会工学によってであるというものであった。ポパーはこのタイプの社会工学からじつに悲惨な帰結が生じることをこと細かく論じている。そのいくつかを挙げてみよう。たとえば、ユートピア社会工学は首尾一貫して追求すべき目的の集約に失敗し、往々にして、言論を弾圧して目的を押しつける。ユートピア社会工学はそれが(たとえば、革命のようなかたちで)実践されたとき、計画通りにものごとが進行していないことを示す民衆の怨嗟の声を聞き入れる回路をもたないし、そもそもそうしたものを遮断している。さらに、大規模な革命を目指すユートピア社会工学が実践されるとき、目標の達成には長大な時間が必要とされるだろうし、革命がいわゆる第二世代に受け継がれるようになったら、当初の問題はいつのまにか変更されてしまうかもしれない。つまるところ誤りの検討はなされず——否、変革が大規模すぎて誤りを識別できず——目的はついぞ達成できなくなるのであり、いわば賽の河原の石積みがくり返されるのである。

ポパーは、こうしたユートピア社会工学に対する批判ばかりでなく、この工学に潜む、善を望んで悪を作り出すメカニズムにも触れている。哲学者は、最高のイデアである善のイデアを実現しようとした。そのイデアは最高の善であるとともに完全かつもっとも美しいものとされていた。したがって、美であること、完全であること、そして善であることは一体である。ではそれはいかにしてこの世にもたらされるのか。その実現を図る哲学者は、人民を素材として用いながら——プラトン自身が認めているようにウソであやつりながらということだが——いわばそれを地上に描き出す芸術家になるのだという。理想国家を描き出す(作り出す)ためには、描かれるべきキャンバスはまずもってきれいに洗浄されている(まっさら化されている)必要がある。芸術家としての哲学者は、古いもの(古い社会制度や慣習など)がいっさい洗い流されたキャンバス、すなわち古い社会が清算され取り壊され洗い流された社会――現実には大人どもは粛清されるか追い払われてしまった社会――に、まったく新しい、伝統も慣習も消えてなくなったユートピア社会を作り出すというのである。そのための社会工学がユートピア社会工学にほかならない。だがそこで現実には何が生じるか。われわれは、じつに本書の出版されたあとにおいて、カンボジアにおいて原始共産制を理想としたというポル・ポトのクメール・ルージュがキリングフィールド(虐殺の野)を出現させたのを見た。ポパーはポル・ポトの失敗に拡大して映し出されたようなユートピア社会工学の悲惨な失敗を語っていたのである。

開かれた社会とその敵

第一巻の掉尾である**第一〇章**は**第四部**に収められ、本書と同じタイトルがつけられている。第一節のまえにおかれた節番号なしの問題提起の節がきわめて重要である。それは、本書全体が全体主義批判を超え出てわれわれの文明そのものについての考察に及ぶことを示唆しているからである。そしてそれは二〇世紀を生きた――この時点では生き抜いてきた――哲学者ポパーの歴史意識の表出であったとも思われる。

ポパーの問題提起を理解するには、かなり大胆に、思い切った単純化をしてみる必要があるように思われる。ポパーは前章までにおいて、説得力あるかたちでプラトンは全体主義者であると論じた。だが、かれはプラトンの語る幸せの観念に躓いたと述べる。どういうことか。かりにプラトンが首尾一貫した全体主義者であったなら、全体主義の頂点にたつ僭主(独裁者)を賛美しても非難されるいわれはなかったはずである。なぜなら、僭主としての役割を果たすことはプラトン流の正義に適うことであったはずだからである。ところが、ポパーには僭主に対するプラトンの憎悪は本心を偽っているものとは思えなかった。くわえて、市民を幸福にしたいというプラトンの願望はポパーには真摯なものと思えた。プラトン流の全体主義の議論をつきつめるならば、正義が実現しさえすれば、すなわち、市民が自分に割り振られた役割を忠実に果たしさえすれば、そこには幸福も実現するはずである。だが、プラトンはそれだけでは満足できず、さらなる幸福の実現を願ったということである。プラトンはなぜそのような思考に陥ったのか。プラトンは、市民は正義の政治体制が実現しても満たされない底知れぬ不満をもっていると感じ取っていたということだ。ポパーは、プラトンの願望は深いところにあると感じた。それは、ポパーのことばで言えば、文明の圧迫から逃避したいという願望であった。換言すると、文明の圧迫から逃れるために、部族へ、過去の閉じた社会へ立ち還りたいという逃避願望であった。ここに生じた底知れぬ不安あるいは不満を追い払うには、たんに全体主義的正義を実現するだけではこと足らぬということであろう。だが、ポパーはこうした願望はそもそも実現不可能であり、またそれを実現しようとする試みは失敗したと判断したわけであるが、こうしたプラトンの診断そのものは優れていたと評価する。そしてポパーは、みずからこの診断に対応するには、閉じた社会への還帰とは正反対の策をとる必要があると、すなわち、開かれた社会という新しい理念へ向けて個人が自由をもち責任をとる道を歩んでいかねばならないと考えたのである。

第一節では、最重要なテーマである、閉じた社会と開かれた社会との対比が理念型的に定義される。「魔術的な、部族に縛られた、あるいは集団主義的な社会を閉じた社会と呼ぶことにし、個人が個人的な決定と向き合う社会秩序を開かれた社会と呼ぶことにしよう」(第一巻下、一三二ページ以下)。閉じた社会は有機体的な社会であって、階級対立のようなものの存在しない社会である。それに対して開かれた社会とは、人びとが、出生といった偶然的関係に頼ることなく自由に関係を結ぶ可能性が大きく開かれた社会である。ポパーは、閉じた社会から開かれた社会への移行を人類がおこなった最大の革命として捉え、われわれはまだその発端にいるにすぎないと考えている(第一巻下、一三七ページ)。

この革命は、ポパーによれば、人口増大と交易の発達によって引き起こされた。ポパーは閉じた社会が崩壊していく歴史を描くにあたって、閉じた社会に還帰しようとするスパルタと、民主派のリードのもとで開かれた社会へと歩み出したアテネとを理念型的に対比する。そのときかれが依拠するのはトゥキュディデスの『戦史』であるが、かれはこれに対してはかなり批判的である。トゥキュディデスは、ポパーの見るところ、スパルタ側よりであった。スパルタとアテネはギリシア世界の制覇をめぐってざっと三〇年にも及ぶペロポネソス戦争を戦ったのであり、通常の歴史書などではこの戦争ではスパルタが勝利したとされている。しかし、ポパーはこの説に与せず、アテネの民主派は復活し最終的には勝利したと論じ、スパルタの勝利という評価が公式見解になってしまったのは、哲学の世界でプラトンの見解が絶大であったように、歴史の世界ではトゥキュディデスの見解が歴史家たちを束縛していたからだと主張している。ポパーは、スパルタのような単独覇権主義ではなく、連邦制に至りうるような同盟を結んでより大きな自由が保障される帝国主義——当然のことながら、レーニンが言うような、収奪と植民地化を本旨とする「帝国主義」のことではない——を評価している。

ポパーは混乱と戦争の時代に理性や自由への信頼、人間が兄弟姉妹であることへの理念が芽ばえたと考え、それを生んだ世代を「偉大な世代」と呼ぶ。この世代に属した人物については、第四節の冒頭に詳しい。ポパーがとくに言及し引用をしているのは、デモクリトスとペリクレスである。前者のなかには「不正をこうむっている人を助けるために最大限のことをなすべきである」ということばがあるし、後者は、いわゆる追悼演説で「われわれは互いに悪意を抱かず、隣人がその人なりの道を選んだとしても文句をつけたりはしない……だがこうした自由はわれわれを無法者にするわけではない」と述べたのであった。こうした文言はポパー自身が大いに共鳴するものであったのだろう。ペリクレス的視点からすると、スパルタ側につく者は、「自由に対する永続的な反逆の指導者」なのである。

ポパーは、この世代が担っていた信念に最大の貢献をしたのがソクラテスであったと考える。ソクラテスはアテネの民主主義に対してはきわめて批判的であったが、民主主義の友であった。かれの批判は民主主義の存続にとって必要であったし、自由と責任の主体としての個人への関心を呼び覚ますものであった。では、なぜソクラテスは民主主義の敵と交わり、最終的にアテネへの反抗者と見なされ、死刑宣告を受けるような生き方をしたのか。この間の経緯は『ソクラテスの弁明』や『クリトン』などに詳しく、また古来いくつかの解釈が提出されてきた。ここでは、それらにごく簡単に触れてみたい。ポパーのソクラテス解釈の特徴を浮き上がらせてみたいと思うからである。

戦後まもなく、本書出現後に(一九四八年)丸山眞男に本書の存在を教えたE・H・ノーマンが「説得か暴力か」というタイトルでおこなった講演がある(『クリオの顔』岩波文庫、一九八六年所収)。そのなかでノーマンは、ソクラテスには国外退去処分を甘受することで死を免れる可能性があったにもかかわらず、それを拒否して毒ニンジンを仰いだのは、思想の自由(発言する自由)を守るためであり、いままで市民としての権利と特権を守ってきてくれたアテネという国家に対し、自分の命が危うくなったからといって国家に対する支持を取り消すわけにはいかないと考えたからだと語らせている。ソクラテスの死を思想の自由と国家への忠誠に求める解釈はごく一般的なものであると言ってよいだろう。また他方には、ソクラテスを「悪法も法なり」として悪法への抵抗もせず、それを甘受する悪しき遵法主義者として非難する解釈もある。これらの解釈とは異なって、ポパーはソクラテスについて次のように述べている。「わたくしは、ソクラテスが死を望んでいたとか、殉教者の役割を好んでいたとは思わない。かれは単純に、みずからがただしいと信じたこと、自分の生涯の仕事だと考えたことのために戦ったのであった。かれは民主主義を掘り崩そうなどとは思ってもいなかった、かれがこころみたのは、民主主義に必要とされる信念を与えることであった。それがじつにかれの生涯の仕事であった」(第一巻下、一七四ページ)。ソクラテスは亡命などしたならば、自分の今までの行動を否定し、民主主義への敵対者と見なされることを十分に承知していた。ポパーのソクラテス解釈が一歩抜きんでているのは、プラトンが描くソクラテス像のうちにプラトン自身の内的葛藤を見、プラトンのソクラテス解釈を批判するなかで自己の解釈を展開していることである。したがってそれは同時にプラトン解釈にもなっている。

ポパーの見るところ、プラトンはソクラテスのもっとも才能に富んだ弟子であったが、『法律』における異端審問の理論にもっとも明瞭に表現されているごとく、ソクラテスを裏切ったとポパーは考える。さらにポパーは、プラトンを理解するためには同時代史的状況の全体を理解しなければならないと主張する。そのとき、ポパーの念頭にあったのは、反民主派の敗北であった。老寡頭派であるクリティアスの試みは、スパルタから支援を受けたにもかかわらず、また容赦なく暴力を使用したにもかかわらず敗北した。これを見てプラトンは、反民主派は道徳的に敗北したと考えた。そこからしてプラトンは、イデオロギー戦線を再構築し、正義の観念を逆転させ、正義とは不平等のこと（階級的特権の容認）であり、個人よりも集団が優位することであるとする説で対抗しようとしたばかりでなく、ソクラテスの信仰、すなわち、開かれた社会への信念をじつに逆転させようとしたというのがポパーの解釈である。その際の要点はつぎのような問いかけにあった。

ソクラテスは民主主義によって殺されたのではないか。としたら、民主主義はソクラテスを自陣営に立つ者とすることはできないのではないか。ソクラテスは無名の群衆やその指導者を知恵に欠けるとして批判していたではないか。ソクラテスは賢者の支配を望んでいたではないか、などなど。ポパーによれば、プラトンは、こうした路線でのソクラテス解釈に成功し、ソクラテスが代表する理念よりも、閉じた社会の理念のほうが優れているというキャンペーンに成功したという。

だが、プラトンがおこなったことはこれだけではないとポパーは考える。ソクラテスを——ポパーの目からすると——開かれた社会の理念を歪めた者として(つまり、閉じた社会への還帰を願う者として)描き出すことは、師に対する背信を正当化するためのたくまざる「自己説得」であったのではないかとポパーは解釈するのである。ポパーはここに、若いときにソクラテスの教えに深く心を揺さぶられた人間が、閉じた社会からの呼びかけに引き戻されつつある姿を見る。換言すれば、われわれはプラトンの知性内部における内的葛藤の証人になると感じるのだという。プラトンは二つの世界観のあいだで戦っていたというのがポパーのプラトン解釈の柱石である。ポパーはつぎのように述べている。「プラトンの影響力は、一部には、これら二つの世界観での戦いがひき起こす魅力にあるのではないかと思う——それは、プラトンへ強力な反作用をおよぼしており、かの気品をもった抑制の下にも感じとれるほどの戦いなのだ。この戦いはわれわれの琴線に触れる。なぜなら、それはわれわれ自身においても依然として続行されているからだ。プラトンは、依然として時代――われわれ自身の時代でもある――の子であった」(第一巻下、一八〇ページ)。ポパーは第六節でこうした解釈を支える箇所のいくつかに言及し引用もしているので、読者にはぜひあたっていただけたらと思う。それによって本書の現代的意義を納得していただけるのではないかと思う。

ポパーの解釈では、二つの世界間での戦いにおけるプラトンの論証は誠実に考えられたものである。悪の根源を見つめることなしには幸福になることはできないとプラトンは考えた。悪の根源とは人間の堕落であり、閉じた社会の崩壊である。プラトンは、スパルタがあらゆる社会発展を阻止するという綱領を引き継いだのはただしかったと考えた。ところが、プラトンは僭主政も寡頭政も時代の問題(すなわち、文明の圧迫)の解決にならないことを理解していた。かれが必要だと考えたのは、新社会を描き出すためのキャンバス(社会)の完全なまっさら化であった。すべてが哲学者の指導の下にやり直されねばならない。そのためにかれは、のちにパレートが定式化したもの、すなわち、感情を消滅させようなどと無駄な努力はせずに、それを利用すべきであるという忠告にしたがったとポパーは言う。つまり、プラトンは「道徳的かつヒューマニズム的な感情を非道徳的にして非人間的な目的のために利用するという技術を発展させた」(第一巻下、一八六ページ)のである。プラトンは、偉大なヒューマニズムの思想家についてさえ、自己利益追求という非道徳的なものがあると説得することに成功し、しかもそれを非人間的な目的のために利用し、ヒューマニズム的な感情に対する嫌悪の感情をかきたてたのだという。プラトンは真正のヒューマニズムさえ、プラトン流の正義、すなわち階級社会に忠実に奉仕することが正義であるという感情に転化させた。真正のヒューマニズムのもとでの平等主義としての正義は、じつはカースト制社会へ忠節を尽くすことであると歪曲したのである。したがって、正義を叫び要求することは、プラトン的なカースト社会を要求することになってしまう。ポパーはここにプラトンの恐ろしさを見ている。

第二巻　にせ予言者

第二巻ではマルクスおよびマルクス主義が大きく取り上げられているが、論じられているのはそれらのみではない。ここでも第二巻全体を見通すためにどのような部構成になっているかを見通してみよう。

第一部　「神託まがいの哲学の出現」（第一一、一二章）
第二部　「マルクスの方法」（第一三〜一七章）
第三部　「マルクスの予言」（第一八〜二一章）〔第一九章までが上巻〕
第四部　「マルクスの倫理」（第二二章）
第五部　「余波」（第二三、二四章）
第六部　「結論」（第二五章）
付録（一編の長編論文と一つのコメント）〔以上、下巻〕

本巻の最初の部は「神託まがいの哲学の出現」と題され二つの章を収めている。この部では、プラトン論のあとを受けてアリストテレスから、マルクス以前、ヘーゲルまでの期間が概観され論評されている。ポパーは中世を偉大な世代によって灯された開かれた社会へ向けての運動が、たとえばキリスト教の異端弾圧に示されているように、抑圧されてしまった時代として捉えている。同時にそれは、文明の重荷——閉じた社会におけるもろもろの抑圧やタブーから身を引き離し、社会を改革していくにあたって、個人としての決意と責任を引き受けなければならない重荷——にあえぐ人びとの世界でもあった。

つづく第二部では、ふつうに史的唯物論と呼びならわされているマルクス主義の「歴史科学」ではいかなる「方法」――いうまでもなく、ヒストリシズム的方法――が用いられているのかを分析し、それが批判の俎上に載せられている。ひとことで言ってしまえば、マルクスはその制度分析においては有効な科学的分析をなしえたが、歴史予言に至るヒストリシズム的分析においてはみじめなまでに失敗したということである。

第三部では、マルクス批判のハイライトといってよいのだろうが、資本主義の下で貧困が蓄積し、やがて社会は大きくプロレタリア階級とブルジョア階級とに分裂し、そこから必然的に生じてくる社会革命をつうじてプロレタリア階級が勝利し、ただ一つの階級のみからなる社会、すなわち無階級社会が実現するという周知の歴史予言が批判――否、論破――されている。

第四部では、マルクス自身はあからさまに口にすることはなかった、マルクス主義の道徳論が取り出されている。そこでは、一方におけるマルクス主義の決定論的傾向と、他方における個人の自由な意志決定や責任との衝突という問題――かつてマルクス主義者が好んで論じた問題――が論じられている。ここはヒストリシズムにおいて道徳がどう理解されているかを知るための格好の場所である。

第五部では、ポパーはまずマンハイムの知識社会学を批判している。その批判は知識社会学は知識の社会的基盤を知らないという皮肉きわまりない批判であり、また客観性とは間主観性であるという批判である。ついでポパーは、非合理主義と合理主義の問題を取り上げている。自分自身の基礎にある非合理的要素に気づいた合理主義者――ポパーのいう批判的合理主義者――は、この点の自覚によって、みずから合理性へ加担するという道徳的な決定によって非合理主義に対抗していくことができるというのである。したがって、ここでの合理主義にかんする議論は、ヒストリシズムを批判するポパー自身の立場についての哲学的反省ということになる。

第六部の「結論」に収められているのは、「歴史に意味はあるか」と題された第二五章のみである。ここでポパーは、「歴史叙述の論理」と呼ぶべきものについて考察している。つづいてポパーは、歴史はそれ自体で意味(目的)をもつのかと問い、それ自体で意味をもつことはなく、意味はわれわれ人間の側が付与するものだと答える。これは、自然に法則を課す、あるいは、人間のおこなうことに合理性を課すというカント哲学の伝統に立つものであり、ポパー自身のことばでいえば実践的合理主義の表明にほかならない。これは本書にふさわしい結論といえるだろう。

ところで第二巻には「事実、規準そして真理。相対主義へのさらなる批判」という一九六一年に書かれた長文の付録が付されている。これはポパー自身の手によって書かれた格好の「ポパー哲学(批判的合理主義)」入門とみることができる。内容的には、真理の問題、判定規準の問題、相対主義の問題など、現在のわれわれ自身が直面している問題が具体的事例にそくして巧みに解説されている。これから批判的合理主義に親しもうとする人にとって最適の入門的文書だと思う。

以下では、本巻全体の流れを踏まえたうえで、各章の内容にもう少し踏み込んでみたい。

神託まがいの哲学の出現

第一部の第一一章では主としてアリストテレスが論じられている。だが、ポパーの見取り図のもとではアリストテレスに対する評価はきわめて低い。プラトンとの比較で言えば、アリストテレスは独創性に乏しく、せいぜい体系化をおこなった程度であると評価されるのみである。にもかかわらず、ポパーがアリストテレスを論じていることには十分な理由がある。ポパーは、アリストテレスにおけるヒストリシズムと本質主義とのかかわりに注目しているのだ。というのも、アリストテレスは、本質主義的定義と唯名論的定義にかんして、ポパーとは正反対に、本質主義的定義こそ学問本来の定義方法であると語り、そして、本質の展開こそまさに歴史(進化)であると理解しているからである。これではヒストリシズムそのものであろう。ポパーが取り上げるのも当然である。アリストテレスはあらゆる点で本質主義的定義に依拠していたのに対し、ポパーは、科学は唯名論的定義にのみ依拠すると考えた。ポパーによれば、科学には本質主義的定義の余地はない。科学は、本質主義とかヒストリシズムとは無縁である。ポパーはこの立場を断乎として支持し、意味の正確さを求め、そこに科学を立脚させようとする本質主義を排斥する。

つづいてポパーはアリストテレスからヘーゲルに至る時期を解釈するための観点について語っている。ポパーは初期キリスト教の運動を開かれた社会へ向かう運動として捉える。というのも、それはユダヤの部族社会を縛っていた保守派の硬直した選民思想的な律法主義への抗議でもあったからである。ポパーは、初期キリスト教の信念はソクラテスの信念につうじるものがあったと考える。しかしポパーは、キリスト教がローマ帝国において国教となったころから、状況は大きく変わり、ユスティニアヌス帝（紀元後五二九年）のときから、非キリスト教徒、異端者、哲学者への迫害が起こり、暗黒時代が始まり、それは中世の異端審問において頂点に達したと考える。

第一二章はヘーゲルに対するポパーの仮借なき批判である。ポパーはヘーゲル哲学の内容を批判する前にまずヘーゲルの知的誠実性を根本から疑っている。いくつか証拠を挙げて、ショーペンハウアーと同じように、ヘーゲルをペテン師と見なし、かれをもって「不誠実の時代」が始まったと考えている。ヘーゲルは科学者たちにはまったく相手にもされなかった。ヘーゲルは、当時のナショナリズムを適当な限界内にとどめておくというフリードリヒ・ヴィルヘルム三世の手のひらで踊っていたのであり、かれの哲学はプロイセン君主制を歴史の達成物の頂点に祭り上げて恬として恥じることのない、プロイセン至上主義者、国家崇拝主義者の哲学なのである。ポパーの考えでは、ヘーゲルはプラトンと現代の全体主義をつなぐヒストリシズムの結合環である。ポパーは、ヘーゲルの巨大な影響を部分的に説明するとはいえ、それと戦うことのほうが急務であると主張している。

ポパーは、まずヘーゲルが語るイデアとか本質はプラトンにおけるイデアとは異なると指摘している。プラトンにおいては、イデアは感覚的に知覚される事物の外部にある永遠不変の存在と考えられていたのに対し、ヘーゲルではそれらはアリストテレスとおなじく事物のなかに隠されて内在すると考えられている。ヘーゲルにおいては、プラトンとは異なりイデアや本質もまた流転変化し自己展開するのであり、アリストテレスとおなじく完全態に向かって進んでいくとされる。したがって歴史は内在する本質が弁証法的に解きほどけていく進歩の歩みとなるのだが、その原動力はヘラクレイトスとおなじように戦争、つまり民族間の戦争なのである。ヒストリシストとしてのヘーゲルは、ただ現実の歴史を考察することによってのみ本質やイデアを把握しうると考える。

他方でポパーは、ヘーゲルが矛盾を許容している点を批判する。ヘーゲルはカントの〈弁証論（Dialektik）〉とは異なって、理性がアンチノミーに巻き込まれ自己矛盾するのは理性の本性によると考えた。ポパーは当然のことながら、矛盾が許容されてしまうなら、学問のみならずあらゆる合理的論証が終焉するから、ヘーゲルは批判と論証を不可能にすることによって自分の哲学を批判から守ろうとしているのだと批判するわけである。それは、すべての理性的なものは実在的であり、実在的なものは理性的でもあるという主張だが、ことばの二義性にもとづくまやかしの議論にすぎない。

（第二巻上、九六ページ以下）。またポパーは、ヘーゲルのいわゆる同一哲学も批判している。

こうした議論によってヘーゲルは、思想の自由や学問の独立といったものをその反対物に歪曲したと、またさらになにが真理であるのかを決めるのは国家であるとさえ主張したとポパーは糾弾する。結局のところ、ポパーは、プロイセン絶対君主制へのヘーゲルの下賤な奉仕は自発的になされたのだと糾弾している。

つづいてポパーは、民族がまさにその自己主張によってナショナリズムを生み出すことをナショナリズムの研究者アンダーソンを援用して主張している。ここでポパーは、

(パレートの忠告にしたがい)全人類の兄弟愛という理念が全体主義的なナショナリズムに置き換えられるさまを描き出す。もっとも強く批判されているのはフィヒテである。ヘーゲルはナショナリズムを飼いならそうとしたのであり、民族についての歴史理論を導入したのである。

こうした議論のあとでポパーは、自身のファシズム論を展開している。それは自由への反乱を大衆運動化したのであり、社会主義的運動の崩壊後に登場し、その遺産を引き継いだとされる。その公式は、ヘーゲルにプラスすることの一九世紀の唯物論であり、結果としての人種論(人種差別)であるとされる。それは、ヘーゲルの「精神」を血で置き換えたものである。もちろん、ファシズム論はプラトンの支配階級における腐敗の議論を念頭に置いて理解されるべきものであろう。ポパーは、ヘーゲルが保存し現代に伝達した全体主義的イデオロギーのリストを作っている。解説する必要もないと思うので項目だけ挙げておく。

(A) 国家とは民族が形をとったものである。
(B) 国家は戦争においてみずからを主張する。
(C) 国家はいかなる道徳的義務からも解放されている(成功崇拝)。

（D）戦争における勝利こそ、追求すべきものである。
（E）偉人の果たす重要な役割。
（F）英雄となれ、危険を冒して生きよ。

ポパーは、現代ファシズムの分析において大量の素材を多才な経済学者コルナイの著作に負うことを承認したうえで、ハイデガーとヤスパースを手きびしく弾劾している。

マルクスの方法

つづいて**第二部**に移り、マルクス批判が開始される。**第一三章**の最初の部分では、マルクスおよびマルクス主義に対するポパーの基本的姿勢とでもいうべきものが述べられている。ポパーの考えでは、マルクス主義は「これまでのヒストリシズムのなかでもっとも純粋でもっとも発展した危険きわまりない形態」（第二巻上、一八二ページ）なのであるが、そのなかに人道主義的衝動があることは認められねばならないという。ポパーは、マルクスはヘーゲル主義の伝統の下で育ったとはいえ、知的には誠実であったと認識している。

ポパーがマルクスを攻撃するのは、かれが、社会問題の科学的取り扱いは歴史の予測にあると信じ、人にもそう信じさせたとはいえ、つまるところはにせ予言者にすぎなかったからである。ポパーのマルクス批判はつぎのような言明で捉えることができよう。マルクス主義は新しい社会の建設に役立ちうるような社会工学ではなく、純粋に歴史理論であり、権力政治の発展、とりわけ革命の成り行きを語るような理論にすぎなかった。レーニンはこの弱点を素早く認識したが、マルクス主義の文献には社会の建設に資するような論述は何もなかった。レーニンがとったＮＥＰ（新経済政策）にしてもマルクスとエンゲルスの「科学的社会主義」の理論とはなんの関係もなかった。マルクスは、社会主義はユートピアから科学へと発展すべきであると考えていたにもかかわらず、その立場は真の科学からほど遠かった。マルクスは科学の予測と歴史予言（ヒストリシズム的予言）とを同じものと考えていたゆえに失敗した。

ポパーは、マルクス主義は方法として理解され、実用に役立つかどうかという観点から批判されねばならないと考える。変革には未来の予測が重要になるが、マルクスは未来を予測できるのは未来がすでに過去のうちに埋め込まれているときのみであるという決定論をとってしまったので、誤謬を犯すことになった。それに対してポパーは、決定論は「予測を立てる科学にとって必要不可欠の要素ではない」と考える。マルクスは歴史に対して働きかけていくためには歴史を予測できなければならないという考えと、予測できるのは歴史の成り行きがすでに決定されている――したがって、歴史への働きかけは原理的に無効になる――という考えとのあいだで引き裂かれた。これは、ヒストリシズム固有の難点である。ここにおいてマルクスがとった立場は、社会は法則的に決定されているつぎの発展段階を跳び越すことはできないが、生みの苦しみを短縮することはできるということであった。ことばを換えれば、マルクスは社会科学の課題をつぎの発展段階の予測においたということである。この考えからは、当然のことながら、社会に対して社会工学をもって働きかけるという発想は出てこない。社会科学の課題を社会のつぎの発展段階の予測におくならば、社会の発展法則――継起の法則――を探ることがマルクス主義の課題になるわけである。

ポパーは、この点でマルクスのヒストリシズムはJ・S・ミルの立場、すなわち「社会科学の根本問題は、社会のある状態に、べつの状態がつづき、とって代わっていく法則を見つけることである」とよく類似していると考える。しかし、ミルはマルクスとは異なって、それは、人間本性の法則にもとづいて研究されねばならないと考えていた。ポパーは、ミルの立場を(方法論的)心理学主義と呼ぶ。そしてポパーは、心理学主義をきびしく批判し、心理学に依存しない「社会学の自律」を説くマルクスの立場を支持するのである。

第一四章は、社会学は、行為を心理的動機から説明するという心理学主義を捨てて、それ固有の方法に立脚しなければならない、と主張している。具体的にはポパーはミルの心理学主義を批判するわけであるが、ミルをただ排斥するのではない。ミルが方法論的集団主義に反対して方法論的個人主義を主張した点はただしいと認めている。他方で、ポパーはマルクスの制度分析を承認するものの、方法論的集団主義は排斥する。簡単に対比するならば、心理学主義は動機にもとづく説明を、対して制度主義的な説明は状況にもとづく説明をおこなうと言えるだろう。前者の考えは、突きつめるならば、社会それ自体もまた個人の動機によって形成された、つまり、社会に先立って存在する個人によって形成されたという考えに行き着くのであり、そこから心理的影響の長い系列をたどって社会現象は説明されねばならないと考えるようになる。しかし、これはあきらかに不合理な考えである。心理学主義は起源を求め、社会的諸現象を歴史的系列によって説明しようとするヒストリシズムと同じ不合理に陥ってしまうのである。

これに対して制度主義は、人間の意識、欲求、希望、不安、期待、動機、努力といったものは、社会を作り出すというよりは、むしろ社会生活の産物であると考える。それは、われわれの社会環境が人間による生成物であることを承認するが、すべてが意図的に計画されたものであるという点は否定する。それは、社会の諸制度はむしろ人間行為の間接的な、意図されたのではない、しかも望んでいなかった副産物であると捉える。逆方向から言い換えれば、社会の諸制度が人間の行為に大きな影響を与えることを認め、説明におけるもっとも重要な要素と考える。こうした点を具体的に説明する標準的な例としてポパーは、市場において、購入者は商品(例えば、住宅)をできるだけ安く購入したいと意図しているにもかかわらず、市場に出現するだけで、購入希望者数の増加を告知することになり、価格を上昇させてしまうという意図に反した結果を導くことを挙げている。ポパーはこうした意図に反した結果をもたらす社会的枠組み、あるいは社会的状況の分析をもって社会科学の課題と考えるのである。結論的に言えば、ポパーが推奨するのは、方法論的個人主義と制度主義にもとづいて状況のもつ必然性を再構成する「状況分析」の方法である。

第一五章でポパーはまずマルクス主義についての劣悪な誤解、俗流マルクス主義を片づけている。それは、経済的動機、利潤追求の動機、もう少し雑なことばで言えば、金儲けが人間生活の隅々までを規定しているのであって、経済的動機あるいは階級的利害が歴史を動かす原動力であると考える理解の仕方である。ポパーはそうした考えを否定する。ポパーの理解するところ、マルクス自身はいわゆる唯物論者ではないのである。かれは、精神的なものの重要性を十分に知っていた。かれは実際には、精神と身体との二元論者である。かれは精神の働きとしての自由を愛した。しかし、自由は必然の王国のうえに成立する。したがって、非人間的な労働を短縮することが自由のための必然的条件である。これよりしてマルクスの立場は、経済決定論ではなく、二元論的な経済重視主義となる。こうした観点からすると、歴史はヘーゲル的な観念(理念)の自己展開などとしてではなく、人間と物質的世界との関係の発展のうちに描き出されねばならないことになる。これがポパーの理解する史的唯物論である。

ポパーは、経済重視主義が、諸現象を経済的諸条件に還元して説明しようとする還元主義になってしまうことを批判している。かれは思想といった精神の領域に属するものの重要性を強調し、レーニンの「社会主義とは、プロレタリアートの独裁プラス全土の電化である」ということばを引いて、このことばに示される思想がいかに重要な役割を果たしたかを指摘している。マルクス主義の理論では、下部構造、つまり経済基盤がまず変化し、ついで上部構造としての法的・政治的外套が変化するとされるが、ロシア革命の例では、まさに上部構造における思想の変化が革命を指導したわけである。

第一六章では、階級の概念が論じられている。「これまでのあらゆる社会の歴史は、階級闘争の歴史である」ということばは、共産党宣言にも出てくる、非常に有名な史的唯物論の一定式である。これは直接的にはヘーゲル流の、歴史は諸民族の闘争であるといった歴史観に向けられたものだが、ポパーは、この立場は民族の軍事力の増大などによって歴史を説明しようとする立場などよりも、はるかによく生産力の増大などを説明すると認めている。

ポパーによれば、マルクスが階級利害といった概念を使うとき、それは心理学的用語ではなく、現実の社会制度や状況そのものを指しているとされる。支配者も被支配者も階級対立という構造化された状況に拘束されており、戦わざるをえない状況におかれている。階級関係は個々人の意思とは無関係であり、生産関係として出現している。人びとは資本主義という社会的ネットワーク（あるいは、メカニズム）に捕らえられ、突き動かされている。たとえば、資本家はこのネットワークに捕らえられて、意識すると否とにかかわらずまさに資本家としてふるまうように強制されているというわけである。このメカニズムは生産条件に応じて変化する。したがって、それを研究するならば社会変化の動向がわかるとマルクスは考えたというのがポパーの基本的解釈である。

ここでは、ポパーの方法論でいう「状況分析」が成立するのであり、ポパーはここにマルクス主義の「科学性」を認める。しかし、「歴史は階級闘争の歴史である」ということばがヒストリシズム的に解釈されるならば、それはポパーが断固として拒否するものである。

第一七章では、マルクスの国家論および、いっさいの政治は無力であるという政治無力説への批判が展開される。

マルクスの説く国家観とは、国家はその本質において階級支配の機関であるという本質主義的理論である。こうした理論は、国家の果たしうる機能を完全に無視しているのであるから、政治は無力であるという考えを産み出すのである。政治は経済の現実を決定的に変えることはできないのであり、その役割は、生産手段や階級間関係といった本質における変化に対して、表層の変化、たとえば、法的・政治的外套が遅れを取っているときにそれを調整するだけであるというのである。

ポパーが政治の無力説を首肯するはずもないが、かれはこのような説が出てくる社会的背景に目を向け、そこに陰鬱で悲惨な現実があったことを承認している。マルクスは、そうした現実を擁護し、契約を自由に結ぶ権利を引き合いに出して搾取を擁護する連中に深く絶望していた。たとえば、〈すべての人に平等で自由な競争を!〉というスローガンのもとで労働法の制定が阻止されていた。こうした経験のゆえにマルクスは自由主義を信頼せず、議会制民主主義に隠された独裁以外のなにものも見なかったのであり、むしろ法のシステムこそ現実の悲惨さを覆い隠す隠れ蓑と見たのである。そこからしてかれは、搾取は法的手段のみでは除去できないと考えるようになったという。ここに「政治は無力である」というマルクスの主張の根源があった。

ポパーは、このような理解からマルクスは社会体制の完全な変革としての革命、社会革命を求めるようになったのだと考える。ポパーは、拘束なき——自由放任の——資本主義システムの不正と非人間性は否定しようもないと考える。しかし、ポパーはこれをなんら制限のない自由は、他者を奴隷にする自由ももつから、かえって自由を不自由に転化してしまうという「自由のパラドックス」によって理解する。革命ではなく国家による介入によって、経済的弱者を経済的強者から守る社会制度を発展させねばならないということである。そしてこれは、現実に実現してきたと主張する。国家は死滅するどころか、ますます弱者を保護する方向で力をつけていかねばならないのである。

そこから介入主義の重要性が強調されてくる。介入主義は多くのことをなしうるという。しかし、これは、大きな政府を作ることにつながりかねないであろう。ポパー自身は気づいていたのだが、ここには巨大化する政府と官僚制の問題があるだろう。反面、ポパーは少なくともこの時点では、いわゆる新自由主義とは正反対の立場に立っていたことは明白である。かれはつぎのように述べている。「政治権力とその統制がすべてなのだ。経済力が、政治的な力を意のままにしてはならないのであり、必要とあれば、戦ってでも政治の力によって経済力を統制下におかなければならない」(第二巻上、二六九ページ以下)。

ポパーは、マルクス主義者たちが実践において政治無力説に完全に身をゆだねたわけではないことは承認している。しかし、それは、無力説を完全に反駁したうえでのものではなかった。それよりしてかれらは支配者を統制する手段としての民主主義の意義を十二分に把握できず、どんな種類の権力(たとえば、プロレタリアートの独裁)であっても危険であることを把握しなかったのであり、結果として権力がブルジョアジーからプロレタリアートに移りさえすれば十分であると考えていたのである。こうした観点からすれば、介入主義であっても介入のための計画を立てることによって、国家に権力を与えすぎてしまうという問題に巻き込まれるとポパーは指摘している。

こうした問題の解決に向けてポパーが示唆している方向は、権力の統制は制度的な各機関の相互監視にもとづいておこなうべきであって、一定の個人に権力を与えて統制するという属人的統制であってはならないのである。さらにポパーは、制度的(間接的)介入と属人的(直接的)介入とを区別する。前者の方法こそが討論と経験に照らしての改善を可能にする。恒久的な修正はゆっくりとなされたほうがいいのである。しかし、この方法は一般受けしない。大きな権限を人に与えたほうが政治は「見栄え」がするということなのだろう。これは誰が支配者になるべきかという問題と深いかかわりをもっている。それは、すでに触れたが、いかにして悪しき支配者を速やかに排除するかという問題でもある。

予言論証

第三部ではいよいよマルクスの歴史予言そのものが俎上に載せられる。すなわち、資本主義における富と貧困の両端への蓄積の結果として社会がブルジョアジーとプロレタリアートという二大階級に分裂し、やがて社会革命をつうじて社会主義が到来するというマルクスの予言に対する徹底した批判がなされる。ポパーはこの歴史予言を三段階に区分する。第一段階は、富と貧困の増大である。第二段階は、社会はブルジョアジーとプロレタリアートという二大階級に分裂し、結果として社会革命に至るという論証であり、第三段階は社会革命ではプロレタリアートが勝利し、プロレタリアートのみからなるゆえに、階級のない社会、社会主義社会が到来するという論証である。そして各段階を論じた章の末尾で、こうした論証が当時のヨーロッパの政治情勢にどのような影響を与えたかが示されている。

さてポパーの議論の進め方であるが、かれはこの予言論証をうしろの段階からその前の段階へと批判していく。すなわち、最初に第三段階を取り上げ、これ以前の段階にかんする論証はただしいものと仮定して、第三段階そのものが妥当かどうかを検討するのである。このやり方は、第二段階そして第一段階にも適用されていく。これは、要するに、論証の前提を認めたうえで結論がただしいかどうかを検討するという方法である。これは批判としてはきわめて強力なやり方ではないかと思われる。論敵と同じ前提から出発して、相反する結論を導くのであるから、きわめて強力な反論となるだろう。

さて**第一八章**では第三段階の論証が取り上げられる。第二段階は第一九章で、そして第一段階は第二〇章で論じられる。

では、第三段階に対するポパーの批判を見ていくことにしよう。ここでのポパーの議論においては前段階の結論、すなわちプロレタリアートは必然的に闘争に勝利し、新しい社会が到来するという結論はただしいものと前提される。だが、ポパーはプロレタリアートの勝利を語ることはただしいとしても、無階級社会は必ずしも到来するわけではないと主張する。この主張自体は、本書が刊行された一九四五年当時においてはともかく、すでにロシア革命の結末を見届けているわれわれにとってはなんら目新しい主張ではないと言ってよいであろう。こうした事実の指摘ではなく、ロジックにかかわる側面にも触れておこう。

ポパーは革命の過程(階級闘争)において掻き立てられた階級意識が、革命の成就後、すなわち、敵が消滅してしまった後においても存続するのかどうかを問題にする。むしろ、敵が消滅してしまえば、階級意識も消滅し、新しい利害関係が勝利した階級の内部に発生してくるのではないかと疑問を投げかける。それは反革命の動きとか陰謀が進行しているという口実の下で新しい特権階級(ノーメンクラトゥーラ)が出現する可能性があるということだろう。この可能性があるというだけで、無階級社会の出現という予測は却下されるとポパーは考える。

結論的に言えば、レッセフェールな資本主義にとって代わるものは社会主義ではないということになる。代わったのは介入主義とでもいうべきものであった。国家は死滅の兆候さえ示していない。北欧の民主主義国家に見られる介入主義の発展は、共産党宣言の一〇項目の綱領と比較してみれば歴然としている。社会主義以外に代替肢はないというのは硬直した考えであるとポパーは批判する。

以上のようなマルクスの予言論証が当時のヨーロッパ史、具体的には、中・東欧におけるマルクス主義の二大政党、過激派(共産党)と穏健派(社会民主党)に与えた影響も論じられている。二つの政党とも革命後に無階級社会を実現させるための知識も準備もなかった。ロシア共産党は前途の困難な問題と莫大な犠牲を察知することなく進んだ。中央ヨーロッパの社会民主党は懐疑的であった。彼らには、「万国の労働者よ、団結せよ」

というスローガンしかなく、もとよりピースミール社会工学の準備などはなかった。かれらは資本主義の約束された自殺を待っていただけである。かれらは、ヒストリシズムに毒されて歴史の動きを傍観し歴史解釈を垂れ流すだけであった。

第一九章は第二段階としての社会革命を扱っている。この議論は、ブルジョアジーに富が蓄積し、プロレタリアートに貧困が蓄積するという前段階の前提の下で、社会は二大階級に分裂し、やがて資本主義が廃絶されて社会主義へ向かう、いわゆる社会革命という「移行期」が出現するという主張であった。この階級対立を取り除く方法はなく、プロレタリア社会革命が到来せざるをえないというのである。

ポパーは、最初に二大階級への分裂という結論はただしいのかどうか、他の可能性はないのかという点を問題にする。これも今日のわれわれにとっては熟知のことだが、以下のような点が考えられるからだ。農業労働者が都市部のプロレタリア階級と連帯するとは限らないということ、ブルジョアジーからの分裂の策動もなされるだろうということ、新しい中産階級の形成が生じるだろうということ、産業労働者は革命運動において敗北を重ねるので、敗北者意識が形成されるかもしれないといったことなどである。

他方でポパーは本当に「社会革命」が出現するのかという点も問題にする。とはいえ、かれはその前に、この概念の明確化を試みている。この概念には曖昧さがあり、予言論証の第三段階ではじめて使用が許される概念を、前段階、つまり労働者の蜂起が真に革命となるかどうかがわからない時期に当てはめているからである。というのも、その蜂起が革命に至らないのであれば、それは社会革命ではなかったのだとされてしまうからである。ここには反証逃れが前もって埋め込まれている。

ポパーはマルクス主義における「社会革命」の概念を広汎に団結したプロレタリア階級による政治権力奪取の試みとして、しかも必要とあれば暴力の行使も辞さない試みとして再定義(解明)している。この再定義は、マルクス主義において社会革命が暴力行使に至るかどうかという点が曖昧にされていることに対応するとともに、その問題点をあきらかにすると考えているからにほかならない。ポパーは、現実の政治的実践においてはこの種の両義性は消えてしまうのであり、日常生活での理解の仕方からすれば、マルクス主義者たちの「暴力的な態度」はあきらかであると考える。そしてポパーはここにマルクス主義のもっとも有害な要素を見るのである。なお、ポパーはいかなる状況下でも暴力革命に反対するわけではないことをあきらかにしている。暴力の行使も専制政治の下でそれ以外の手段はないときには許容されるとかれは考える。しかしそれは、民主主義の回復という唯一の目的のためにのみなされるべきなのである。

つづいて暴力行使にかんする過激派と穏健派の立場が論じられている。ポパーの見るところ、『資本論』本来の議論によく合致するのは、資本家と労働者の対立は調停不可能であり、資本主義はただ破壊されうるのみであると考える過激派の立場である。

他方で穏健派の論証は、改革の可能性を認めているので、それ自体で予言論証を破壊するとポパーは考える。漸進的な改革の可能性が承認されるならば、貧困の増大を語る理論は放棄されねばならない。労働者には、完全な勝利、つまり、支配階級の完全な屈服を勝ち取りえないにしても、漸進的改良の道を歩みつづける可能性が残される。そしてポパーは、プロレタリアが大多数になる展望はもはやないと指摘する。

つづいて、過激派にも穏健派にもみられる暴力行使にかんする曖昧な態度が論じられている。そしてこの態度は、民主主義の敵ファシストを利したとポパーは主張する。かれはとりわけ権力掌握にかんする曖昧さを指摘する。これはひとたび権力を掌握したなら、他の党に対してどのような態度をとるのかという問題であり、民主主義をどう理解するかにかかわる問題でもある。そのうえで、民主主義を擁護するというときの、民主主義のルールが論じられている。民主主義の機能を挫折させないためには民主主義のルールをしっかりと守らねばならないとポパーは主張し、それを七点に整理しているので、是非とも本文にあたり検討していただきたいと思う。それに対してマルクス主義的政党の政策は、民主主義への不信を植えつけるのみであったとポパーは考える。

最後に、前章と同じようにマルクス主義の理論が現実政治へ与えた影響が論じられている。マルクス主義政党は予言論証を信じ、敵の本性(ここでは、ファシズム)を露見させる政策をとったという。それは、ファシズムの危険が目の前にあるときでも「待ちの政策」をとること、つまり、ファシズムについて大言壮語をしながら現実には何もしない政策であり、敵に「平和を説いて現実には戦争をする」政策を教えたとポパーは告発している。これには、暴力や権力掌握にかんする曖昧な態度が深くかかわっていたとポパーは考える。ポパーは、政治的ストライキのような政策は、純粋に民主主義を守るために使用されるべきであって、攻撃として使用されるべきではないと考える。そのような使用は敵陣営における反民主主義的傾向を強化するのみなのである。マルクス主義政党は暴力行使にかんして曖昧さを残していたから、敵からきびしく非難されることになったが、もともと階級闘争を語っていたためにその非難を逃れることはできなかった。結果としてかれらは、歴史予言を信じ、ファシズムはブルジョアジーの最後の防衛線なのだと見なし、ファシストによる民主主義の破壊は革命を促進するのみであるという待ちの姿勢しかとることができなかったとポパーは解釈する。ポパーの見るところ、ファシストの権力掌握にとって「共産党の脅威」は存在しなかった。

第二〇章では、予言論証の第一段階が論じられる。それは言うまでもなく、資本主義的競争と生産手段の蓄積のもとで富と貧困が社会の両端で増大するというマルクスのテーゼを検討することにほかならない。マルクスは、利潤率の低下、産業予備軍の存在などを論じ、資本主義的蓄積は自殺的で自己矛盾的な過程であることをあきらかにしようとしているとポパーは主張し、かれへの反論を試みる。

ポパーはマルクスにおける貧困の増大という概念について、貧困の増大は労働者からの搾取の規模の増大であり、また強度の増加でもあると指摘している。またかれはこの過程において産業予備軍とも呼ばれる失業者群が労働者の賃金上昇に対して抑制的要因としてはたらくのであり、資本主義はいかなる状況においても労働者の貧困を縮小できないというマルクスの教説を批判している。

他方でポパーは、富が少数の資本家に集中していく傾向にかんして、これは拘束なき資本主義の記述として見るかぎりでは妥当であるが、予言としては支持できないと主張する。というのも、現代においては所得税や相続税などによって富の集中傾向に対抗する政策がとられてきたからである。

つぎに、マルクスの議論の基礎にある価値論(労働価値説)が取り上げられている。ポパーは、価値論をマルクス主義の余計な部分と見なす。労働価値説というマルクスの価値論では搾取を十分に説明することはできないし、搾取を説明するために追加された仮定はそれ自体で十分であるから、価値論は不要になるし、また、価値論は本質主義的で余分な理論である、という。その内容については本文(第二巻下、三二ページ以下)にあたっていただくほかないが、概要を言えば、そもそも商品の生産に必要な平均必要労働時間は取引の現場でわかるようなものではないし、需要と供給のメカニズム(ふつうに価格理論と呼ばれているもの)によって労働価値説を無用とすることができるのであり、本質といった想定を必要としないということである。

労働価値説を取り除いたあとにも残る問題、すなわち、過剰人口の問題も論じられている。過剰人口のもとで慢性的な失業が賃金を低く抑えることは需要と供給の関係からして当然である。しかし、これは貧困増大の「法則」を帰結させるであろうか。ポパーの答えは「否」である。そしてこれがマルクスの予言論証を痛撃することも明白である。マルクスは貧困の増大を語ったが、それは拘束なき資本主義のシステムについてのことであった。しかし、いまやそれは介入主義の拡大により、労働組合や労働協約が作られ、また労働者の団結権も保障されるようになって、すっかりその姿を変えたとポパーは考える。これらは、マルクスの予言の基礎を掘り崩したのである。

さらに、景気循環論や利潤率の低下の問題が取り上げられ、詳しく論じられている。その結論だけを取り出していえば、景気循環に対しては対策が発展してきており、また利潤率の低下は、総資本が増加するかぎり資本主義を追い込みはせず、したがってマルクスの予言論証の基礎は掘り崩されているということである。

マルクスは予言において完璧に間違っていたが、拘束なき資本主義という地獄に対して燃え上がるような抗議をしたと力説されている。ポパーは、『資本論』の「資本主義的蓄積の一般法則」の章を指摘し、そこでの描写はあまりにも真実すぎると認めている。しかしポパーは、これは資本主義の幼年期の姿であって、民主的介入によって資本主義は改善されたのだと述べて、介入主義を擁護する。ところが、マルクスとエンゲルスはこの現象を、介入主義によってではなく、植民地からの収奪によって説明しようとした。ポパーは、レーニンの植民地仮説(補助仮説)、つまり、植民地からの収奪によってプロレタリアのブルジョア化が進行するのであり、結果として植民地からこそ革命が始まるという仮説を批判している。というのも、植民地をもっていない国においても労働者の生活水準は上昇したからである。

最後にここでも、マルクス主義の理論が現実の政治に及ぼした影響が語られている。社会民主党は、『共産党宣言』にしたがって巨大な大多数になることを夢見ていたのだが、現実の諸指標はそうしたことは示していなかったのであり、結果として待ちの政策をとったという。共産党は、貧困の増大を信じていたので、革命路線を突っ走った。しかし、労働者の改善要求はかなえられた。それをくり返しているうちに、労働者は革命から離れていった。それで共産党は貧困の増大「法則」を加速させる政策が必要だと考えるようになる。かれらは過激な政策をとる。しかし、それは労働者の信頼を破壊する。事態を悪化させればさせるほど革命は近づくという政策は労働者の不信を大きくさせる。しかし、労働者の信頼をえようとしたら、政策を反転させざるをえなくなるのであり、結果として内部矛盾によって引き裂かれる。

第二一章では第三部の結論として予言に対する評価が下されている。

予言論証は無効であり、失敗に終わった。原因は経験的根拠が不足していたからではない。それはむしろ、ヒストリシズムそのものの貧困に着せられるべきものである。介入主義が発展し、結果として無拘束の資本主義は退場したということである。

ここでポパーはマルクスの予言に戻って景気循環論を生産性の上昇という観点から再検討している。マルクスの景気循環論は時代遅れになってしまったとはいえ、景気循環は介入主義にとって重要な問題であり、これを論じたことはマルクスの偉大な業績であったとポパーは評価する。ポパーは、マルクスのいくつかの予言、たとえば、生産性の増大傾向、景気循環の発生、介入主義の進展、自由市場への制約の強化、そして労働者の団結の進展といったことは現実を捉えていたと評価する。しかし、かれの予言のうち成功したものは制度分析によるのであって、ヒストリシズム的方法によるのではないのであり、ヒストリシズムにもとづく予言(歴史の段階を跳び越すことはできないといったこと)は知的水準も低いし、いずれにせよ、制度分析とは無関係であると主張している。ポパーは、現実の事態はマルクスの予言とは逆方向に進んだと強調する。そして、「マルクスの教説のうち生き延びたものは、ヘーゲルの神託まがいの哲学であった。それは、マルクス主義へと姿を変え、開かれた社会へ向けた闘争をたえず麻痺させようとしている」と断を下している。

倫理の問題

第二二章は、それのみで**第四部**の「マルクスの倫理」を構成している。ポパーはここで、ヒストリシズムのうちに含まれている道徳について批判的に考察している。ポパーは、資本主義についてのマルクスの道徳的判断はストレートに表現されていたわけではないが、明白であったと考える。ポパーの解釈では、マルクスが資本主義社会を嫌ったのは、それが富を蓄積するからではなく、奴隷制的性格をもっているからであった。しかし、当時の教会——マルクスは高教会派の司祭J・タウンゼントに言及している——は、搾取を擁護しそれを助長していた。マルクスはそれを許せなかった。ポパーは、マルクスがキリスト教に与えた影響を高く評価する。それは、キルケゴールの批判と同じようにキリスト教の改革に大きく寄与した。ポパーは、マルクスを道徳のたんなる説教者であったのではなく、現実に世界を変えようとした能動的な「創造者」であったと評価する。しかし、ヒストリシズムはそれを打ち消すように作用した。ヒストリシズムは歴史の必然性を強調することで宿命論的傾向を生み出す。したがって、マルクスの道徳論においては能動主義と歴史の必然論とのあいだに大きな溝が生じる。その溝に架橋しようとするのがヒストリシズムの道徳論である。それはつぎのように述べられよう。

社会改革者や革命家が抱く正義感は、社会発展の一段階を反映する副産物にすぎない。だが、それは歴史を発展させることができる。マルクス主義者はこれを冷静に見て取るのであり、歴史のつぎの段階でいかなる道徳が主流になるのかを「科学的に」考察――これ自体はいかなる道徳的価値にも支配されていないという――し、それに逆らわない判断を下すのであるから、抑圧されたものを助けたいというセンチメンタルな判断を下しているのではない。これは、来るべき時代の事実を自分の道徳の規準とすることであり、理性によって計画せずともより理性的な世界が出現するという見かけ上のパラドックスを解消する。要するに、マルクス主義者は、あくまでも科学者としての態度をとり、それによって科学的事実と道徳的判断との溝を超えていくというわけである。

ポパーはこの理論を徹底的に批判する。現時点で社会の発展が予測できたところで、それに含まれているという道徳の規準を受け入れるようにわれわれは強いられるわけではないというのがポパーの主張の要点である。むしろ、われわれはそれを自由に判断できるのだ。未来の道徳を、それが未来の道徳だからという理由で受け入れるのは、すでにそれ自体で道徳的判断である。ポパーは未来の権力こそ正義であるという立場を道徳にかんする未来主義と呼ぶ。しかし、それは道徳にかんする保守主義、現行主義とならぶ道徳上の実定主義にほかならない。いずれも現時点で、過去や現在や未来の道徳を受け入れよと言っているにすぎないからである。要するにそこにあるものを受け入れよ、という点で実定主義なのである。さらに、未来の権力こそが正義であるというのは、成功が道徳的判断の規準であるといっているにひとしい。

結論的に言えば、マルクスを社会主義に導いたのは、科学的な歴史認識であるのではなく、資本主義に対する道徳的憤慨にもとづく道徳的判断であったとポパーは考える。

このあとポパーは、われわれの(道徳的)決定に与える社会学的要因の影響についても議論しているが、人間が個人としてみずから現実に働きかけるという能動主義を高く評価している。それは、マルクス自身のうちに内在しているのである。

マルクスの影響

第二三章は「余波」と題された**第五部**を形成し、マンハイムの知識社会学を論じている。ここではなぜ知識社会学が取り上げられているのかを理解することが大切である。ポパーは、プラトンのヒストリシズムとは変化に恐れ戦き変化を阻止しようとした哲学であったが、現代の社会哲学者たちは、むしろ変化を歓迎し、変化を合理的な統制下におこうとした人びとの哲学であると考える。マルクスは、変化は避けがたいと考え、中央集権的な大規模計画によってそれを統制しようとした。マンハイムもまたこの流れのなかに位置づけられる。しかし、ポパーはこの流れを真の合理主義の発現とは見ていない。というのも、たとえばマンハイムはわれわれの諸見解は、道徳や科学の見解まで含めて時代の歴史的・社会的状況――これは社会的居場所と呼ばれることもある――によって強く規定されていると考えているからである。これは、ポパーが社会学主義と呼ぶ思想である。とするとこの思想によってなにが言われているのか、時代的・地域的な限界を超えて客観性を達成する方法はあるのか、といったことが問題になってこよう。

知識社会学は、そうした規定要因(拘束要因)から抜け出し客観性を達成するのは自由に浮動する知識人であると考える。知識人はみずからの社会的居場所が必然的に課してくる思い込みの体系――全体イデオロギー――にゆるく拘留されているにすぎず、そこから逃れ出ることができるというのである。しかし、この発想はヘーゲル由来であるとポパーは主張する。つまり、ヘーゲルは哲学史に登場した対立を克服する方法として、自分自身は対立しあう哲学の渦のうえを自由に浮動することによって高次の客観性を達成しうると考えた。それと同じようにして知識社会学者は伝統にゆるくつなぎ止められているにすぎず、全体イデオロギーに陥る危険を回避しうるのであり、もろもろのイデオロギーの隠された動機を見抜くことができるという。知識社会学は、最高度の客観性は、種々の隠れているイデオロギーを暴露し、それらについて社会学的分析をほどこすことで達成できると考える。このような形で自分自身を社会分析し、社会的イデオロギーから解放された者のみが客観的認識という最高の客観性を達成できるという。ポパーは、知識社会学は精神分析に類似して隠されている動機を発見し暴露すれば、相手の主張を掘り崩すことができるという考えに依拠しているとも主張する。しかし、ポパーはこうした考えは、議論相手の全体イデオロギーの暴露をもって討論を閉じようとするものであるから、討論の合理的基礎を破壊すると批判する。

ポパーはこうした知識社会学的立場に対して客観性についての間主観的理論というべきものを対置する。ポパーは、まず知識の社会的側面――まさに、知識社会学が見落とした点――を強調する。ポパーは、知識はさまざまな制度――研究機関や大学、学術誌や学会など――をつうじての公共の世界における友好的にして敵対的な批判的討論のうえに築かれるのであって、個々の科学者の自己分析とか客観的であろうとする意図のうえに成立するのではないと指摘する。科学の客観性は、科学の社会的制度を土台とする自由な批判と公共的経験のうえに成立するのであり、そこにこそ進歩があると言うのである。ポパーの見るところ、知識社会学は以上のような意味での間主観性を理解しておらず、偏見からわれわれ自身を解き放つにあたって社会分析などという見当違いの方法に固執しているのである。

第二四章では、合理主義の問題が論じられ、合理主義の再定式化が試みられている。ポパーによれば、社会・経済問題に対する合理主義の立場は右(ヘーゲル)からも左(マルクス)からも脅かされていたのであり、ヒストリシズムがその非合理主義によって攻撃を仕掛けてきたとき合理主義ほとんど抵抗できなかったという。したがって本章でポパーは合理主義の立て直しを図っているわけである。

まずポパーは、合理主義というものを理性や公共的な経験を尊重し、「わたくしが間違っていて、あなたがただしいのかもしれない。だからともに努力すれば、真理に少しでも近づくことができるだろう」という態度であると理解している。したがって、こうした合理性、つまり理性とは、社会によって生み出されるものということになる。しかし、ポパーはどこまでも個人主義者であって、理性は具体的個人やかれらとの知的交流に負うのだと考える。他方でポパーは、理性を個人の「能力」とは考えない。なぜなら、知的に非常に優れているとされる人間が、突っ走って犯罪のような愚かしいことをしでかすこともあるからである。理性的であるとは批判に耳を傾けることである。われわれは理性を他人に負うている。ポパーはこうした方向での合理主義を「真の合理主義」とか「ソクラテスの合理主義」と呼んでいる。それに対してポパーが擬似合理主義と呼ぶものは、プラトンの知的直感主義であって、己の知的才能が勝っているという傲慢な信念のことである。

ポパーは非合理主義の態度についてもその特徴を描いている。かれらは、人間は基本的に非合理な動物であると考える。また人生において重要なことは理性を超え出ていると考える。人間は理性によってではなく、感情とか直感によって動いているのだという。芸術家や思想家、宗教の創始者など、少数の真に創造的な人びとは純粋に理性的な人間であるのではなく、本能や衝動などによって動いているのであり、創造の才は非合理な神秘的な能力であるという。

ポパーは非合理主義者の側から合理主義者に対してなされる非難・批判を論理的に整理している。ポパーの見るところ、それは包括的合理主義に対するものでしかなく、ポパー自身が支持する合理主義に対するものではない。包括的合理主義とは、ひとことで言ってしまえば、どんなことに対しても合理的根拠を要求し、それのない立場などを拒否する立場である。すると、この包括的合理主義自体は合理的根拠をもっているのだろうか、という疑問が生じるであろう。非合理主義者はただちにこの点を突いてくる。すると、包括的合理主義者は自分自身の立場にそうした合理的根拠があることをなんらかのかたちで主張せざるをえなくなるが、その主張自体にも合理的根拠があることを言い立てねばならなくなり、無限後退という非合理に陥ってしまう。

これは何を意味しているのであろうか。ポパーは、合理的論証は、すでに合理的論証を大事にするという態度をとっている人にしか有効性を発揮しえないと解釈する。そうでない人に対して、合理的論証をもって合理的論証の有効性を納得させることはできない。つまり、包括的合理主義には自分自身を合理的に基礎づけることができないという限界がある。それは、じつは包括的ではなかったのである。こうした点について詳しくは拙著『討論的理性批判の冒険』(未來社、一九九三年)をご参照いただければ幸いである。

ポパーは、この事態を、われわれは合理的態度というものをいつの間にか、なんらの合理的根拠もなく受け入れてしまっていたのだと解釈する。換言すれば、理性を非合理的に信じていたのだという。そして、合理主義者はこの点をしばしば見落としてきたという。だがポパーは、この点を見落とさず、合理主義の基礎に非合理的な決定があることを承認する立場が存在することを認め、それを自分自身の立場だとして批判的合理主義と呼ぶのである。

ポパーは、非合理主義と批判的合理主義とのあいだでの選択は道徳的な選択であり、まったく自由であるとはいえ、その選択に影響を与えうる考察は存在すると言う。それは、自分自身の決定から生じる諸帰結を想像力によって捉え、良心の前で慎重に評価することであり、目をつぶった選択をしないということである。ついでポパーは非合理主義を選択することから生じる諸帰結と批判的合理主義を選択することから生じる諸帰結との全体を比較している。それは大変興味深いものであり、依然として合理主義そのものを軽蔑し、非合理主義を讃える人間にこと欠かない現状においては熟読に値するであろうし、また非合理主義と対決するさいの武器ともなろう。要点は合理性を尊重する態度と人道主義的な立場とは深くつながっているという点にある。

つづいてポパーは、反転して、非合理主義への批判・攻撃を展開している。非合理主義は、現代科学に内在する道徳的な価値を評価することができず、非合理主義に汚染されたロマン主義者が語るような、人間の理性や明瞭性への不当な軽蔑を一方的にくり返すのみであるという。かれらは人間であることの十字架を背負うことを拒否し、自分たちこそ選ばれた者であり、下賤な仕事は科学のやるものだと決め込んで自分たちはつまらない夢の世界に逃げ込んでいる。対してポパーは、科学こそ謙虚さを教えると強調する。さらに、ホワイトヘッドとトインビーが取り上げられ、非合理主義に対する批判がより具体的に展開されている。

結論としておかれた**第二五章**は、歴史叙述の論理を論じている。ポパーはヒストリシズムの歴史を叙述したわけであるから、そもそも歴史を叙述するとはいかなることなのかという問題を無視することはできなかった。この最終章は大きく二つの内容から成立している。ひとつは分析的歴史哲学と呼べるものであり、もうひとつは実質的歴史哲学と呼べるものであり、歴史の意味、目的を問うものである。たとえば、人類の歴史は共産主義社会の実現に向かって進んでいるといった主張は実質的歴史哲学の一種である。

さて、ポパーの分析的歴史哲学であるが、これは、かれ自身の反証主義的科学論の歴史領域への適用であるといってよい。ポパーの科学論(科学哲学)は主著の『探求の論理』(邦訳『科学的発見の論理』)で展開されており、その社会科学的領域への適用は、本書の姉妹編である『ヒストリシズムの貧困』で述べられているので、本書のこの部分における叙述は簡略化に簡略化を重ねた入門用のテキストといえよう。ここで語られていることを筆者なりの流儀でつぎの五点にまとめることも許されるだろう。

一、歴史叙述において言及される、いわゆる「歴史の事実」とは一定の観点から選択されたものである。したがって、事実としてあったとおりの過去の歴史といったものは存在しない。

二、選択された事実を組み込んだ歴史叙述(歴史の物語)は解釈であって、他の多くの解釈とならぶ一つの解釈にすぎない。解釈には、史観と呼んでもよい一般的解釈と、個々の出来事そのものについての解釈である特称的解釈がある(それらの中間的段階のものもある)。

三、いくつもの解釈の存在は、歴史に多面的な光を与えるのであり、それによって観点の「結晶化」というべきことが生じ、歴史叙述の豊かさが生み出される。

四、出来事の因果関係は、被覆法則モデル(covering law model)にしたがって、原因事象(初期条件)と結果事象とが普遍法則によって覆われる(カバーされる)ところに成立する。

五、被覆法則モデルにしたがうと、学問には法則を獲得しようとする一般化科学、結果の予測に関心をもつ応用科学、そしていかなる初期条件が成立したのかに関心をもつ歴史科学という三形態が成立する。

ところで、ポパーのこうした見解にかんしては多くの誤解が存在する。ここでは科学論に踏み入るわけにもいかないので、三点に絞って簡単に触れておきたい。

第一点は、反証主義というものに対するどうしようもない理解不足、第二点は、ポパーがここで語っている「法則」についての誤解、第三点は、歴史叙述の論理とでもいうべきものについての無理解である。

第一点は、証拠の立証能力、あるいは反証能力について決定的な理解不足である。実証も反証もそれ自体としてはたしかに仮説である。そのかぎりで、両者に相違はない。ところが、理論と証拠との関係という観点からすると両者は大きく異なる。世の中の多くの人は、実証的証拠(の提出)をもって該当する理論は立証された、あるいは基礎づけられたとか、正当化されたと考える。昨今の流行語で言えば、エビデンスがえられて理論は確立されたと考える人が多い。しかし、論理的に見れば、これは誤謬である。肯定的証拠が理論を確立するといったことはありえない。それは、せいぜい両立するということでしかない。たとえば、「雪(というもの)は白い」というのは、どこで降る雪も白いといっているのであるから、理論的言明である。それに対して、ある特定の日時に鹿児島に降った雪は白かったというのは、この理論的言明にとってのエビデンス、つまり、肯定的証拠と考える人がほとんどであろう。しかし、この肯定的証拠は「雪(というもの)は白い」という理論的言明を確立するであろうか。せいぜい両立するだけではないのか。じっさい、福岡などでは、黄砂の影響で「黄色い雪」とか「赤い雪」も降る。こうした肯定的証拠をどれほど積み上げたところ――これは本書でポパーが「験証」と対比させて「確証」と呼ぶものであるが――で、理論を確立することにはならない。肯定的証拠が仮説の地位に変更をもたらすことはない。ところが、理論は反証されると捨てられたり、改良されたり、新しい理論におきかえられたりするのであって地位は変更されるのである。

さて第二点は、ポパーが語っている補足はヒストリシストが誤解するかもしれないような「継起の法則」ではないということである。Aという状態の後には、Bという状態がつづき、そのあとにはCという状態がつづくといったものが継起の法則と呼ばれるものである。例としてはふつうに発展段階説と呼ばれているものを挙げてよいだろう。しかし、発展するものが単一の過程――たとえば、あるいは地球上での生物というものの進化といった固有で単独の過程――であるときには、比較されるべき多数の対象が存在するわけではなく、発展段階説は単一過程についての特称的な言明となり、法則を特徴づける全称言明とはならない。たとえば、ある病気にかかった人が特定の段階を経ていくというのは、そのような人すべてについて語られている全称的な主張である。しかし、ある特定の人がある症状の段階的変化を経たというのはその人についてのみの――つまり、特称的な――観察報告でしかないのであり、法則的な主張がなされているわけではない。ポパーが語っている法則というのは、そのような法則まがいの言明のことではなく、あらゆる個体(単独事象)に当てはまるという要求をもつ言明のことである。ポパーの語っている、歴史の領域での法則とは、たとえば、錘をつっている糸はその重さがある一定量以上になると切れてしまうとか、人は大量出血をすると死んでしまうといった、ごくありふれた常識的な言明である。それらは、たとえば、糸が切れていない状態から、切れた状態への、またさらには、生ある状態から死んだ状態への変化を因果的に説明する能力はもつのである。さらに、通行人が巨大な落下物に直撃され、大量に出血して亡くなったという因果関係的事象の継起も、前段階での結果を初期条件とする法則を使用して説明できるであろう。

しかしながら、こうした因果的説明だけで歴史叙述をおこなうことができるであろうか。この問いとともに議論は第三点に移る。たとえば、いま言及している例にそくしていえば、死亡した歩行者はなぜそのとき、現場を通行していたのかという問題も生じてくるだろう。ポパーはこうした問題に対して、『ヒストリシズムの貧困』以来、「状況分析」あるいは「状況の論理」という考えで対応している(本書では、第一四章で論じられている)。つまり、行為の主体はどのような問題(P_1)に直面しており、どう解決しようとしたのか(TT)、そしてそれはどのような批判にさらされるのか(EE)、そしてそこからどんな新しい問題に導かれるのか(P_2)という「P_1—TT—EE—P_2」の問題解決図式をくり返し適用して状況を描写していくことを提案したのである。そのさい、ポパーは、ここで「問題」と呼ばれているものはかれの存在論における世界3に客観的に存在していると想定している。それは世界3において巨大な知のネットワークを構成している。これは、歴史科学の領域などではディルタイやコリングウッドの名に結びついて理解(Verstehen, understanding)の方法として語られてきたものの方法論的洗練化である。この点についてはポパー自身の二つの論文「歴史的理解についての客観的理論」(『よりよき世界を求めて』未來社、一九九五年、第一二章)と「歴史哲学への多元論的アプローチ」(『フレームワークの神話』未來社、一九九八年、第七章)が参考になるであろう。

さて、本章の第二の部分を構成している実質的歴史哲学に話を移そう。歴史にはなんらかの意味とか目的が存在すると考え、それをあきらかにしようとするのが実質的歴史哲学であった。ポパーは、ある種の人びとには十分な皮肉として聞こえるのではないかと思うのだが、歴史に意味はないと考える。あるのは、人間の生活のあらゆる部分にかかわる無数の側面のみであって、人類の具体的な歴史という意味での普遍的な歴史は存在しないというのである。このことばの意味は少しわかりにくいかもしれない。あなたも私も人類の一員であるが、今朝、どんな服を着てどんな食べ物を食べたかといったことは相互に知らないし、ましてやどんな夢をもち、どんな苦悩を抱えているかといったことはお互いに知ろうとさえしない。だが、それらは世界史の一部ではある。われわれはみな平等であり、優劣はないのだとしたら、人類の普遍的な歴史は、一部の人について叙述するのではなく、こうしたことがらをすべて含むべきだということになろう。ところがそうしたものは存在しうるはずもないとポパーは考える。とすれば、歴史の筋書き、目的、意味といったものは存在するはずもない。しかし、現実には歴史の叙述においては選択がなされ、結果として多くの場合に国際的犯罪や大量虐殺が人類の歴史として書かれている。権力の歴史が人類史とされている。ポパーは歴史に意味はないと主張することで、われわれの内なる権力崇拝を断罪しているのだ。

さらにポパーは歴史に意味があるとするいくつかの思想にきびしい論評を加えている。そのうちのいくつかを紹介しておこう。神は歴史の中で自分自身をあらわにするという見解がある。これは、しばしばキリスト教の教義の一部とされているが、歴史に意味はないというポパーの観点からすればあきらかに実質的歴史哲学であり、ポパーの否定するものである。それどころかポパーは、こうした考えはまったくの偶像崇拝、迷信であると主張する。神が歴史のなかでおのれとその裁きを現すという考えは、世俗的な成功こそがすべてであるという考えと区別がつかない。ポパーのキリスト教解釈では、キリスト教は成功を裁きの規準にはしていない。ポパーは、イエスは勝てないのであり、勝利しえないのであり、成功しないのであり、はりつけにされたこと以外なにごとも成し遂げていないという趣旨のバルトのことばに共感を示している。

ポパーは、くり返し、成功崇拝を戒め、成功か失敗かで裁いてはならないし、成功に幻惑されてはならないと主張する。しかし、ポパーはこのように説くからといって、非世俗的な遁世的態度を擁護しているのではない。かれは、成功によって自己を正当化するのではなく、目標そのものの意義のために力を尽くすべきだと主張する。

またポパーは、われわれの道徳教育も腐敗していると非難している。それはわれわれを歴史という舞台上の俳優に祭り上げ、観客の目を気にして行為するように説いているのだ。ポパーは、個人主義と博愛主義との醒めた結合の代わりに、エゴイズムと集団主義とのロマンチックな結合が当たり前とされているとして時代の倫理を批判している。ポパーはそこに、英雄崇拝の倫理、支配と服従の倫理のもつ強い感情的吸引力を見るのであり、閉じた社会への還帰願望を見ているのだと言ってよいだろう。ポパーは部族主義的な名声と名誉の道徳を拒否する。かれは、必要なのは成功と報酬を拒否する倫理であると主張する。ポパーの主張がよく出ている一説を引用しておきたい。

歴史に意味はない。これがわたくしの主張である。だが、こう主張したからといって、なにもなしえないとか、政治権力の歴史を恐怖の念をもって受け入れざるをえないとか、あるいは残酷なジョークとして受け入れざるをえない、ということにはならない。なぜなら、われわれは、自分たち自身の時代に解決しようとする権力政治の問題を視野に入れて、歴史を解釈することができるからである。われわれは、開かれた社会へ向けての、理性の支配へ向けての、正義、自由、平等へ向けての、国際犯罪の取締りへ向けての闘争という観点から、権力政治の歴史を解釈することができる。歴史には目標がないとはいえ、目標を課すことはできる。また、歴史には意味がないとはいえ、意味を与えることができる。（第二巻下、二四三ページ）

ポパーの立場は、ポパー自身のことばで言えば、実践的合理主義というべきものである。かれはカントから、われわれは自然に法則を課すのだということを学んだが、それと同じように、道徳の領域でもわれわれやその社会に対して理性の秩序を課すべきだと考える。そして自然の領域では、自分たちの課した法則が反証されたならば、よりよいものを探し求めていくように、道徳の領域でも同じことをなしうると考えている。そし

てそれが、歴史に意味はないとはいえ、われわれ自身が意味を課すことはできるという
ポパーの主張なのである。

どう読むか

以上で、ポパーの議論の大筋をざっと見たことになる。では、われわれはポパーの議論あるいは主張にどう向き合ったらよいのだろうか。それは、換言すれば、本書をどう読むべきかという問題だが、言うまでもなく、それはまったく読者の自由である。たとえば、本文よりも注に熱中するのもまったくご自由である。筆者には読み方についてあれこれ言う気はまったくない。しかし他方で、少しでも多くの読者にこの著に親しんでいただきたいと心中で願っているのもたしかな事実である。とすると、とりとめもなくなることは覚悟のうえで、筆者と本書とのかかわりに触れることで、読者の興味を惹くための拙い努力も許されるだろうと思う。

筆者がポパーの勉強を始めたのは、一九七〇年代の初めころではなかったかと思う。そのころポパーは、右派、もっと言えば右翼として位置づけられていたように思う。それだけ左翼のイデオロギーが強かったと言えるだろう。かれらは、とくに政治的に過熱

した時代にあっては、ポパーをある論文の文言によれば「ラディカルな変革と革命による大衆の解放に逆らう、資本主義の反動的な擁護者」と見ていたのではないかと思う。じっさい、筆者はこの時期よりは少しばかり遅れた時期であったのだが、ある党員教授によって、ポパーを研究したり訳したりしているというだけで面罵された覚えがある。まぁ、今となっては懐かしい思い出ではあるが。

しかし、時代は大きく変わってしまったように思われる。というのも、五、六年前のことではないかと思うのだが、昔の教え子から、ポパーも、それどころかなんとハイエクも、いまや左翼——しかも極左——扱いですよ、と教えられたのである。わたくしには信じられないことであったが、人びとの意識は右へ大きく吸い寄せられてしまったように思われる。

本書をひととおり読んだ読者には、ポパーを保守とか極左と位置づける議論は納得しがたいことであろう。ポパーは、プラトンのように過去の理想社会に帰れと叫んではいないし、革命を賛美してもいない。開かれた社会をたえざる変革が可能であるゆえに「よい社会」として位置づけ、穏当な市民社会を擁護するきわめて穏健な漸進的改良主義を主張しているだけである。

しかし、イデオロギー批判という観点からすると、ポパーの議論が左派の思考に対してすさまじい破壊力を発揮したのも明白であるように思われる。筆者は、もちろん、左派勢力の衰退はこの書物の威力によるなどと大それた主張をする気はないが、先進国では共産党を名乗るような政治的党派はほぼ消滅した。そしてある種の人びとはこの政党は存在する。（日本では、言うまでもなく共産党は存在する。そしてある種の人びとはこの政党に暴力にかんする曖昧さを感じるのだろうが、こんにちではこの政党は革命政党などではなく、むしろポパーが主張している漸進的改良主義に乗っかった政党であると思う。）いまや左派の退潮のあとで、難民の移入の問題もあるが、日本のみならず、全世界的な規模で右派が勢力を伸ばしているように見える。しかし、右派勢力は自分たちがプラトンに多くを負うていることをあまり自覚していないように見えるし、左派以上にポパーの議論によって、そのイデオロギーを暴露され道徳的根拠を破壊されてしまったことに気づいてもいないようだ。

とすると、ポパーは左派からも右派からも攻撃の対象にされることになろう。しかし、ポパーは、これまでのところ地下出版に追いやられたことはあったとはいえ、全世界的規模で読み継がれてきたし、これからも読み継がれていくことだろう。その理由は、第一にかれが語っている「開かれた社会」という理念の魅力にもあるだろうが、地球上に権力による圧政や抑圧、さらには暴力的統治があるかぎり、本書が悪しき支配者の排除というメッセージを発しつづけ、人びとを鼓舞しているからではないだろうか。くどくなるかもしれないが、ポパーの念頭にある民主主義は、第七章で述べられていたように、多数決的な民主主義ではなく、悪しき支配者の排除をめざす解職主義的な民主主義である。それは、国家の役割を保護主義や介入主義にもとめるのであって、優れた政治家にすがるものではなく、かつ制度的に悪の排除をめざすものである。こうした点でかれは、少なくとも本書執筆の時点では、自由主義者というよりは、社会民主主義的路線に立つ解職主義的民主主義者と見なされてよいだろう。

ところで、民主主義というのは、言うまでもなく、ひとつの政治的制度である。そして制度は人と伝統によって支えられる。民主主義はそのもとで生きる人びとの精神と信念によって生命を吹き込まれねばならない。ポパーは、第一〇章でソクラテスを民主主義者として、民主主義に必要な信念を与える者として解釈していたが、本書ではポパー自身がまさにその信念、つまり、独裁の排除という信念を冷静な議論を通じて語っている。暴政や独裁は排除するという固い決意が息づかないかぎり、どんな優れた制度であっても、腐敗は免れがたい。とりわけ、民主主義をもって支配者を選任しほとんど全権を委任する制度と見なすのは、すでに本書が批判していたように、危険きわまりない誤りである。それは「誰が支配すべきか」というプラトン的政治哲学にあまりにも毒されすぎている。民主主義とは、誰が支配すべきかを決定する制度ではなく、誰が支配者、統治者になろうが、悪しき支配者を非暴力的な手段によって排除するための制度である。この点は日本国のようなところにおいてこそ緊急に理解される必要がある。民主主義は他人任せの政治をおこなうための制度ではないのである。そのかぎりで、本書は多くの人によって読まれるべき書物であるし、またそれに値する書物であろう。

訳者あとがき

いま、訳し終えてほっとしているところである。ここでは、この作品の内容についてではなく、ポパーという人物について、訳者がもった感想を少しばかりしるし、かれを理解するための別な視角を提供できればと思う。

訳者は、ポパーとは、その思想についてずいぶんと長いことお付き合いをしてきたのだが、かなり誤解されやすい哲学者であるという印象をもっている。ポパーの文章がたいへんわかりやすい——これは、必ずしもわかりやすい訳文を簡単に作成できるという意味ではないのだが——ことには定評があるにもかかわらず、そうなのである。思うに、誤解されやすいのはまさにそのわかりやすさのあたりにも原因の一端があるのではないだろうか。受け手は、そのわかりやすさに幻惑されて、ポパーの思想の枠組みが通常の思想の枠組みとは大きく異なることを見落としてしまうのではないだろうか。わかった気になってしまうと、自分のうちに巣くっている古い理論の再検討をおろそかにしてしまい、いざ理論的対決という局面において誤解をさらけ出すことになるのではないだろうか。しかし、読者は平明さにまどわされて、背後にある理論的枠組みの相違、あるいは細部における従来説との相違を見落としてはならないであろう。適切であるかどうかはともかくとして例を挙げてみたい。

現実の政治的選択の場面(たとえば、選挙)では、多くの人はほとんど無意識のうちに「より良い」もの(人とか政策)を選択するという行動をとるであろう。それに対して悪の排除というポパーの思想の影響を受けた人は、「より小なる悪」の選択という行動をとるであろう。そして、これら二つの選択方法は現実には同一の対象を選択させるかもしれない。いいものは、悪くないものだというわけである。アンパンはメロンパンより良いものだという判断と、アンパンはメロンパンより悪くないという判断は、選択肢がこれら二つしかないのであれば、現実には同一の選択結果をもたらすであろう。しかしながら、現実の政治的過程においては、「より良い」ものの選択と「より小なる悪」の選択は大きな違いをもたらしうる。かりにいま、ある人物が市長に選ばれたとしてみよう。「より良い」ものの選択としてこの人物を選んだ人たちは、この人物のさまざまな選挙後の政治的行動(いわゆる問題的行動)を黙認し擁護する可能性が大であると言えよう。市長は基本的に「良い人」として選んだからである。それに対して「より小なる悪」としてその市長を選んだ人は、政治的選択対象を潜在的に悪として、換言すれば政治的必要悪としてみている可能性が高いのであるから、市長の問題的行動を批判する可能性が高いと言えよう。両者の間には決定的な相違対立が生じうるのである。

ここで対比している二つの選択方法は、ときには表面上同一の結果をもたらすかもしれないが、それは選択者が同一の思考をしていることを意味するわけではない。われわれは、事態を正確に理解しようとしたら、われわれ自身が相違に敏感になる必要があるのであり、判断が当面一致しているからといって、それをもって安直に分かりあえたという気になってはならないであろう。むしろ、われわれは差異に鋭敏になるようにみずからを鍛え上げていく必要がある。

他方でポパー自身は、自分の語ったことを正確に理解しえない論者たちに苛立ちを覚えていたことだろう。かれは、それを隠そうとは思わない人物であったように思われる。結果として、それが時としてかれにおいては、かんしゃくを起こす(throw temperament)とか、平静さを失う(lose one's temperament)といった――ポパーの場合、これは有名であった――行動につながったのではないかと思う。もっとも、ポパーを訪問した若い人たちのネット上の感想記のようなものに目を通すと、かれは若い人たちにはきわめて親切であり、やさしかったようである。また若いころにはスキーなども楽しみ、若い人の

「恋愛相談」にものったというのだから、やさしさと十分な人間味をもった人物であったことも間違いないであろう。ポパーはやさしさときびしさとを兼ね備えた人物であったと思う。

ただ、訳者としては、本書での議論の運びに接しながら、学問的なことがらにかんしてはかれの敏感な厳格さに感じ入ることの方が多かった。かれは、わずかな相違も見逃すことはなく、念入りな議論を展開する。それがもっともよく感じ取れるのは、第二分冊に収められている、レヴィンソン批判の文書「ある批判者への返答」であろう。じっさい訳者はこれを訳出しながら、こんな相手と論争することになったら、身ぐるみはがされるような目にあうだろうと思い、身震いした次第である。ポパーは、差異に敏感なのであり、それを遠慮なく暴き出すことにも長けている。まさにポパーは、かつて弟子のバートリーが評したように、「気むずかしい男」（拙訳『ポパー哲学の挑戦』未來社、一九八六年、第一節）なのである。安易な納得はかれには無縁である。

ここに書いてきたのは、ポパーという人物について訳者がもった印象の一部にすぎない。もとより読者はそれぞれの印象をもたれることだろう。訳者としては、それを大切にされて他の人たちと語り合われることを願うのみである。それが、何よりも批判を大切にするポパーへのオマージュになるのではないかと思う。

ところで、本訳書には、訳者自身も関与した英語版からの先行する訳書(未來社、一九八〇年)が存在する。その旧訳書は、訳者が若い時に大学の先輩の内田詔夫氏(第一巻担当)と共同でおこなった仕事であって、内田さんとは責任を分かち合うものである。それゆえこう書いても許されるだろうと思うのだが、未熟なところがあちこち露出しているものであった。当然のことながら、訳者としては機会があれば大幅に改訂したいと念じていた。その後、内田さんは帰らぬ人になられてしまい、この旧訳書をどうするかはひとり訳者に任されていた。くわえて、凡例においても触れたが、本訳書の底本としたドイツ語版も二〇〇三年に刊行され、それがテキスト面のみならずいろいろな面で、戦時下の英語版よりも格段に優れていることは論をまたなかった(第一巻上の「編者の注記」も参照されたい)。こうしたこともあって、必然的に改訂への思いは募るばかりであった。その後、幸いなことに岩波書店の伊藤耕太郎氏がお声をかけてくださり、このたびの刊行となったのである。氏には心から感謝している。また内田さんも喜んでくださっていることだろう。

さらにいまこうして刊行できるのは、本書の編集を担当してくださった岩波文庫編集部の小田野耕明氏のお力のたまものである。ここにあらためて感謝の意を表明させていただきたいと思う。もちろん、刊行まで並走してくださった校正者や製作者の方々にも心からのお礼を申し上げたい。

なお残っているかもしれないミスの全責任を負う者が訳者一人であることは言をまたない。大方のご叱正をいただければ幸いである。

二〇二三年八月

小河原　誠

岩波文庫の最新刊

トニ・モリスン著／都甲幸治訳

暗闇に戯れて
―白さと文学的想像力―

キャザーやポーらの作品を通じて、アメリカ文学史の根底に「白人男性を中心とした思考」があることを鮮やかに分析し、その構図を一変させた、革新的な批評の書。〔赤三四六-一〕 **定価九九〇円**

川崎賢子編

左川ちか詩集

左川ちか(一九一一-三六)は、昭和モダニズムを駆け抜けた若き女性詩人。夭折の宿命に抗いながら、奔放自在なイメージを、鮮烈な詩の言葉に結実した。〔緑二三二-一〕 **定価七九二円**

ヘルダー著／嶋田洋一郎訳

人類歴史哲学考(一)

風土に基づく民族・文化の多様性とフマニテートの開花を描こうとした壮大な歴史哲学。第一分冊は有機的生命の発展に人間を位置づける。(全五冊)〔青N六〇八-一〕 **定価一四三〇円**

泉 鏡花作

高野聖・眉かくしの霊

鏡花畢生の名作「高野聖」に、円熟の筆が冴える「眉かくしの霊」を併収した怪異譚二篇。本文の文字を大きくし、新たな解説を加えた改版。(解説＝吉田精一／多田蔵人)〔緑二七-一〕 **定価六二七円**

……今月の重版再開……

尾崎紅葉作

多情多恨

定価一一三三円〔緑一四-七〕

大江健三郎・清水徹編

渡辺一夫評論選

狂気について 他二十二篇

定価一一五五円〔青一八八-二〕

空想より科学へ —社会主義の発展— エンゲルス 大内兵衛訳
帝国主義論 全二冊 ホブスン 矢内原忠雄訳
帝国主義 レーニン 宇高基輔訳
国家と革命 レーニン 宇高基輔訳
ローザ・ルクセンブルク 獄中からの手紙 秋元寿恵夫訳
雇用、利子および貨幣の一般理論 全二冊 ケインズ 間宮陽介訳
シュムペーター 経済発展の理論 全二冊 塩野谷祐一 中山伊知郎 東畑精一訳
シュムペーター 経済学史 —学説ならびに方法の諸段階— 中山伊知郎 東畑精一訳
租税国家の危機 シュムペーター 木村元一 小谷義次訳
日本資本主義分析 山田盛太郎
恐慌論 宇野弘蔵
経済原論 宇野弘蔵
資本主義と市民社会 他十四篇 大塚久雄 齋藤英里編
共同体の基礎理論 他六篇 大塚久雄 小野塚知二編
ユートピアだより ウィリアム・モリス 川端康雄訳
社会科学と社会政策にかかわる認識の「客観性」 マックス・ヴェーバー 富永祐治 立野保男訳 折原浩補訳
プロテスタンティズムの倫理と資本主義の精神 マックス・ヴェーバー 大塚久雄訳

職業としての学問 マックス・ウェーバー 尾高邦雄訳
社会学の根本概念 マックス・ヴェーバー 清水幾太郎訳
職業としての政治 マックス・ヴェーバー 脇圭平訳
古代ユダヤ教 全三冊 マックス・ヴェーバー 内田芳明訳
宗教と資本主義の興隆 —歴史的研究— 全二冊 トーニー 出口勇蔵・越智武臣訳
世論 全二冊 リップマン 掛川トミ子訳
鯰絵 —民俗的想像力の世界— C・アウエハント 小松和彦・中沢新一 飯島吉晴・古家信平訳
贈与論 他二篇 マルセル・モース 森山工訳
国民論 他二篇 マルセル・モース 森山工編訳
ヨーロッパの昔話 その形と本質 マックス・リュティ 小澤俊夫訳
独裁と民主政治の社会的起源 —近代世界形成過程における領主と農民— 全二冊 バリントン・ムーア 宮崎隆次 森山茂徳 高橋直樹訳
大衆の反逆 オルテガ・イ・ガセット 佐々木孝訳

《自然科学》〔青〕

ヒポクラテス医学論集 國方栄二編訳
科学と仮説 ポアンカレ 河野伊三郎訳
ロウソクの科学 ファラデー 竹内敬人訳
種の起原 全二冊 ダーウィン 八杉龍一訳

自然発生説の検討 パストゥール 山口清三郎訳
完訳 ファーブル昆虫記 全十冊 山田吉彦 林達夫訳
科学談義 T・H・ハックスリ 小泉丹訳
メンデル 雑種植物の研究 岩槻邦男 須原準平訳
アインシュタイン 相対性理論 内山龍雄訳・解説
相対論の意味 アインシュタイン 矢野健太郎訳
アインシュタイン 一般相対性理論 小玉英雄編訳・解説
自然美と其驚異 ジョン・ラバック 板倉勝忠訳
ダーウィニズム論集 八杉龍一編訳
ニールス・ボーア論文集1 因果性と相補性 山本義隆編訳
ニールス・ボーア論文集2 量子力学の誕生 山本義隆編訳
ハッブル 銀河の世界 戎崎俊一訳
パロマーの巨人望遠鏡 全二冊 D・O・ウッドベリー 関正雄 湯澤博 成相恭二訳
生物から見た世界 ユクスキュル クリサート 日高敏隆 羽田節子訳
ゲーデル 不完全性定理 林晋 八杉満利子訳
日本の酒 坂口謹一郎
生命とは何か —物理的にみた生細胞— シュレーディンガー 岡小天 鎮目恭夫訳

《法律・政治》〔白〕

人権宣言集　高木八尺・末延三次・宮沢俊義 編
新版 世界憲法集 第二版　高橋和之 編
君主論　マキァヴェッリ／河島英昭 訳
フィレンツェ史 全二冊　マキァヴェッリ／齊藤寛海 訳
リヴァイアサン 全四冊　ホッブズ／水田洋 訳
法の精神 全三冊　モンテスキュー／野田良之・稲本洋之助・上原行雄・田中治男・三辺博之・横田地弘 訳
教育に関する考察　ロック／服部知文 訳
完訳 統治二論　ジョン・ロック／加藤節 訳
寛容についての手紙　ジョン・ロック／加藤節・李静和 訳
キリスト教の合理性　ジョン・ロック／加藤節 訳
ルソー 社会契約論　桑原武夫・前川貞次郎 訳
アメリカのデモクラシー 全四冊　トクヴィル／松本礼二 訳
リンカーン演説集　高木八尺・斎藤光 訳
権利のための闘争　イェーリング／村上淳一 訳
近代人の自由と古代人の自由・征服の精神と簒奪 他一篇　コンスタン／堤林剣・堤林恵 訳
民主主義の本質と価値 他一篇　ハンス・ケルゼン／長尾龍一・植田俊太郎 訳

外交談判法　カリエール／坂野正高 訳
危機の二十年 ―理想と現実　E・H・カー／原彬久 訳
ザ・フェデラリスト　A・ハミルトン・J・ジェイ・J・マディソン／斎藤眞・中野勝郎 訳
アメリカの黒人演説集 ―キング・マルコムX・モリスン 他　荒このみ 編訳
モーゲンソー 国際政治 ―権力と平和 全三冊　原彬久 監訳
ポリアーキー　ロバート・A・ダール／高畠通敏・前田脩 訳
現代議会主義の精神史的状況 他一篇　カール・シュミット／樋口陽一 訳
政治的なものの概念　カール・シュミット／権左武志 訳
第二次世界大戦外交史 全二冊　芦田均
憲法講話　美濃部達吉
日本国憲法　長谷部恭男 解説
民主体制の崩壊 ―危機・崩壊・再均衡　ファン・リンス／横田正顕 訳
憲法　鵜飼信成

《経済・社会》〔白〕

政治算術　ペティ／大内兵衛・松川七郎 訳
国富論 全四冊　アダム・スミス／水田洋 監訳・杉山忠平 訳
法学講義　アダム・スミス／水田洋 訳

コモン・センス 他三篇　トーマス・ペイン／小松春雄 訳
経済学における諸定義　マルサス／玉野井芳郎 訳
オウエン自叙伝　ロバアト・オウエン／五島茂 訳
戦争論 全三冊　クラウゼヴィッツ／篠田英雄 訳
自由論　J・S・ミル／塩尻公明・木村健康 訳
大学教育について　J・S・ミル／竹内一誠 訳
功利主義　J・S・ミル／関口正司 訳
イギリス国制論 全二冊　バジョット／遠山隆淑 訳
ユダヤ人問題によせて ヘーゲル法哲学批判序説　マルクス／城塚登 訳
経済学・哲学草稿　マルクス／城塚登・田中吉六 訳
新編輯版 ドイツ・イデオロギー　マルクス・エンゲルス／廣松渉 編訳・小林昌人 補訳
マルクス エンゲルス 共産党宣言　大内兵衛・向坂逸郎 訳
賃労働と資本　マルクス／長谷部文雄 訳
賃銀・価格および利潤　マルクス／長谷部文雄 訳
マルクス 経済学批判　武田隆夫・遠藤湘吉・大内力・加藤俊彦 訳
マルクス 資本論 全九冊　エンゲルス 編／向坂逸郎 訳
トロツキー わが生涯 全二冊　森田成也・志田昇 訳

読書子に寄す

――岩波文庫発刊に際して――

岩波茂雄

真理は万人によって求められることを自ら欲し、芸術は万人によって愛されることを自ら望む。かつては民を愚昧ならしめるために学芸が最も狭き堂宇に閉鎖されたことがあった。今や知識と美とを特権階級の独占より奪い返すことはつねに進取的なる民衆の切実なる要求である。岩波文庫はこの要求に応じそれに励まされて生まれた。それは生命ある不朽の書を少数者の書斎と研究室とより解放して街頭にくまなく立たしめ民衆に伍せしめるであろう。近時大量生産予約出版の流行を見る。その広告宣伝の狂態はしばらくおくも、後代にのこすと誇称する全集がその編集に万全の用意をなしたるか。千古の典籍の翻訳企図に敬虔の態度を欠かざりしか。さらに分売を許さず読者を繫縛して数十冊を強うるがごとき、はたしてその揚言する学芸解放のゆえんなりや。吾人は天下の名士の声に和してこれを推挙するに躊躇するものである。このときにあたって、岩波書店は自己の責務のいよいよ重大なるを思い、従来の方針の徹底を期するため、すでに十数年以前より志して来た計画を慎重審議この際断然実行することにした。吾人は範をかのレクラム文庫にとり、古今東西にわたって文芸・哲学・社会科学・自然科学等種類のいかんを問わず、いやしくも万人の必読すべき真に古典的価値ある書をきわめて簡易なる形式において逐次刊行し、あらゆる人間に須要なる生活向上の資料、生活批判の原理を提供せんと欲する。この文庫は予約出版の方法を排したるがゆえに、読者は自己の欲する時に自己の欲する書物を各個に自由に選択することができる。携帯に便にして価格の低きを最主とするがゆえに、外観を顧みざるも内容に至っては厳選最も力を尽くし、従来の岩波出版物の特色をますます発揮せしめようとする。この計画たるや世間の一時の投機的なるものと異なり、永遠の事業として吾人は微力を傾倒し、あらゆる犠牲を忍んで今後永久に継続発展せしめ、もって文庫の使命を遺憾なく果たさしめることを期する。芸術を愛し知識を求むる士の自ら進んでこの挙に参加し、希望と忠言とを寄せられることは吾人の熱望するところである。その性質上経済的には最も困難多きこの事業にあえて当たらんとする吾人の志を諒として、その達成のため世の読書子とのうるわしき共同を期待する。

昭和二年七月

開《ひら》かれた社会《しゃかい》とその敵《てき》〔全4冊〕 カール・ポパー著
第2巻 にせ予言者《よげんしゃ》（下）
―ヘーゲル，マルクスそして追随者《ついずいしゃ》―

2023年10月13日 第1刷発行

訳 者 小河原《こがわら》誠《まこと》

発行者 坂本政謙

発行所 株式会社 岩波書店
〒101-8002 東京都千代田区一ツ橋2-5-5

案内 03-5210-4000 営業部 03-5210-4111
文庫編集部 03-5210-4051
https://www.iwanami.co.jp/

印刷・三秀舎 カバー・精興社 製本・中永製本

ISBN 978-4-00-386028-1 Printed in Japan

事項索引

原著の索引を大幅に取捨選択して編集した．原語は文脈に応じて訳し分けたため，言及された本文中に該当語が見つからない場合が少なくない．丸数字は分冊を示す．太字のページ番号は，その概念そのものがそこで解説されていることを示す．f. はページ番号とその次ページ，ff. はページ番号以下の複数ページを示す．

ア　行

カ　行

サ　行

タ　行

ナ　行

ハ　行

人名索引

（丸数字は分冊を意味する）

ア　行

カ　行

サ　行

タ　行

ナ　行

ハ　行

マ　行

ヤ　行

ラ　行